LA

VIE PERSONNELLE

ÉTUDE

SUR

QUELQUES ILLUSIONS DE LA PERCEPTION INTÉRIEURE

THÈSE

présentée pour le Doctorat
à la Faculté des lettres de l'Université de Paris

PAR

ALBERT BAZAILLAS

Ancien élève de l'École normale supérieure
Professeur de philosophie au lycée Condorcet.

PARIS

FÉLIX ALCAN, ÉDITEUR

ANCIENNE LIBRAIRIE GERMER BAILLIÈRE & Cⁱᵉ

108, BOULEVARD SAINT-GERMAIN, 108

1904

LA VIE PERSONNELLE

LA
VIE PERSONNELLE

ÉTUDE

SUR

QUELQUES ILLUSIONS DE LA PERCEPTION INTÉRIEURE

THÈSE

présentée pour le Doctorat
à la Faculté des lettres de l'Université de Paris

PAR

ALBERT BAZAILLAS

Ancien élève de l'École normale supérieure
Professeur de philosophie au lycée Condorcet.

––––––––––

PARIS

FÉLIX ALCAN, ÉDITEUR

ANCIENNE LIBRAIRIE GERMER BAILLIÈRE & Cⁱᵉ

108, BOULEVARD SAINT-GERMAIN, 108

––

1904

A MONSIEUR
VICTOR BROCHARD
MEMBRE DE L'INSTITUT
PROFESSEUR A LA FACULTÉ DES LETTRES DE L'UNIVERSITÉ DE PARIS

Hommage
De respect et de reconnaissance.

AVERTISSEMENT

On trouvera dans le cinquième chapitre de cet ouvrage
l'idée qui a servi de point de départ à nos recherches. Les
diverses notions comprises sous la catégorie un peu vague
de la personnalité — le moi, le caractère, l'individualité —
y sont rattachées au mécanisme de la perception intérieure, de
la même manière que l'analyse idéaliste rattache les prétendues réalités du monde sensible, la matière, la grandeur et le mouvement, au mécanisme de la perception extérieure. Nous avons donc été conduit, dans ce chapitre, à
traiter des mirages de la perception intérieure et à étudier, à
ce propos, certains phénomènes de réfraction mentale dont
notre conscience est le lieu. La plupart des dédoublements
du moi et des maladies de la personnalité nous ont paru se
réduire à des jeux d'optique, dont nous avons expliqué la
production, et qui se déroulaient dans l'ordre, extérieur
encore, de la représentation. En poursuivant ces analyses,
nous avons montré que les formes de la conscience, si on
les soumet à la critique, paraissent en grande partie résulter des mêmes artifices et portent la trace des mêmes constructions. A partir de là, un travail de redressement et
d'épuration s'imposait qui nous permit de reconstituer le
type inaltéré de la vie personnelle et de mesurer, dans toute
son étendue, la région psychologique où elle se déploie.
Pour y réussir, nous n'avons eu qu'à effectuer un partage
entre la vie personnelle, soumise à la loi du devenir, assimilée
à une pensée initiale qui se dégage lentement et dont il est
permis de suivre les traces, et, d'un autre côté, les fonctions

représentatives qui fixent des apparences et réalisent des mirages. Semblablement, Schopenhauer avait indiqué un conflit entre la représentation, qui multiplie à la surface de l'être les illusions et les constructions artificielles, et la volonté, véritable essence du monde, où la représentation n'atteint pas.

Notre tâche eût été singulièrement malaisée en raison de ce dualisme, et le problème, abordé de la sorte, eût été sans doute insoluble, si nous n'avions demandé une méthode de résolution à ce même idéalisme qui nous avait permis de le poser en ces termes. On le sait : pour l'idéalisme de Berkeley[1], c'est à l'action simultanée et à la collaboration de deux sens hétérogènes, le toucher et la vue, que sont dues, en même temps que l'apparence objective de l'espace, les propriétés illusoires de la matière. Grandeur, perspective, mouvement, sont autant de notations inexactes résultant d'une traduction rapide grâce à laquelle nous transférons aux sensations visuelles certaines propriétés des sensations tactiles : les premières symbolisent les secondes et nous en suggèrent irrésistiblement l'idée. Or, c'est un phénomène tout semblable que nous verrions se produire au dedans de nous. Le moi et les catégories qui s'y rattachent, celles de l'effort, de la substance, de la causalité personnelle, sont le produit, bien plus que l'objet, l'effet, bien plus que le terme d'application, de facultés hétérogènes : ils ne se comprendraient pas sans le jeu de ces facultés. Nous avons donc été conduit, dans les premiers chapitres de ce livre, à étudier le travail double et simultané dont notre conscience est le lieu. Pour fixer les idées, nous avons appelé *entendement* la fonction du *même* ou de la substance au sens réaliste du mot, la faculté du continu et de l'homogène ; nous avons réservé la désignation de *conscience* à la fonction du divers, du discontinu, du différentiel. Nous avons montré comment l'entendement s'ingéniait à attirer à soi et à traduire en un langage forcément

---

1. Nous prenons ici occasion de remercier particulièrement notre maître, M. George Lyon, auteur de l'*Idéalisme anglais au dix-huitième siècle* (Paris, F. Alcan).

substantialiste les nouveautés incessantes, les synthèses originales, les « différences » que la conscience, abandonnée à
elle-même, tendrait plutôt à multiplier. Cet examen, en nous
révélant les procédés de l'entendement, les inévitables prestiges
auxquels il nous expose, nous a mis en état de suivre le
courant de la conscience et de dégager ses produits authen-
tiques de l'alliage que la perception intérieure ne cesse de
confectionner par une nécessité inhérente à sa nature et à
son mécanisme même. C'est donc exclusivement une méthode
critique que nous avons appliquée, attendant de cette application seule la révélation de la vie personnelle saisie, non
plus dans ses contrefaçons, mais dans ses expressions directes.
En un mot, le symbolisme conscient, minutieusement inter-
prété, a laissé peu à peu percer sa signification, en nous
révélant l'action d'abord imperceptible d'un moi qui en est
le metteur en scène profond et subtil.

Nous avons été soutenu au cours de ces analyses par l'idée
que nous ne travaillions pas dans l'isolement et que notre
entreprise était un fragment d'un effort collectif multiplié en
des points bien différents de la pensée contemporaine. Si Berkeley et Schopenhauer nous ont suggéré l'idée directrice de
nos investigations actuelles, si c'est uniquement de leur auto-
rité que nous prétendons relever, d'autres nous ont beaucoup
servi par le résultat positif de leurs recherches. Nos interprétations et nos libres inférences ont mis à contribution des
matériaux fournis par les études de MM. Ribot, Pierre Janet
et Dumas. Quant à l'exploration que nous avons tentée de la
région psychologique correspondant à la personnalité et au
moi, la méthode d'observation directe inaugurée par
MM. James Sully et William James, mise en honneur par
M. Bergson, leur manière d'entendre le maniement des faits
de conscience nous y ont assez aidé pour que nous ayons
simplement à cœur de nous rattacher à l'école d'investigation psychologique qu'ils sont en voie de fonder.

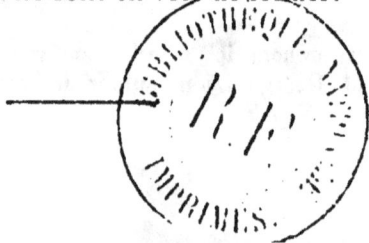

LA VIE PERSONNELLE

CHAPITRE PREMIER

L'ENTENDEMENT ET LA CONSCIENCE

On admet d'ordinaire que les états de conscience, sentiments, pensées, volitions, tout en ayant leurs conditions les
plus générales dans les lois de la nature humaine, dérivent
pourtant d'un principe singulier d'action, qui est la personne ; la personne s'oppose ainsi à la nature comme une
énergie éveillée et vive s'oppose à une essence indéterminée.
On ajoute que la réalité personnelle, désignée très improprement du nom de moi, est l'objet d'une connaissance immédiate, au point qu'il ne saurait y avoir de difficulté sur l'idée
qui nous représente à nous-mêmes. On accorde donc à Descartes qu'une telle connaissance est la seule qui soit d'abord
en notre pouvoir puisqu'elle nous fournit les idées que nous
pourrons ensuite transférer à toute chose, et on y voit, en
même temps que le principe actif de la certitude, l'unique
lumière qui éclaire tout le reste. La morale vient encore con-
firmer cette croyance instinctive : elle nous accorde la liberté
que toute responsabilité implique ; elle nous confère tout
ensemble la dignité de la causalité et l'incomparable valeur
de fin en soi. L'ordre social accepte ces vues, où il trouve
un avantage, et il les consacre.

Cette confiance en la personnalité n'a d'égale, il est vrai,
que l'extrême réserve que la personnalité inspire à la pensée
réfléchie. D'abord, le rapport établi entre la nature humaine
et la personne paraîtra toujours obscur : la personne dérive-

t-elle nécessairement de la nature, ou s'y ajoute-t-elle, comme la forme à la matière, par un acte transcendant de liberté? En admettant d'ailleurs l'originalité et l'indépendance du moi, on aura quelque peine à croire que son essence se laisse si facilement pénétrer. La solution théorique du problème nous est peut-être dictée par des besoins tout pratiques; et la pression du besoin n'explique-t-elle pas des entraînements que la critique se doit de réprimer? Au surplus, si l'on rapproche, comme il peut sembler naturel, la perception qui s'applique au moi de cette autre perception dont l'objet est proprement le monde sensible, on voit se multiplier les difficultés. Vous vous étonnez des illusions de la perception extérieure : il y a ici une optique plus décevante. En cette perception intérieure qui nous révèle une personne autonome et un moi réel, vous redouterez d'inévitables prestiges. Pourquoi n'aurait-elle pas ses sophismes, au même titre que le regard abusé par la fausse apparence d'un monde sensible? La matière, convenez-vous, est illusoire : pourquoi la substance, cette matière spirituelle, ne le serait-elle pas à son tour? L'idéalisme a dénoncé les mille compromis qui avaient accrédité notre foi en la réalité mensongère d'un monde objectif : ces combinaisons, plus difficiles à saisir, par lesquelles s'édifie notre notion des personnes, ces jeux d'illusion qui doivent aussi se produire dans le champ de la conscience, les dénonce-t-on? Bref, vous vous étiez montré crédule, vous deviendrez défiant; vous chercherez à dissiper le mirage intérieur, ou du moins à surprendre la loi de sa formation; vous irez jusqu'à soupçonner dans la personne, telle que la représentation vous l'offre, une radicale inaptitude à exister. Ce redoublement de critique peut sans doute surprendre appliqué à une donnée aussi certaine que la personnalité; il indique pourtant que le problème, facilement résolu par le sens commun, est bien plus grave que celui-ci ne l'imagine.

Nous allons oublier pour un instant toutes ces difficultés. Nous allons admettre, avec le sens commun, l'existence d'une perception intérieure qui s'attache à saisir ou peut-être à reconstruire les manifestations du moi, et nous nous demanderons comment elle se produit, quelles sortes de facultés elle met en œuvre. Donc, pour peu que j'entre en moi-même et que j'essaie de démêler la composition des phénomènes internes, je reconnais une différence de nature entre deux faits souvent confondus : savoir et sentir. Je sais que deux et deux font quatre, je ne le sens pas. Mais je sens une émotion naître, un désir se produire, une résolution se former en moi, et comme je suis seul à les saisir sous cette forme particulière, on dira que je sens, mais que je ne sais pas. Le savoir ne va pas sans un caractère de généralité qui le détache de celui qui sait; sentir implique, au contraire, une expérience personnelle, intime, incommunicable. Dans l'impossibilité de réduire l'un à l'autre des modes de connaissance si distincts, on en vient à leur trouver des principes séparés : l'entendement connaît les choses dans une généralité qui n'en exprime pas la nature, la conscience les saisit dans une intimité qui n'en permet pas l'expression; l'un sait, l'autre sent[1]. Il nous sera permis de soutenir que les principales obscurités du problème de la personnalité tiennent aux difficultés que présentent les conditions singulières de la perception intérieure et que ces difficultés, à leur tour, résultent du procédé d'abstraction que nous venons de signaler et qui sépare, pour les opposer brusquement, ces deux formes de la pensée.

« Il est certain, remarquait déjà Malebranche, que l'âme voit dans elle-même et sans idées toutes les sensations et toutes les passions dont elle est capable, parce que toutes les sensations et toutes les passions de l'âme ne présentent rien

---

1. « L'importance du savoir, de la connaissance abstraite, consiste avant tout dans sa transmissibilité et dans la possibilité de se conserver invariable : c'est ainsi simplement qu'elle acquiert tout son prix pour la pratique. On peut avoir dans son entendement une connaissance directe et intuitive de l'enchaînement causal qui relie les modifications et les mouvements du corps naturel, et y trouver sa pleine satisfaction; mais cette connaissance ne devient apte à être communiquée qu'après avoir été fixée par des concepts. » Schopenhauer, *Le Monde comme volonté et comme représentation*, traduction Cantacuzène, t. I, p. 83. Voir également trad. Burdeau, Paris, F. Alcan.

qui soit hors d'elle, qui leur ressemble. » D'un autre côté,
l'esprit n'aperçoit les choses que dans l'idée qu'il a de l'infini,
idée générale dont les idées particulières ne sont que les
participations. L'intellectualisme de Malebranche semble
donc autoriser la distinction de deux aspects de la connaissance ; il semble qu'en ramenant le détail de l'expérience
intérieure à quelques idées claires, mais impersonnelles,
l'entendement se sépare précisément de la conscience dont
la loi est de varier avec chaque esprit et, en chaque esprit,
de revêtir des formes nouvelles, selon les états nouveaux qui
l'occupent ; qu'en conséquence, si l'entendement enveloppe
des rapports immuables, la conscience mêlée à des états
essentiellement variables, changeant avec eux, se particula-
risant en eux, reproduise la logique intime de ces mouvements opposés, sans autre limite à ses métamorphoses que la
fécondité apparemment inépuisable de la vie mentale.

Mais, bien mieux que ces considérations abstraites, la
manière dont on connaît de part et d'autre établirait le bien
fondé de cette distinction. Quand vous appliquez à une
démonstration géométrique l'attention de votre esprit, vous
remontez par une suite de raisons à des principes clairement
conçus. Vous savez donc : la lumière se fait en vous, vous
voyez les choses dans cette lumière. Le rapport des conséquences aux principes vous apparaissant, une même clarté
enveloppe désormais les unes et les autres. Aussi, loin d'être
requises, les données personnelles ne pourraient que troubler
cet ordre : les mouvements du cœur qui désire ou consent
ne feraient qu'altérer la clarté de la lumière[1]. C'est, au con-

---

1. Nous faisons retour, comme on voit, à l'identification du savoir avec
la connaissance abstraite, par concepts, telle que Schopenhauer l'a nettement définie dans le passage suivant : « Savoir, en général, signifie :
posséder dans son esprit en vue de les reproduire à volonté, des jugements dont le principe suffisant de connaissance se trouve en dehors
d'eux-mêmes, ce qui signifie des jugements vrais. La connaissance abstraite
seule est donc un savoir. Savoir c'est connaître abstraitement, posséder
fixement dans des concepts de raison ce que, d'une manière générale,
on connaissait déjà par une autre voie. » Schopenhauer, Le Monde
comme volonté, etc. Ibid., p. 83.

traire, dans la vivacité du sentiment que la conscience me révèle son objet, et plus cette révélation est vive, moins elle est claire. Non qu'on ne connaisse pas : on connaît plutôt sans détour, d'une façon précise, distincte même, mais particulière et inexprimable. Ainsi, j'éprouve de la joie : c'est ma joie. Mais comment l'éprouvé-je ? Sous quelle forme ? Sous forme de joie sans doute ? Oui, mais en y joignant des particularités qui la rattachent à moi-même ou à moi seul, particularités éprouvées, non. exprimées. Et le langage, fidèle interprète de ma pensée, semble dire ces choses quand, au fond de cette impression, grâce aux formes subjectives dont il se plaît à user, il laisse deviner quelque secrète convenance de l'âme. Remarquez, d'ailleurs, que cette subjectivité s'accroît à mesure que la connaissance gagne en profondeur. Je ne sais quoi de profond et de secret, ce que Pascal appelait le cœur, juge des principes de la morale. Vous les voyez, ou plutôt leur clarté ne se révélant à vous que dans le sentiment vif qu'ils excitent, vous les sentez. Sont-ils obscurs, incertains ? Ils sont intimes. Plus nous approfondissons, plus nous nous rapprochons de ces convenances secrètes dont on parlait tout à l'heure, mais plus aussi il y a d'apparence que l'être arrivé à se toucher dans ses raisons dernières ne puisse que déchoir s'il recourt à autre chose qu'elles pour les exprimer. Or, suivant en cela une marche inverse, la connaissance par l'entendement augmente en clarté à mesure que croît la généralité de l'objet qu'elle saisit, à mesure encore que cet objet s'éloigne des conditions de l'être individuel. Au lieu de tendre à la particularité, ou mieux, à la singularité de l'être, c'est plutôt à ce que l'être renferme d'indéterminé et d'universel que l'entendement s'applique.

Hâtons-nous d'établir entre ces deux formes de connaissance une distinction de fait qui nous permettra de préciser leur objet. C'est celle-là même que Schopenhauer reconnaît quand il oppose le raisonnement et l'intuition, le savoir et le sentiment : « Le concept désigné par le mot *sentiment*, remarque-t-il, n'a absolument qu'un contenu *négatif* : il signifie que quelque chose qui existe actuellement dans la connaissance *n'est pas un concept, n'est pas une connaissance abstraite de raison*... La compréhension démesurément étendue de ce concept embrasse les objets les plus hétérogènes, dont on ne peut comprendre la coexistence dans la même sphère, tant qu'on ne s'est pas rendu compte qu'ils ne s'accordent entre eux qu'à un seul point de vue, celui tout négatif de *n'être pas des notions abstraites*. Les éléments le plus divers, les plus opposés même, existent tranquillement à côté les unes des autres, dans ce concept. Il n'y a rien de commun entre eux si ce n'est cette qualité négative de n'être pas des connaissances abstraites de la raison; le fait devient surtout frappant, quand on ramène dans la compréhension du concept même la connaissance intuitive à priori des relations dans l'espace, particulièrement les connaissances de l'entendement pur, et, en général, quand, en parlant de n'importe quelles notions ou vérités, que l'on ne connaît encore qu'intuitivement, avant de les avoir réduites en notions abstraites, on dit qu'on les sent[1]. » Amené à s'expliquer sur l'origine du concept de sentiment, Schopenhauer l'explique par une simplification hâtive de la raison logique faisant rentrer de force dans cette *unique* notion toute modalité de la conscience qui n'appartient pas à sa propre manière de concevoir, qui n'affecte pas la forme d'une notion abstraite. C'est, de la part de la raison, pur exclusivisme. Mais, comme ses propres procédés ne lui sont pas encore devenus bien clairs par un examen approfondi d'elle-même, elle n'a pas tardé à payer bien cher son péché, par des malentendus et des erreurs qui se sont multipliés sur son propre terrain[2], et dont elle se donne le spectacle.

A cette notion d'un entendement désireux de retenir des êtres les plus dissemblables l'élément de similitude, le *même*, dirait Platon, il convient d'opposer le tableau de la conscience et de l'activité qui s'y déploie: c'est à l'idée

---

1. Id. *Le Monde comme volonté et comme représentation*, t. I, p. 83-84.
2. Id., *ibid.*, p. 85.

d'une vie nuancée, complexe, infiniment différenciée que
cette description nous conduirait. L'activité interne est une
réalité en mouvement, c'est-à-dire une réalité dont l'existence est donnée dans le développement et dans l'action ; elle
est toute faite de jugements spontanés, d'imprévus et de
contrastes : sentiments multiples doat chacun a ses innombrables nuances, ses lentes dégradations, ses degrés changeants d'intensité, et, comme dans les paysages naturels, ses
reflets mobiles et ses contours insaisissables; pensée concrète qui, s'appuyant sur quelques points fixes, déroule la
chaîne de ses déductions, ou qui, s'appliquant aux choses,
les pénètre en une observation patiente, assez souple pour
se glisser en elles, assez malléable pour se modeler sur elles ;
enfin, merveilleuse mobilité de la vie morale avec ces élans
interrompus de notre être vers le bien, et ces mouvements
d'une volonté qui se porte à la perfection ou au vrai, leur
donnant avec plus ou moins d'ardeur son acquiescement ;
telle est la conscience ; ou plutôt tel est le devenir psychologique, qui ne cesse de se dérouler en elle. Et tout cela, vie
du sentiment, de l'intelligence, de la volonté, se combine
et se complète pour former dans la vie supérieure de la personne la plus nuancée des existences. Si donc la conscience
ne se révèle et ne se saisit que dans le changement, n'est-ce
pas que, pour elle, être c'est vivre, et que vivre c'est agir ?
Or, on n'agit qu'à la condition de passer incessamment
d'une situation à une autre, d'une réalité à une autre, et,
n'enfouissant pas dans une seule action toutes les richesses
de l'âme, de conserver assez d'énergie disponible pour opérer
une action nouvelle. Chaque état a sa valeur, et comme son
intensité ; il contribue à former *cette immense simultanéité
de sensations dans la conscience, qui est l'état primitif de toute
individualité concrète.* C'est le propre de la vitalité consciente
de produire sans cesse des nouveautés et de s'exalter dans la
formation de libres synthèses. Elle devient, et son évolution
continue ramène une série de combinaisons instantanées qui
sont comme autant d'attitudes originales prises par un principe essentiellement instable. La variation est donc la loi

essentielle de la conscience, et la production des différences
est sa fonction. Avec cette spontanéité perpétuelle de nos
états successifs, que nous sommes loin des procédés de l'entendement et surtout des uniformités factices qu'il s'acharne
à maintenir! Séparés par nature, distincts par le mode de
connaissance qui se rattache à chacun d'eux, entendement
et conscience suivent encore des directions qui paraissent
devoir les éloigner indéfiniment l'un de l'autre.

Pourtant cette opposition s'évanouirait si, l'idée de généralité résultant de notre union naturelle avec l'être, l'acte
individuel qui forme notre existence trouvait en cette idée
une complète désignation. Considérons donc le général,
objet unique de l'entendement. Une fois séparées d'un corps
les qualités qui lui donnent l'aspect de l'individualité, que
reste-t-il? L'étendue et la place qu'il y occupait. De même,
si l'on écarte d'une idée ce par quoi elle est cette idée et non
cette autre, sa forme, sa valeur intrinsèque, il en reste la
matière, c'est-à-dire la possibilité vague d'être affirmée ou
niée : pure indétermination, comme la première, puisqu'elle
marque seulement la place que peut occuper, par rapport à
l'idée de l'être en général, cette idée particulière. Sous prétexte de dépasser les particularités des choses et de pénétrer
en leur essence, on s'élève donc ou plutôt on descend,
d'abstractions en abstractions, jusqu'à l'existence la plus
indéterminée qui se puisse, l'étendue pure et la pure possibilité d'être. Mais si les idées de l'étendue et de l'être forment
les deux puissances de la généralité, il est à remarquer que
cette notion de l'être indéterminé correspond à un degré
plus haut d'abstraction : aussi, la logique qui en étudie les
transformations élémentaires est-elle plus simple que la
géométrie qui développe les propriétés de l'étendue ; et
l'algèbre, qui combine ses signes selon la loi de l'identité ou
leur seul rapport à l'idée de l'être, est-elle la plus parfaite des
sciences. Cette dialectique décroissante, l'entendement la
reproduit donc, extérieurement, si l'on peut dire, dans les
sciences qu'il engendre : mais le mouvement par lequel il
réduit la science des grandeurs à celle des nombres, et la

science des nombres à celle des signes exprime le mouvement intérieur par lequel il ne cesse de tendre aux conditions universelles de l'existence indéterminée. La généralité ne résulte donc pas du commerce de notre esprit avec la réalité concrète, puisqu'elle provient justement du mouvement qui l'en éloigne.

Cependant, la généralité, loin d'être la connaissance tout entière, n'en est peut-être que la limite ou la négation, et, selon la pensée de Kant, c'est bien plutôt dans la production de formes particulières et dans leur application à l'expérience que l'entendement s'exerce. Nous allons essayer de prouver que ces formes, produites en fonction des idées de l'être et de l'étendue, entachées par suite de matérialité, ne sauraient évaluer la réalité consciente. On sait que l'entendement a pour premier objet l'idée logique de l'être, car il lui appartient d'évaluer le rapport des idées particulières à cette idée des idées. A ce moment de son histoire correspond en lui la loi de l'identité, pure affirmation d'une vérité toute logique qui règle les combinaisons des termes dans le jugement. Mais son domaine serait extrêmement restreint, limité de la sorte à nos affirmations ou à nos négations logiques, si une donnée expérimentale nouvelle, celle de l'étendue sensible, ne venait lui servir d'objet. Forme inhérente à chacune de nos sensations externes, puisqu'elle se présente à nous d'abord comme une continuité colorée et tactile, l'étendue est facilement séparée des qualités sensibles qui la réalisent. Elle devient alors le cadre qui les renferme toutes, sans autre qualité que ses trois dimensions, sans autre caractère que la parfaite ressemblance des portions qu'on peut découper en elle. L'étendue homogène fournit ainsi une contrefaçon de l'idée de l'être; aussi l'entendement s'y applique-t-il comme à son bien, car il y trouve cette grandeur et cette simplicité dont il est épris. Seulement, à mesure que de l'étendue sensible il dégage l'idée de la pure étendue et qu'il en contemple les propriétés, à mesure aussi, semble-t-il, il abandonne l'affirmation logique de l'être indéterminé pour devenir pure forme de l'espace. Et l'immensité de cet espace intelligible qui recule toujours ses bornes, tandis que l'imagination voudrait lui en trouver de précises, est le signe d'une fécondité intellectuelle qui ne cesse de produire, comme auparavant elle ne cessait d'affirmer. Mais, au contact des qualités sensibles qui la divisent et la déterminent, l'idée de l'espace s'est transformée, car dans l'étendue telle que nos sens la représentent, ils découvrent une infinité d'objets qui se distinguent les uns des autres ; on pourra donc la diviser en casiers dont chacun formerait la place de l'être concret qui l'occupe au moment de la perception. Mais comme cette vision du monde est infiniment changeante, il n'est pas de place qui ne soit ou ne puisse être occupée par des objets affectant d'autres formes et d'autres grandeurs, si bien qu'une portion de l'étendue réelle peut recevoir toutes les formes, évoluer d'une grandeur déterminée à une petitesse inassignable en passant par les degrés intermédiaires ; à leur tour, ces degrés seront symbolisés par des nombres exprimant approximativement ces dimensions successives et les variations survenues dans la grandeur. A notre première idée d'un espace homogène parfaitement indivis, se joint l'idée d'un espace, homogène encore, mais divisible en figures qui seront soumises elles-mêmes à la mesure et au calcul. L'entendement voit s'accroître le nombre de ses combinaisons. Il ne conçoit plus seulement l'espace sous forme de quantité pure ou de continuité ; mais plutôt, ce contenu homogène lui apparaissant comme composé de places qui se juxtaposent, il retrouve tout à la fois et la continuité des points de l'espace sous le tissu des sensations et la diversité des figures au sein même de la continuité. Il peut désormais établir des identités entre des grandeurs distinctes et saisir des rapports entre les modes dissemblables de la quantité. En un mot il égale, distingue, mesure, calcule : il passe de la puissance à l'acte.

L'entendement ne serait pourtant encore qu'un logicien et qu'un géomètre si des données expérimentales nouvelles ne venaient l'infléchir en un sens nouveau. Tandis que sous

l'influence de l'idée de l'être homogène il tend à retrouver
en tout l'unité de l'ensemble et la continuité des parties,
l'expérience intime révèle l'hétérogénéité des états de conscience dont chacun, malgré des ressemblances de détail,
se distingue de tous les autres. Le principe de causalité
résulte d'une réaction de l'expérience hétérogène sur l'entendement épris d'unité. Dès lors, dans le principe selon qui
les phénomènes de l'univers forment les anneaux solidaires
d'une chaîne infinie, nous ne verrons pas, avec Hume, une
dépendance de l'idée de continuité. C'est autre chose de
penser que les phénomènes de l'univers se déterminent en
vertu de la loi des causes efficientes, et autre chose de prétendre que les points de ce tout homogène, qui est l'espace,
se tiennent ou se conditionnent ; car il faudrait prouver que
la synthèse des faits d'expérience ne fait qu'un avec la synthèse des points de l'étendue ; il faudrait déduire les formes
de plus en plus riches de la nature de ce qui n'est pas même,
comme Leibniz l'a montré, une pure possibilité d'être. D'un
autre côté, quand on retrouve entre les points de l'espace des
rapports de continuité exprimables en jugements analytiques,
ne se borne-t-on pas à remarquer qu'une partie de cet
espace détachée par la pensée des parties avoisinantes n'en
brise pas l'étoffe indivise, ce qui revient à maintenir la pure
idée de l'espace, qui est celle de contenu homogène, et à
ressaisir cette idée sous les éléments réels, points ou figures,
imaginés pour la construire ? Il y a bien autre chose dans
l'affirmation du principe causal. Brisez la continuité de
l'étendue indivise, distribuez-la en points séparés, animez
ces points en faisant de chacun d'eux une synthèse et en leur
donnant un commencement d'autonomie ; substituez ainsi
la discontinuité au continu géométrique du monde : que fera
l'entendement obligé par quelque invisible expérience interne
d'accepter, de ratifier ce fait ? Il maintiendra, autant que
possible, les droits de la continuité, et, autant que possible
aussi, il essaiera de ramener cette multiplicité de faits radicalement hétérogènes à l'unité d'un même rapport. De là
précisément cette idée que les phénomènes de l'univers, mal-

gré leur séparation, sont liés comme les parties d'un même tout ; de là encore cet effort pour retrouver l'enchaînement des lois mécaniques sous le désordre apparent de l'expérience. Or, en s'appliquant de la sorte, non plus aux propriétés de l'étendue, mais aux phénomènes mobiles qui se mettent en relief sur le canevas qu'elle leur fournit, l'entendement s'élève d'un degré et dépasse la loi toute mathématique de la continuité. Affirmer que les phénomènes de l'univers forment une synthèse où chacun est à la fois causé et causant, c'est, en effet, passer des conditions formelles de l'existence aux rapports plus réels des choses. Si donc le principe causal résulte, comme la loi de la continuité, d'une nécessité de l'entendement, qui affirme l'être homogène, il se distingue de cette loi par le caractère original des données qu'il implique. Il y a préalablement affirmation d'une multiplicité hétérogène, affirmation qui tient à notre expérience intime, car elle tend à peupler le monde vide des géomètres d'êtres semblables à nous, semblables tout au moins à ces sentiments discontinus qui s'agitent au fond de nous-mêmes. Le principe causal est donc une position originale : la pensée tente l'effort suprême pour maintenir l'unité de l'univers dans cette foule de vivants qui lui échappe.

Cette vérité trouverait une dernière confirmation si l'on analysait l'idée de substance, qui nous permet d'expliquer les phénomènes en les rapportant invariablement à un sujet d'inhérence, stable et permanent. Or, c'est une forme originale de la continuité que ce concept exprime à son tour, continuité dans le temps, pourrait-on dire, persistance de l'être au sein de la succession, ou inertie, ou permanence. Aurions-nous une telle idée sans une combinaison du multiple et de l'un, et si l'esprit ne savait donner à un groupe instable de mouvements, de sensations, d'images, la forme de l'immutabilité ? Ce je ne sais quoi d'immuable détaché par l'imagination des détails qui s'y reposent et dont il fait l'unité, c'est la *substance*. Au reste, cette idée ne tarde pas à réagir sur celles qui précèdent et à les modifier profondément. Toute substance étant l'unité d'une multitude, elle renferme les

causes et les effets sous l'aspect d'un développement nécessaire. Au lieu des rapports intelligibles de cause à effet,
on aura des puissances qui peuvent développer à tous
moments une série nouvelle d'attributs. Le principe causal,
en s'appliquant à retrouver la loi de ce développement
nécessaire, sera radicalement faussé. Et, de même que l'idée de
substance nous permet d'immobiliser la série des causes sous
forme d'un phénomène unique que les événements actuels
réalisent et épuisent, de même, elle nous invite à réaliser
notre idée de l'étendue sous forme de *matière* qu'elle se
représente toujours vaguement comme une solidification
de l'espace ; puis, pénétrant jusqu'au cœur de l'expérience
pour figurer à sa manière la loi des transformations du possible en acte, elle représente la volonté comme une *force*,
c'est-à-dire, si l'on presse les termes, qu'elle recourt à un
compromis entre le mouvement et l'activité, entre la matière
et l'esprit. Il ne lui reste plus qu'à intervenir une fois encore
dans la loi du développement des phénomènes internes pour
la figurer, grâce à une connivence de l'imagination, sous la
forme de l'*effort*, l'effort étant donné comme un symbole
matériel, comme une ligne graduée qui sous-tendrait l'énergie du vouloir et qui servirait à mesurer, par ses subdivisions
précises, les degrés divers de tension survenus dans la plus
spirituelle ou la plus idéale des activités. Ainsi, nos idées
même les plus intellectuelles en sont constamment obscur-
cies et altérées.

Le principe de substance offre donc un précieux indice à
qui se préoccupe des procédés de l'entendement ; il prouve
que l'esprit tient le regard fixé sur l'idée de l'être, cherchant
à en communiquer la forme à tout ce qu'il touche, au point
d'en multiplier les images parfois sans raison et au détriment
de la connaissance légitime qu'il a des objets. Mais, si nous
sommes en présence d'une véritable idolâtrie de l'entendement, il importe de se demander comment elle peut per-
sister au sein d'une expérience changeante et d'une conscience
dont la loi dominante est celle des variations. Nous savons
que tout progrès de l'entendement équivaut en fait à un

nivellement des états conscients, à une atténuation de l'élément différentiel propre à la réalité. Sous son intervention, se produit l'effacement progressif de toute saillie et de tout relief : les tons différents de la vie, les aspects changeants qui forment les perspectives mobiles de la perception intérieure cessent de se détacher, pour se perdre dans une vision indistincte. *La substance n'est au fond que de la réalité psychologique nivelée et amortie.*

Mais comment se produit cette idée et que produit-elle à son tour? Nous inclinons à voir en elle une forme de la prédominance du ressemblant sur le différent. Cette prédominance est fatale. Elle tient à la nature même du différent qui est instable, qui déjoue la prévision ; s'il rajeunit et renouvelle la vie intérieure, il accuse aussi en elle une mobilité qui ne s'accorde guère avec nos habitudes de penser ni avec les nécessités de l'action. L'intérêt de chacun sera donc de saisir dans un état actuel ce qui ressemble à un état antérieur, puis d'en rapprocher peu à peu ce qui le précède et ce qui le suit pour éviter tout travail d'attente et de prévision : la vie crée des différences, le besoin les supprime. Mais si la situation actuelle ne vaut, simplifiée, que par des conditions existant dans notre expérience passée, si elle n'a rien qui leur échappe ou qui l'en distingue, si elle perd toute originalité, tout relief, où sera désormais le changement? Ce qui a été avant se distingue-t-il de ce qui a été après? Y aura-t-il autre chose que du stable? Si donc vous arrêtez la production des différences, non seulement vous absorbez la réalité mouvante dans une unité grise et indistincte, mais encore c'est le persistant, c'est l'inerte, c'est le stable que vous avez partout introduit. Les états différenciés et changeants font place à une possibilité permanente et indéfinie d'existence : le vague fond substantiel apparaît.

Si la notion de substance résulte ainsi d'un amortissement des réalités en ce qu'elles ont de saillant et de mouvant, on conçoit la parenté qui la rattache aux notions complémentaires du continu et du possible. Car la continuité, avec ce qu'elle a de fuyant et d'insaisissable, viendra se substituer à l'idée, oubliée désormais, d'une expansion croissante de la vie, et elle offrira à l'imagination une suite indéfinie le long de laquelle celle-ci pourra glisser sans fin ni trêve. Mais, en même temps, se produira l'idée illusoire de la possibilité, car c'est bien une possibilité d'être, et non un être véritable, que cette existence amorphe où expire toute distinction et où s'efface toute limite. Maintenant, et maintenant seulement, apparaît le système complet de l'entendement : l'inertie, la permanence, la continuité, le possible, l'infini, toutes ces notions se tiennent, tous ces caractères se conditionnent : c'est la substance qui en est le centre de groupement, et la substance, à son tour résidu de tout un travail de simplification préalable, provient de ce que l'esprit, en quête du ressemblant, atténue les contrastes et ferme les yeux sur les différences. Elle résulte d'un vertige logique, elle est liée à l'espèce de fascination qu'exercent sur nous, au détriment des existences actuelles et définies, l'indéterminé et l'homogène.

Ainsi, que l'on considère l'entendement dans son objet ou dans ses modalités, c'est toujours l'idée de l'homogène qui permet de l'expliquer. Identité, notion de l'étendue intelligible, continuité, causalité, substance sont les degrés et comme les puissances successives d'une idée qui évolue suivant une loi de détermination croissante, à mesure qu'une expérience, croissante aussi, la force à se produire sous tous ses aspects. L'entendement, c'est donc l'idée de l'être affirmant tour à tour son unité au sein des idées multiples, devant les formes changeantes de l'étendue, en face des données hétérogènes de l'expérience, et jusque dans la fuite de ce qui ne saurait rester : positions nouvelles qui produisent autant de nouveaux principes, mais qui ne font que développer les puissances d'une même idée. Dès lors, supposerait-on que c'est à la sollicitation de l'expérience que l'entendement conçoit ses principes, il faudrait reconnaître en eux des formes originales ayant pour fin de garantir l'unité de l'être immuable malgré la séparation des points de l'étendue et la dispersion des phénomènes ; on devrait ajouter qu'il y a, dès lors, deux pôles entre lesquels s'effectue cette évolution : l'idée de l'être, source de l'unité, et l'intuition de l'espace, condition de la division ; qu'enfin, limité par ces termes, l'entendement ne saurait appliquer sa connaissance qu'à l'ordre logique des idées et aux combinaisons matérielles du mécanisme extérieur. Comme on l'avait d'abord pensé, l'ordre singulier de l'existence intime échappe à ses prises. Allons plus loin : l'idée de substance à son tour paraî résulter du travail de simplification logique que nous venons de décrire, beaucoup plus qu'elle ne le cause ; elle provient de cette suite d'abstractions qui nous conduisent à négliger le côté original des êtres pour leur vague ressemblance, l'existence déterminée et actuelle pour la vague possibilité d'exister. Elle est le lieu des affirmations logiques, comme la matière est le lieu des réalités, comme l'espace est le lieu des corps. Mais ce qu'il importe de comprendre, c'est qu'il n'y a pas d'exemplaire en soi, d'idée d'être au sens platonicien du mot ; il y a un entendement *qui poursuit la réduction des formes et le nivellement des réalités : l'idée de l'être est le résidu et comme l'extrait de ce travail.* L'erreur est donc de vouloir assigner à l'entendement un objet ; c'est d'en vouloir expliquer le jeu par l'intervention ou par l'attrait d'un modèle réalisé qu'on appelle l'idée de l'être et qu'il s'agirait d'imiter. Un tel objet n'existe pas en lui-même : si l'entendement se meut, c'est qu'il est déjà un instrument logique bien monté et qui ne demande qu'à fonctionner à l'appel des choses : la représentation de l'être est le résultat le plus stérile de cette dialectique spontanée. C'est une espèce de déposé intellectuel, c'est l'ombre d'une ombre. Mais quel crédit accorder, pour l'évaluation des réalités, à une faculté qui ne cesse de produire ou que ne cessent de hanter d'inévitables illusions ?

Au surplus, la dualité reparaîtrait au sein de l'esprit lui-même, dans la distinction nécessaire des ordres d'existence, puisque les lois qui réunissent des faits de représentation sous les catégories de la conscience sont des lois au même titre que celles qui développent en séries les phénomènes donnés dans l'intuition de l'espace. Nous avons, de part et d'autre, des phénomènes irréductibles : d'un côté, des faits qui se jouent dans le champ de la perception extérieure, de l'autre les formes mobiles qui constituent l'être intérieur et que perçoit au dedans de nous notre plus intime conscience. La seule erreur serait justement de réduire aux catégories de l'entendement les catégories de la conscience, et de projeter dans le vide des formalités logiques ce qui est existence aussi, mais existence pleine et concrète. Et l'illusion qui pourrait encore abuser la perception intérieure, et qui provient au fond de la même source, est toujours une illusion substantialiste selon qui les rapports de succession sont remplacés par des rapports d'inhérence et la vie par l'inertie.

En consommant le divorce entre la conscience et l'entendement, ne se réduit-on pas à une gênante extrémité? On ne connaît universellement que par l'entendement, et l'entendement ne connaît que ce qui peut revêtir les formes de la généralité ou de l'étendue. Or, les données de la conscience sont intraduisibles en ce langage : comment donneront-elles lieu à une connaissance universellement claire? D'autre part, peut-on se contenter de les saisir par sentiment, dans le contre-coup intime qu'elles produisent en chacun? Est-il admissible de connaître clairement les objets qui nous environnent, alors que notre être n'est que ténèbres à nos yeux [1], et que nous en avons seulement un semblant de science? Ou plutôt, n'y aurait-il pas en nous des faits saisissables, des faits que l'on comparerait entre eux pour en saisir les rapports, et que l'on connaîtrait alors de science certaine, puisque l'on connaît les choses quand on voit les rapports qu'elles ont entre elles?

Un signe manifeste qu'il ne saurait en être ainsi, c'est qu'un tel rapport ne se produit jamais. Quelle comparaison établir, en vue du moins d'une évaluation nette, entre une volition et un désir? Bien plus, dans la comparaison des faits d'un

1. Malebranche.

même ordre, arrive-t-on à quelque résultat précis ? « Vous savez qu'un plaisir est plus grand qu'un autre [1]. Mais de combien l'est-il ? » On pourrait alléguer que, s'il ne s'exprime pas en un nombre, ce rapport embrasse une évaluation précise de la grandeur et de la force des termes que l'on compare. Or, comment se fait cette évaluation ? Par une arithmétique secrète qui met en présence les jouissances que ces deux plaisirs nous causent, c'est-à-dire, à parler net, le nombre, variable avec chacun d'eux, des organes qu'ils intéressent, et la rapidité ou l'intensité des mouvements produits en ces organes. Mais ce n'est pas établir un rapport entre ce plaisir et ce plaisir ; c'est l'établir simplement entre leurs contrefaçons organiques.

C'est pourtant par une confusion de ce genre, par une fausse analogie avec les faits physiques, qu'on en vient à parler de faits psychologiques. Telle combinaison physique, la propagation de la lumière, par exemple, n'est point un événement accidentel : dès qu'une observation attentive en établit les conditions et que, la déduction intervenant, elle s'est exprimée en une formule précise, elle est devenue véritablement un *fait*. En est-il de même des événements de la vie consciente ? Dire que nos habitudes et nos passions sont sujettes à des retours qui nous permettent d'en prévoir les effets, et que la statistique soumet à la loi des nombres les actes de la volonté qui prétendent y échapper ; ajouter que le monde psychologique renferme des faits susceptibles de prévision et de calcul, c'est assurément ne considérer de ce monde que ces régions superficielles, toute voisines de l'étendue, où l'âme cesse d'être ou n'est pas encore elle-même. Au contraire, les régions profondes de la conscience voient se dérouler, au lieu de faits précis, des états incompatibles avec la rigide exactitude d'une formule : nuances éprouvées ou senties, émotions fugitives et si intimes ! Il faut d'ailleurs noter que ces états simples par nature sont complexes dans leur histoire. Un sentiment de tristesse ne

1. Malebranche. *Entretiens métaphysiques.*

cesse de se modifier à mesure que je l'éprouve : tour à tour
vif, profond, douloureux, attendri, selon ces parties vives de
l'âme qu'il intéresse plus directement, sa physionomie est
essentiellement mobile [1]. Cependant le besoin de le convertir
en une idée nette me fait recourir à la dénomination de
tristesse qui l'immobilise au regard de ma pensée ; et ce
mot résume, plutôt qu'il n'embrasse les nuances variées dont
il se compose et le processus des états simples qui en forment l'étoffe. Bref, ce sentiment, qui est un monde, nous
l'exprimons par un signe verbal qui éveille à peine en celui
qui l'entend et bientôt en nous qui le parlons une pâle
image de la scène intérieure. Nous savons alors, ou nous
croyons savoir ce qu'est la tristesse : cet état devient un fait.
Mais pour le rendre connaissable, il a fallu le détacher
de son milieu mental, le reproduire en pensée dans sa
généralité la plus pauvre, réduire à quelques traits vagues
une infinité, l'exprimer enfin dans un mot qui l'immobilise
en lui retirant ce qu'il a de variable et de vivant. Quel
artifice! De cet artifice on trouverait sans doute la raison
dernière dans les alentours de l'état individuel lui-même.
« L'amour, dit Darwin, fait battre le cœur, accélérer la
respiration, rougir le visage. » La tristesse ne va pas sans un

---

1. La psychologie moderne insiste beaucoup sur cette complexité des
états conscients ; mais Schopenhauer l'avait profondément signalée. « Le
raisonnement produit la même confusion quand il s'agit de déchiffrer une
physionomie : l'expression, la signification abstraite du visage *se sent*,
comme on dit ; cela veut dire que ce n'est pas une affaire de notions
générales. Tout homme a, immédiatement et par intuition, sa physiognomonie et sa pathognomonie propres : les uns reconnaissent plus nettement, et d'autres moins nettement, cette *signatura rerum*. Mais il est
impossible de réussir à composer une physiognomonie destinée à être
apprise ou enseignée ; car ici les nuances sont tellement fines que les
concepts ne peuvent pas descendre jusqu'à elles : aussi l'on peut dire que
le savoir abstrait est à ces délicates teintes, ce qu'un tableau en mosaïque
est à un Vander Werft ou à un Denner ; de même que dans la plus fine
mosaïque, les limites des pierres restent toujours tranchées et qu'il ne
peut s'y trouver de transitions insensibles d'une teinte à l'autre, de même
les concepts sont incapables, quelque finement qu'on voudrait les subdi-
viser par une détermination plus précise, d'arriver, avec leur inflexibilité
et leur délimitation tranchée, aux subtiles modifications de l'intuition. »
Le Monde, etc., t. I, p. 92.

serrement de cœur et une impression physique de malaise et d'écrasement. Ainsi, à la suite et comme autour d'une émotion initiale, accessible à la seule conscience, se disposent des mouvements corporels et des sensations périphériques au moyen desquels nous l'évaluons. Petit à petit, d'ailleurs, à mesure que l'émotion deviendra plus profonde, elle aura pour résultat d'évoquer les mêmes idées, les mêmes souvenirs, les mêmes états de conscience, et d'imprimer à cette foule mouvante une orientation déterminée. On voit comment une nuance fugitive peut être convertie en fait général et impersonnel. C'est qu'on peut lui trouver dans tous les esprits où elle naît un cortège constant de sentiments et d'images, c'est encore qu'elle a un équivalent dans cette combinaison persistante de sensations périphériques. Dire qu'un désir, qu'une joie, qu'une volition sont des faits, c'est dire que ces états sont saisis dans ce cortège d'éléments internes qui leur donne un contour perceptible, et mesurés par les mouvements corporels qui en forment la contre-partie. Mais la nuance elle-même, cet état si riche à la fois et si personnel, n'a d'histoire que dans le sentiment qui l'enveloppe et au plus profond de l'individualité qu'elle remue un instant.

Une telle conclusion n'était point inattendue. Le jeu d'un entendement abstrait, applicable seulement en logique et en mathématiques, ne saurait nous offrir qu'une expression symbolique des choses, et on le voit bien toutes les fois qu'on le rapproche des données réelles où sa vertu expressive ne tarde pas à s'évanouir. Il devait donc en résulter pour cette pensée une impossibilité radicale à saisir les synthèses de la conscience; ou si l'on se résignait encore à les déterminer par elle, les explications fournies de ce point de vue tout formel devenaient, comme Kant l'a établi avec tant de sagacité, un principe de morcellement et d'altération. Mais il reste cependant qu'une telle impuissance n'est point faite pour surprendre. On a réduit au préalable l'idée de la généralité à n'être qu'un fantôme logique, on a rompu toute dépendance de l'intelligence avec l'être concret; ce serait merveille vraiment qu'en spéculant, a priori sur la composi-

tion du moi, on pût retrouver les formes de la vie et du sentiment que, par hypothèse, l'entendement est incapable de
saisir. Reste à savoir maintenant si cet entendement est possible par lui-même et si son développement s'explique en
dehors d'une intervention nouvelle qui serait justement celle
de la conscience.

Si l'on a pu prétendre qu'il n'y a nulle part d'être entièrement abstrait de soi puisque « il n'y a point d'être qui n'existe
pas pour soi-même à quelque degré, qui n'ait pas sinon une
conscience proprement dite, du moins un sentiment plus ou
moins vague de son action[1] », combien ne sera-t-il pas plus
vrai de dire qu'une intelligence abstraite qui n'existerait que
par ses fonctions logiques est, en l'homme, un contre-sens
et qu'elle tend à se transformer en une conscience concrète?
Retranchez des données de l'expérience tout ce qui implique une disposition rationnelle, vous faites bientôt
de l'expérience elle-même un chaos ou un néant. Mais, si les
déterminations de la raison sont nécessaires pour que l'existence soit intelligible, ce qui est tout aussi nécessaire aux
démarches de l'intelligence, c'est la présence d'un principe
d'activité qui l'affirme ou la réalise. L'erreur elle-même en
fait foi ; nous cessons de disposer nos idées selon les lois
d'un ordre logique ; et, en une impatience qui nous permet
d'anticiper sur les conclusions, il nous arrive d'interrompre
cette consultation trop lente à notre gré pour affirmer des
rapports qui seront bientôt contredits : ce qui prouve du
moins que notre intelligence a ses instincts et comme ses
variations spontanées. Il en va de même, à tout prendre, dans
la certitude. Comment se fait-il que l'idée restant numéri-
quement identique, il y ait dans notre esprit quelque chose
de nouveau, quelque chose qu'on ne saurait résoudre en la
lumière de l'évidence? C'est que nous ne faisons pas toujours
usage des seuls principes et n'agissons pas toujours comme de
purs esprits : nous avons pris parti pour une idée, nous avons
compris que son évidence ou son excellence méritaient de notre

1. Guyau.

part une affirmation décidée; au lieu de nous laisser pénétrer par elle, nous nous sommes joints à elle en un assentiment qui lui donne au sein de l'esprit une position, une forme nouvelles. La certitude implique donc un secret consentement de l'âme qui dépasse, à vrai dire, le voir et le savoir et qui rendrait possible la foi, même si tout dans l'objet étant clarté, toutes les conditions d'intelligibilité se trouvaient réalisées. C'est comme un profond accord de l'âme s'unissant à l'objet de sa créance et en produisant l'image intérieure pour mieux en vivre : don personnel et libre de tout l'esprit à la vérité, soit que celle-ci se dérobe mais que par une naturelle divination nous en pressentions la présence, soit qu'elle nous apparaisse et se révèle, mais que, par quelque grand attrait qui nous emporte vers elle, nous la voulions plus intime encore et plus vivante. Bref, nous nous sommes *fiés* et avons agi : nous avons mis pour enjeu notre propre moi. — On verrait, croyons-nous, que sans cette intervention personnelle la vérité, même logique, resterait souvent à l'état d'ébauche ; elle ne se forme pas toujours d'elle-même, elle ne se produit pas en l'esprit par une nécessité irrésistible ; si elle ne requiert pas notre volonté pour être et surtout pour être vraie, elle a besoin d'elle pour nous apparaître ainsi, et pour exciter en nous une certitude égale à ses propres clartés. Une intelligence même éblouie par l'évidence pourrait se refuser à admettre la vérité : nous retrouvons ici cet acte qui dépasse la pensée abstraite et qui fait que la vérité, incontestable en elle-même, mais suivie sans détour, affirmée sans défaillance, est maintenant *une vérité pour moi*. Il semble même qu'une vérité qui remplirait l'esprit de clarté sans y produire une vivante action, n'aurait reçu de cette évidence le plus précaire des hommages : elle ne retirerait de l'âme que ce qu'elle a mis en l'âme, elle n'aurait pas réussi à l'animer. Il serait donc inutile de séparer l'intelligence abstraite de la conscience concrète, puisque toute connaissance les implique et qu'elles se réunissent dans l'acte vital de la certitude.

Ce procédé est encore superficiel; il se confond pourtant

avec le procédé constant de toute pensée. On s'est plu, depuis
Kant, à analyser le jugement : sans négliger ce qui en fait
la force probante, on a cherché, on a démêlé la part d'activité que tout jugement recouvre. Tandis que la pure logique croit trouver sous les termes variés de la proposition un
mouvement continu de la pensée, une analyse minutieuse
découvre sous le rapport d'inclusion construit entre des concepts, la distinction radicale de ces concepts et un acte
intellectuel qui ferait effort pour les joindre : une synthèse
sous cette apparence uniforme, et, sous la continuité d'un
mécanisme qui ajoute les termes aux termes, une affirmation.
À chaque instant, la pensée s'interrompt pour se reprendre ;
au sein des termes qui la multiplient, elle se recueille :
encore ici, la vérité est son œuvre. Il en est de même, au
fond, dans tout syllogisme. Supprimez, avec la logique de
continuité, toute différence spécifique entre les êtres :
pensée imite dans son mouvement uniforme l'absolue uniformité de la nature ; et elle établit des rapports d'identité en
une suite indéfinie, au lieu de réunir en systèmes harmoniques
les sensations distinctes qu'eût rattachées toutefois son activité particulière. C'en est fait, par suite, de la notion du
syllogisme ; mais le péril qui la menace dans la doctrine de
la continuité prouve du moins qu'une pensée toute passive,
dispersée en une poussière de rapports, comme en dehors des
termes qui en opposent ou en distinguent les modes, ne
serait plus qu'une ombre et qu'un fantôme de la pensée. On
a, il est vrai, des exemples d'une pareille connaissance dans
les raisonnements mathématiques où s'évanouit la distinction entre les jugements synthétiques et analytiques et où, les
propositions ne comportant plus ni sujet ni attribut, on verrait
l'intelligence glisser en quelque sorte sur les termes, sans
réussir à les affirmer. Mais il est vrai aussi que cette torpeur
fait bientôt place à une activité profonde qui excite du sein
de l'intuition de l'espace des définitions et des postulats,
affirmations nouvelles qui étendent à chaque instant l'objet
de la science et accroissent les moyens d'expression dont
l'esprit dispose ; il est vrai, enfin, que des jugements origi-

naux interviennent, avancés à priori et indémontrables, parce qu'ils correspondent, dans les profondeurs de la pensée, à des affirmations ou à des actes. Ainsi, le mouvement de la pensée active, qui a déjà produit la certitude, imite et reproduit à sa manière l'action spontanée de l'esprit qui passe de l'identité pure, où il se dissipe, à la synthèse, où il se ressaisit.

Cependant la connaissance pourrait encore se produire à priori en vertu d'une nécessité inhérente au mécanisme de la pensée. Il faudrait alors supposer que l'entendement nous est donné en lui-même, avant tout autre élément de conscience : en est-il ainsi ? D'abord, l'entendement réduit à lui seul ne saurait établir une connaissance complète, ni servir d'objet à une connaissance déjà établie. Même dans l'ordre logique, la pensée continue, uniforme ne suffit pas ; il faut lui restituer une activité primordiale, des mouvements qui l'actualisent dans la suite variable de ses concepts, et qui soient comme autant de reprises dans sa marche. Bref, nous avons besoin tout à la fois de retrouver en nous, à côté d'elle, un principe agissant qui s'en distingue, et une matière vivante qui la réalise. Dira-t-on qu'une pareille intervention n'est point requise, puisque l'entendement développe ses conséquences en une nécessité toute mécanique ? Mais où prend-on qu'il en soit ainsi, alors que le syllogisme lui-même implique, comme nous l'avons montré, un acte synthétique de la pensée et que d'ailleurs ce mécanisme, auquel on voudrait confier la garantie suprême de la vérité, est à peine capable d'en établir les conditions les plus extérieures ? Quant à la vérité à laquelle il nous conduit, elle n'est qu'une vérité logique qui marque uniquement pour une affirmation la nécessité de se produire, si nous voulons compléter celles qui précèdent et expliquer celles qui suivent. Notre science ne serait donc plus un système qui retrouve par un vigoureux effort d'analyse le système de la nature ; elle ne serait que l'écho lointain de représentations fictives, qu'une suite de phénomènes qui se communiquent une superficielle clarté et qui doivent en appeler des uns aux autres, indéfiniment, sans se reposer en un terme qui les fixe ou les garantisse. Et la certitude deviendrait un leurre à son tour, car la suspension du jugement est la seule attitude possible pour une pensée qui se borne à dévider des rapports. Quant à ce système de connaissances qui se développe par la seule vertu des fonctions logiques, il se détacherait vraisemblablement de nous pour flotter à nos regards comme une espèce de rêve, et rien n'imposerait un terme à ce doute prolongé, si par un acte qui émane de l'esprit et qui est la connaissance même, nous ne décidions que ces rapports, logiquement enchaînés, sont en eux-mêmes véritables. Pour constituer la certitude et établir la science, nous sommes donc obligés d'attribuer à la pensée une activité ou, pour mieux dire, une décision qui soit en elle comme une puissance naturelle.

Convenons que l'apparition d'un sujet actif est l'événement décisif dans l'ordre de la connaissance, de même que l'apparition des consciences est le fait capital dans l'ordre de l'existence. Sans doute, rien ne change dans l'ordre des rapports logiques quand le sujet intervient, mais la position qu'on peut désormais leur assigner est tout autre, puisqu'ils deviennent objet de prévision et de certitude : par la vertu de cette intervention supérieure, la connaissance passe de la puissance à l'acte. C'est donc vainement que l'on tenterait d'absorber la conscience dans l'entendement : n'y a-t-il pas au-dessus des raisons mécaniques des raisons psychologiques et morales ? N'avons-nous pas besoin de trouver en nous un principe d'opposition qui nous permette tout à la fois de nous réaliser comme sujet, et de donner ce sujet, avec la série différenciée de ses modes, comme limite ou négation d'un monde objectif ? Enfin, l'entendement évoluerait-il sous tous ses aspects si la conscience ne lui prêtait une matière, avec ses sensations et ses tendances, et la connaissance elle-même se produirait-elle sans un fiat qui marque l'intervention du sujet vivant et qui, par essence, n'est pas purement logique ? En dehors de la conscience concrète, il n'y a qu'une connaissance qui aspire à la vérité sans arriver à la saisir, ou qui la contemple sans réussir à l'affirmer : le logicien qui voudrait ériger en absolu ce mode de connaissance ne fait que travestir le travail plus profond d'une pensée qui affirme et qui agit. Il n'est pourtant point rare qu'abandonné à lui-même, l'entendement confère à ses catégories abstraites une valeur absolue, et qu'il se tourne contre la conscience pour s'opposer à elle ou pour obstruer le champ de la perception intérieure. Il se dessine alors, en fait, deux formes de pensée opposées et rivales : une forme incomplète de pensée qui sera l'intelligence abstraite réduite au rôle d'instrument logique, et une forme complète de pensée, qui est la conscience, où les catégories trouvent leur accomplissement.

L'histoire d'ailleurs en fait foi ; elle ne cesse de développer, en le précisant, le sens de cette dualité. Platon avait déjà distingué dans les idées deux faces qui correspondaient pour lui au *différent* et au *semblable* ; et, s'il s'était trop hâté de ramener l'être justement à celui de ces aspects qui, tout en étant le plus favorable à la science, présente la réalité avec le moins de relief, il avait néanmoins compris qu'il faut dans l'explication des choses tenir compte d'un élément de diversité radicale. De modernes platoniciens ont cru trouver dans le développement de l'esprit lui-même la source de ces oppositions : ils n'ont pas hésité à accepter une dualité de principes qui se combineraient pour rendre raison de l'existence, et ils en ont cherché la raison dans une dualité de facultés. Soit qu'avec M. Vacherot, leur spéculation ait été insensiblement conduite à séparer, pour les mettre en frappant contraste, les formes du réel et la catégorie de l'idéal ; soit qu'opposant les choses en tant que choses à la vérité que seul l'esprit y projette, ils aient mis d'un côté la réalité, domaine du changement et de la contradiction, et de l'autre la pensée, avec sa norme fondamentale, qui est l'identité, l'unité avec soi-même[1] ; soit enfin que désireux de consacrer cette prédominance de l'esprit pur, ils aient assigné comme fin

1. Spir.

unique à la morale et même à la psychologie ce devenir lui-
même par lequel la pensée se dégage des conditions de la
matérialité pour se constituer, sur les ruines de cette nature
qu'elle s'emploie surtout à nier, en un acte de réflexion qui
confine à la souveraine autonomie [1] : c'est toujours la claire
intelligence de ce dualisme qui les inspire, car s'ils réussissent à maintenir quelque chose, c'est bien le caractère irréductible des deux catégories de l'être, la catégorie du réel
et celle de l'intelligible. Maintenant, que ce divorce doive
encore s'accuser, que cette intelligibilité soumise à son tour à
des conditions logiques qui lui sont, à vrai dire, étrangères,
paraisse par instant ressortir aux chimères de l'intellect pur,
c'est une conclusion qui se présente inévitablement à l'esprit.
N'est-il pas d'abord naturel que cette faculté du continu et de
l'intelligible, l'entendement, en tenant le regard fixé sur
l'idée de l'être immuable ou de la substance, s'immobilise en
quelque sorte elle-même et cherche le suprême réel là où se
trouve le suprême abstrait ? Et d'autre part, en s'isolant de la
sorte dans sa puissance indéterminée, en s'acharnant, comme
les mathématiques l'y invitent, à diviser ou à morceler, à
ajouter ou à soustraire, comment cet entendement n'appli-
querait-il pas ses procédés d'abstraction aux réalités définies
et actuelles que lui présente la conscience, pour rétablir en
elles ressemblance et continuité, pour en poursuivre le dessin effacé jusqu'au sein des états les plus complexes, les plus
hétérogènes, pour y introduire enfin l'indéfini avec la vague
puissance qui le pénètre et qui est, comme on l'a dit profondément [2], impuissante à se déterminer et à se définir.

A cette conclusion toute métaphysique paraissent de nos
jours aboutir les conceptions psychologiques les plus appro-
fondies. Pour une doctrine qui tend à mettre la réalité du
moi hors des prises de la raison pure en lui restituant son
caractère d'infinie complexité, la conscience, révélatrice des
individualités, résiste aux exigences de l'entendement qui,

---

1. Voir *Revue de métaphysique et de morale*, les articles de M. Remâcle.
2. Voir Evellin, *Infini et quantité*.

sous prétexte de l'adapter aux conditions de l'intelligibilité, l'appauvrit et la mutile. Pareillement, quoique parties de points tout différents, d'autres doctrines ont noté dans l'esprit humain l'existence d'une fonction objective capable d'immobiliser le courant continu de nos pensées pour les matérialiser et les convertir en choses. Il ne restait plus, comme l'a indiqué un ingénieux psychologue[1], qu'à retrouver dans l'esprit le double élément qu'opposait justement la dialectique platonicienne, le même et l'autre, le continu et le discontinu, l'aspect homogène par lequel les phénomènes se disposent comme des objets, et l'élément différentiel, seul capable d'émouvoir la conscience et d'enrichir la réalité du moi, en sorte que le moi ne serait que la suite ou la somme de ces différences. Il nous était donc permis de rétablir sous une autre forme cette dualité, d'en retrouver la source dans l'opposition de deux fonctions de l'esprit: l'entendement, fonction de l'homogène, du ressemblant et du stable, apte surtout à schématiser ou à construire en communiquant à tous ses produits la forme des substances et en les faisant entrer de force dans le cadre abstrait du déterminisme; la conscience, confondue avec le devenir intérieur, avec la spontanéité perpétuelle de nos états, avec le rythme changeant qui scande en chacun de nous le déploiement de l'activité. Il ne s'agit pas là d'un postulat de méthode tenant à un simple accident dans l'histoire de la pensée, mais d'une dichotomie éternelle que doivent nécessairement rencontrer toutes les doctrines qui pénètrent assez avant dans la constitution de l'esprit.

On comprend maintenant que le problème de la personnalité mette nécessairement aux prises l'entendement et la conscience: c'est qu'elle est l'objet de la perception intérieure, et qu'une nécessité impérieuse de cette perception est de recourir, pour atteindre ou pour construire ses données, à la collaboration de deux facultés hétérogènes. Il est, du

---

1. Gourd, *Le phénomène* (Paris, F. Alcan).

reste, à remarquer que le besoin d'unité y autorise ce
recours : on est choqué du caractère fragmenté, non systématique, qui marque le devenir intérieur ; on tente de
réduire ces états différents, on les organise, on les traite par
la logique ; on transforme les oppositions en contradictions,
et on les exclut. L'unité y gagne, la réalité y perd. Le tort
de l'intellectualisme vulgaire est de se placer au point de vue
de l'entendement, en négligeant cette matière mobile et variable
qui est le premier et, peut-être, le seul objet de la perception
intérieure. Il poursuivra donc la définition du moi à l'aide
d'une faculté réduite au rôle d'instrument logique. Mais
comment cette pensée abstraite, encore dominée par des
symboles matériels, incomplète, séparée de soi, pourrait-elle
prétendre à l'expression de ce qui est en nous réel et vivant ?
De là, pour elle, la nécessité d'analyser cette existence et de
la résoudre en une multiplicité d'éléments imaginaires avec
lesquels elle tentera bien vainement ensuite de la recomposer.
Nous avons essayé d'établir, nous établirons mieux par la
suite que cette difficulté disparaît, si l'on a soin de dégager des
uniformités hâtives de l'entendement le rythme original de
la conscience. La vérité est que la conscience a horreur du
continu, alors que l'entendement en est la source unique et
qu'il se borne à réaliser une unité tout abstraite au sein de
la pluralité qu'elle perçoit en elle ; la vérité est que le monde
de la continuité et de la nécessité logique, produit par un
jeu de concepts, est un monde tout fictif si on le rapproche du
monde particulier du sentiment. Il n'y a de réalité vraie que
la conscience, et de primitivement donné que l'ordre discontinu des individualités. On ne saurait, dès lors, superposer
l'entendement à la conscience, la notion du moi à la réalité
du moi, pas plus que l'espace ne se superpose exactement à
l'extension concrète, et la grandeur numérique à la grandeur
réelle. Dans le chapitre qui va suivre nous nous attacherons
à montrer qu'une telle superposition est, en effet, impossible.
Nous ne considérerons pas encore la personne en elle-même ;
nous examinerons l'idée qui s'en produit justement sous
l'influence de l'intelligence abstraite, et qui prête à la plus

tenace des illusions dont la perception intérieure soit le jouet. Nous espérons pouvoir montrer que, sans échapper d'ailleurs aux raisons psychologiques et morales, la personnalité est supérieure à son schème et d'une autre nature que lui. Cette critique préalable nous permettra de comprendre le moi véritable, le moi de la pensée pure, et de le saisir, sans ces artifices qui le divisent ou ces constructions qui l'altèrent, dans l'intégrité de son être et dans la liberté de son action.

CHAPITRE II

LA NOTION DU MOI

S'il est vrai, comme nous venons de le montrer, que notre existence se révèle à la conscience dans le mouvement même qui la réalise, il convient pourtant d'ajouter que nous inclinons à traduire en termes abstraits les résultats de notre expérience personnelle : nous en formons une notion. La perception intérieure nous met ainsi en présence d'un artifice que nous aurons à décrire avant d'aller plus loin : artifice spontané de l'esprit qui s'attache à comprendre sa nature secrète avec les moyens dont il dispose. Pourtant, dans ce travail de construction logique, que penser de l'intervention de l'entendement? Étant donnés son mécanisme, ses rapports étroits avec l'idée de l'homogène, n'est-il pas à craindre qu'il ne nous fournisse de nous-mêmes une expression forcément incomplète? La notion du moi, ainsi produite, ne sera-t-elle pas simplement un signe variable, chargé de désigner une réalité mentale avec laquelle elle n'aurait pas plus de rapports que l'étendue n'en aurait avec la force, et l'explication algébrique des grandeurs avec leur explication géométrique? Le moment est donc venu d'analyser cette notion en retrouvant les éléments qui la composent et les causes qui l'accréditent; nous nous demanderons ensuite si elle ne recouvre pas un phénomène psychologique beaucoup plus profond, et si cette disposition verbale ne renverse pas, en prétendant le traduire, le système de nos états.

A la rigueur, même en se plaçant au point de vue du sens commun, on comprend que cette difficulté de traduction doive se produire. Il y aurait en effet, naturellement, une manière exacte et une manière inexacte de désigner la réalité intime saisie par la conscience. Mais nous savons aussi qu'il y a des obstacles à connaître clairement la forme si complexe de l'individualité ; nous savons qu'en recourant à nos facultés logiques nous pouvons nous en faire une idée approchée, infiniment commode à l'usage, pratiquement satisfaisante, quoique théoriquement incomplète. Pourquoi, délaissant cette idée pure qu'il est quasiment impossible de produire, ne conviendrait-on pas l'entendement à fabriquer, à l'occasion des multiples révélations de la conscience, une notion du moi facilement comprise? Le concept abstrait tend à primer. Nous aurons une notion vide, étroite à certains égards, incapable d'exprimer ce qu'elle désigne ; mais il est si difficile d'en saisir l'objet, elle est d'ailleurs si claire et si vraisemblable que l'esprit, obligé de s'arrêter quelque part, prend cette fausse clarté pour de la lumière, cette étroitesse pour de la précision, et l'arrangement artificiel qu'elle lui présente pour l'expression authentique de la réalité. Il se forme ainsi une notion du moi abstraite et vague, malgré son air de précision, mais par cela même envahissante, et dont la faiblesse fait la force : abstraction dangereuse si on la donne comme définitive, car elle tend à fausser le sens de la vie intime en lui communiquant ses propres caractères de rigidité et d'indécision.

Écartons d'abord une objection. Si la personne est une essence absolue, rien ne paraît s'opposer à ce qu'elle soit exprimée par une notion générale, distincte de toute autre. Il s'agit donc de savoir, avant tout, si cette notion n'est point nécessaire a priori. Résulte-t-elle d'une affirmation de la pensée qui l'applique aux données de la conscience? Porte-t-elle avec elle sa nécessité? Il est arrivé à la philosophie de prendre pour point de départ le moi pur, le moi abstrait, vide d'abord de tout contenu. Sans doute, le rapport à un moi est une condition de toute connaissance, et le moi se trouve par suite impliqué dans toute affirmation ; mais rien ne dit que l'existence de ce moi soit une condition nécessaire et primitive. Rien ne dit surtout qu'il ne soit pas apparu au cours de la succession, au sein des déterminations de plus en plus riches qui remplissent le contenu de la conscience. Maintient-on au sujet son caractère d'abstraction? L'opposition classique entre le sujet et l'objet finit par établir une identité entre ces termes, et le sujet, sous le nom de moi pur, n'est bientôt qu'une forme déguisée de l'existence objective: fantôme de l'entendement, et non plus réalité saisissable à la conscience. Au surplus, si abstraite que soit cette notion, elle est encore trop déterminée pour faire le commencement: elle se résout bientôt en des catégories plus générales où elle ne tarde pas à perdre son sens réel, et elle s'évanouit dans la multiplicité des formes logiques qui la produisent par leur entre-croisement.

C'est pourtant cette notion du moi qui se trouve implicitement renfermée dans les diverses conceptions de la personnalité et qui en est le trait commun. Après avoir rappelé, non sans profondeur, que les conditions de sensibilité et de motilité animales où l'âme subjuguée s'ignore elle-même, où le moi déjà en plein exercice s'enveloppe et s'absorbe au sein de l'affection et des mouvements organiques qu'elles entraînent, ne sauraient certainement se confondre avec les conditions qui servent « aux premières manifestations de l'âme comme force agissante, au premier développement du moi humain », Maine de Biran croit trouver une caractéristique de la personnalité dans cette puissance d'effort et de mouvement qui l'entraîne hors du cercle fatal où l'existence animale roule perpétuellement. Prenant donc le développement du moi humain à son origine, et le saisissant à ce premier pas où l'animalité finit et où l'humanité commence, il n'hésite pas à identifier le premier sentiment du moi avec la première « perception intime du vouloir ou de l'effort qui manifeste la force agissante de l'âme déployée sur son terme propre d'application[1] ». L'un de ses plus profonds disciples, sui-

---

1. M. de Biran, Œuvres inéd., III, p. 477.

vant la même loi de déterminations croissantes, et s'élevant des caractères inférieurs de la personne à ses attributions supérieures, lui restitue, au terme, la causalité. Mais ce n'est pas sans avoir tout d'abord retrouvé dans le moi ces notions de substance, d'unité logique qui paraissent trahir une autre origine : « en moi se trouve la substance dans le temps à la fois et hors du temps, mesure du changement comme de la permanence, type de l'identité. » Mais, comme s'il ne suffisait pas de ce premier appel à la connaissance commune, M. Ravaisson lui demande encore de déterminer le moi sous forme de puissance, et il entend en mesurer l'énergie ou les degrés de résistance par la conscience de l'effort. « Si le sujet qui s'oppose à l'objectivité de l'étendue ne se connaît que dans l'action par laquelle il imprime le mouvement, et si l'activité motrice a sa mesure dans l'effort, c'est dans la conscience de l'effort que se manifeste nécessairement à elle-même, sous la forme éminente de l'activité volontaire, la personnalité. » Auparavant, avec une grande clarté apparente, Maine de Biran avait défini ce qu'il nommait la force-moi, et qui n'était sans doute au fond que l'âme-substance, une « force agissante, force *sui generis* qui n'a rien d'extérieur ou d'antérieur qui la provoque, force une, simple, identique et toujours la même, indestructible par sa nature ».

En approfondissant ces différentes théories et en les rapprochant de la croyance instinctive, on leur trouverait, croyons-nous, un postulat commun ; elles supposent que nous partons des catégories de l'entendement pour interpréter les données de la conscience, et elles prennent comme point de départ le mécanisme de la perception intérieure qui nous offre arbitrairement un moi tout construit réunissant en lui les attributs de la substance, de l'identité et de la causalité. Voilà le postulat. En dépit de sa clarté apparente, il n'est ni vraisemblable, ni conforme aux faits.

On pourrait d'abord se demander comment, rattachée à cet amalgame de jugements, l'abstraite notion du moi parvient à s'insérer dans une conscience vivante. C'est que de

notre être profond elle nous donne une idée sommaire et
commode. D'abord, si l'on ne recourt pas à de subtiles distinctions, elle devient le moi tout court, le moi, c'est-à-dire
ce qui en chacun désire, souffre, tressaille, jouit. Aisément
accessible à tous, ce moi sommaire répondra au besoin d'expérience rapide que nous avons dans nos jugements sur nous
et dans nos rapports avec les hommes[1]. Mais surtout, il rend
possibles les transactions sociales : il est le substitut officiel
de l'individualité. C'est notre répondant nécessaire. Bref, c'est
lui qui constitue notre existence extérieure, et à ce titre le
moi, c'est nous. Or, ce moi un et permanent qui seul importe
à l'éthique, puisqu'on peut faire découler de lui la multiplicité des faits moraux, n'est que le point d'intersection des
cercles sociaux. Comme Simmel le remarque ingénieusement,
alors même qu'il s'oppose à la société qui l'entoure, sa personnalité, son indépendance sont œuvre des lois de la différenciation sociale, conséquence de l'extension et de la multiplication des groupes auxquels il appartient. Otez donc ce
moi adventice : la plupart des hommes ne sont rien. Ils ont
perdu le point de repère et le signe de reconnaissance. Incapables de s'appliquer au mouvement intérieur de leurs pensées, et d'ailleurs peu soucieux de compliquer l'existence, il
leur suffisait de rapporter ces impressions fuyantes à une
mesure nettement accessible : ce qu'ils aiment, ce qu'ils dési-
rent, ce qu'ils redoutent. Otez ce signe de reconnaissance ;
vous enlevez le mot d'une énigme que, pour l'économie de la
vie, on s'attachait surtout à simplifier.

Cependant, cet artifice social ne saurait accréditer la notion
du moi, si celle-ci ne profitait de certaines analogies pour se
préciser et pour faire illusion aux regards de la conscience.
Nous allons assister à la croissance du fantôme interne, à ses
efforts pour revêtir une apparente consistance et un semblant
d'unité. Mais on ne saurait comprendre la formation de ce
symbolisme de la perception intérieure si l'on ne revenait
d'abord sur une précédente remarque. On a précédemment

1. C'est là un point solidement établi par la psychologie de M. Bergson.

établi qu'en devenant le signe de notre subjectivité, le sentiment intérieur nous distingue radicalement de l'espace ; mais
on a remarqué aussi que nous trouvions dans l'espace une
claire contre façon de nous-mêmes. Insistons sur ces privilèges
de l'étendue. L'étendue affecte une double forme qu'on
sépare d'ailleurs par un vigoureux effort d'abstraction :
intelligible, elle représente à l'esprit un tout homogène formé
de parties qui se juxtaposent dans toutes les directions ; sensible, elle fait corps avec nos impressions ; elle leur permet
de se distinguer et de se juxtaposer à leur tour : elle est alors
étroitement liée à nos perceptions de couleur et de tact. Mais,
parce qu'elle est comme le lieu des perceptions et qu'elle
joue à leur égard le rôle d'unité distributive, elle s'amalgame
avec chacune d'elles au point d'en être inséparable ; si bien
que tout état psychique s'éveillant à la suite d'une sensation
qui le provoque ou le prépare, émergeant des profondeurs
de la sensibilité, semble tenir par cela même à cette étendue
tangible ou colorée. L'espace est donc doublement privilégié : du côté de l'entendement qu'il séduit par son homogénéité parfaite ; du côté du sens intime auquel il offre, avec
chaque état nouveau, une contre-partie naturelle, facilement
perçue, directement saisie. On voit déjà quelle pente naturelle porte l'esprit à faire son siège dans l'étendue et quels
engagements l'y retiennent. De ces engagements les plus
nécessaires sont les sens. Toute sensation, dans la mesure
où elle nous affecte, peut sans doute nous retrancher en
nous-mêmes. Mais tel est sur nos sensations l'empire des
conditions extérieures qui les provoquent, et si étroite la
liaison en nos sens de l'élément représentatif et de l'élément
affectif, que nous douons les choses de nos affections propres et que nous nous répandons sur tout l'univers. La couleur a beau n'être qu'une modification de notre âme : nous
l'étendons et nous immobilisons ces états de sentiment en
des choses qui ne sont plus nous. Entre un plaisir et l'ébranlement du cerveau qui le précède, il n'y a point parenté :
cependant, nous le rattachons comme à une cause directe à
ses conditions extérieures, et nous établissons des rapports de

filiation là où il n'y a point de métamorphose. Il n'est donc pas une de nos images, une de nos perceptions, une de nos pensées qui ne renforce l'idée de l'objet. Nos inclinations premières nous donneraient sans doute le moyen de l'infirmer ; mais par une aberration dont on commence à comprendre le secret, il arrive que ces instincts, nés en nous, se détachent bientôt de nous, leur jeu ne pouvant s'entendre que s'ils sont puissamment actionnés par les objets extérieurs. Ces objets, que nous jugeons pourtant à travers les plaisirs qu'ils nous causent, paraissent aimables en eux-mêmes. Nous les douons d'attraits, oubliant que ces attraits sont nos affections détachées de nous. Nous répandons sur eux nos sentiments. Et ainsi, ce premier témoignage d'une vie spirituelle, loin d'infirmer le dehors, le fortifie en lui prêtant un éclat et une richesse qui vient d'elle seule. On pourrait en dire autant de nos passions et de notre imagination qui se servent de ce qu'elles ont de vif et d'intime pour colorer et animer l'extérieur. Tout conspire à cette idée finale d'un monde étendu qui serait le seul réel, tout, depuis l'entendement désireux de réaliser dans la simplicité de l'espace son idée de l'être homogène, jusqu'au sentiment intérieur en qui, pourtant, repose l'espérance d'un monde nouveau. En conséquence, tout concourt à nous répandre dans l'espace ; et prêt à renforcer l'objet, tout s'oppose à l'établissement du sujet.

Cependant, à mesure même que nous vivons, il y a des sentiments qui parlent intérieurement. Les sensations ont une face affective qui les détache de ce qu'elles représentent et qui leur permet de s'unir au dedans de nous. Les inclinations, suivies de plaisir ou de peine, ont un contre-coup intime. Ces formes changeantes que nous appelons nos états portent une même effigie : nous les sentons ; et cette effigie se dégage, s'épure pour peu que nous cessions de nous répandre au dehors. L'expérience intime va croissant. Nous découvrons des sentiments qui ne vont plus côte à côte, comme les points de l'espace, ni en files, ni en séries, mais qui se pénètrent. Nous commençons à comprendre qu'il ne suffit pas, pour être, d'occuper un lieu ou d'être étendu. La

pénétration, la fusion des états dans une même conscience
nous paraît autrement réelle que la juxtaposition des lieux
dans l'étendue. A l'extériorité qui était tout pour nos sens,
succède l'intimité qui est tout-pour la conscience : c'est là
que nous sommes, et non dans cet espace où nous nous
mouvons. Mais comment définir, comment déterminer cet
ordre nouveau de choses? Par l'entendement? On sait que
la rigidité de ses formes convient à cela seul qui est de soi
réglé, précis, mesurable : les combinaisons logiques des idées
et les rapports des quantités ou des grandeurs. Recourrons-
nous à quelque libre synthèse qui retrouve les procédés de
l'âme au sein de cette construction vivante et qui en reproduise,
à la manière de l'art, la physionomie et l'allure? Mais, sans
parler des difficultés d'une telle entreprise, n'est-il pas à craindre qu'en reproduisant les complications de la vie psychologique elle ne donne de l'être à définir qu'une idée peu nette et
difficilement comprise? L'entendement reprend ses droits.
De cette existence intime, qui se cache et qui se dérobe, il
suggérera la formule.

Nous voici revenus à cette notion abstraite du moi dont
nous signalions l'étroitesse et la fausse clarté. Tout s'explique
maintenant. Si l'entendement s'obstine à exprimer clairement
la nature du sujet, il le fait en un langage qui ne convient pas.
Ce fait, d'ailleurs, que tous nos sentiments sont liés à nos sensations et que nos sensations forment le contenu de l'étendue
concrète nous invite à traiter l'ordre de la conscience selon
la même méthode et les mêmes lois. Joignez à cela le désir
d'arriver sur ce point à une connaissance claire et générale
qui ne peut nous être donnée que si nous nous représentons
cet ordre sous la forme des catégories ordinaires de cause,
de substance, d'identité. Y a-t-il place au doute, à l'hésitation? A notre insu, nous traitons l'esprit comme un phénomène de la matière. Non seulement nous développons nos
états d'âme en chaînes causales et en combinaisons solides;
non seulement par une fantaisie grossière de l'imagination
nous réalisons une certaine énergie en chacun de ces états
pris à part, mais encore nous introduisons nos catégories

jusqu'au principe de la vie intérieure. Nous imaginons une sorte d'unité *générique* d'où naissent d'inépuisables créations morales. Cette unité, nous en représentons le rapport avec les états qui viennent d'elle, en la considérant comme leur *cause*. Nous la douons, je ne dis plus de l'instabilité qui se remarque en nos états, mais de cette immobilité que requiert l'entendement pour expliquer le mobile : nous en faisons une *substance*. Enfin cette substance est solide comme le roc ; elle ne devient pas ; elle est le résidu de tout ce qui naît et passe : elle est *permanente*. Certes, c'est vraiment une perception, et même une perception extérieure, quoiqu'elle paraisse se produire au dedans de nous, que celle qui prend ainsi son point d'appui dans un système d'images fixes, asservies aux lois des combinaisons physiques, qui immobilise le moi, qui réalise dans l'âme, pour en faciliter la compréhension, je ne sais quelle matière spirituelle, quel objet défini et immuable, imitation de ces corps matériels qui se proposent à nos sens. Oui, cette perception ne fait que transférer à la conscience les procédés de la perception extérieure et en transposer les résultats dans l'ordre intérieur. Pour l'entendement, cet artifice a cependant le mérite de tout expliquer : évidemment, il éclaire un mode d'être dont le caractère vrai est sans doute de rester obscur. D'abord, cette cause persiste en elle-même, expliquant le reste et soi par sa seule fécondité. Les états changeants qui forment notre existence mentale ont là un support inébranlable : ils ne reposent pas dans le vide. De plus, ce qu'ils ont de réel se contractant dans le fond substantiel qui les produit et qui en profite, rien n'est perdu quand ils meurent. Grâce à ces termes merveilleux, le moi forme un système complet, cohérent et surtout lucide. Quelle satisfaction pour l'entendement qui trouve réalisées en un point toutes les conditions de l'existence ! Quelle joie pour l'imagination que cet air d'assurance et de cohésion ! Mais que le lecteur veuille bien changer un peu les mots de place ; il verra que l'esprit est dupe d'une grossière confusion qui transpose dans l'ordre nouveau les formules de la mécanique et de la physique.

Rien ne se perd, rien ne se crée. La force persiste. La quantité d'énergie reste la même dans la nature. Deux forces
opposées s'excluent. Tout effet a sa cause, et tout système
d'effets une cause productrice. N'y a-t-il pas en tout ceci
analogie évidente? Et ces formules, applicables pourtant à
un ordre différent, pour ne pas dire contraire, ne font-elles
point penser à cette substance, à cette permanence, à cette
causalité qui nous servent à définir le vif et l'intime de notre
être? L'illusion est complète. Sous prétexte de l'expliquer
clairement, nous traitons le dedans comme le dehors. L'artifice qui le définit le fait d'abord déchoir aux conditions de
l'existence corporelle. Cela fait, la vie intérieure se résout en
un double rapport très simple : *les états de conscience se rapportent à l'unité qui les produit ; cette unité, égale à elle-même,
demeure ou persiste en elle-même.* Rapports exacts, formule
vraie si le moi, qu'on détermine ainsi, n'avait pas été maté-
rialisé tout d'abord par les procédés qui prétendent l'expliquer.

Cette construction symbolique, pour compliquée qu'elle
paraisse, ne doit pas nous surprendre. Nous le savons, en
effet : l'entendement appliqué à notre existence profonde est
bien loin de la saisir d'une possession aussi assurée et aussi
présente que cette possession incomparable que j'ai des existences actuelles par le sentiment immédiat. Nous savons aussi
qu'il s'exerce sur la nature à laquelle il impose la loi des
substances, à savoir l'unité et la permanence. De là une visée
diamétralement opposée à celle de la conscience, puisque
pour celle-ci l'unité est un effet, non un principe, résultant
de ce que nos états se concentrent incessamment au même
point de vue intérieur, tandis que la permanence, bien loin
d'être la condition de notre être, est l'aspect arbitrairement
fixé sous lequel la perception intérieure saisit un acte qui
commence et qui s'accomplit. Ce n'est pas que dans cette construction quelques vestiges ne subsistent encore de la réalité
vivante à laquelle l'abstraction s'applique ; mais ces jeux de
la représentation immobilisent et éloignent ce qui est en nous
mobile et prochain. Bientôt, nous ne nous saisissons que par
réfraction à travers ces formes ; de notre existence, soit que

nous recourions au souvenir pour la construire dans le passé, soit que par le raisonnement nous la projetions dans l'avenir, nous n'appréhendons jamais que d'apparentes traces, bien loin de la saisir en elle-même. Aussi, n'arrivons-nous plus à comprendre ce que serait un acte opéré par nous, et la personnalité, confondue avec son schème, s'exténue en un système d'images immobiles et desséchées. C'est à ce moment précis qu'une dialectique se produit qui, dans l'effacement graduel du témoignage intérieur, substitue à l'activité qu'il tentait de révéler, un objet chimérique. Quant à cette activité, elle devient désormais une possibilité logique, le pouvoir de vouloir, non le vouloir même ; et comme rien ne la protège contre son indétermination, on est tour à tour engagé dans deux hypothèses contraires : ou bien, elle est un possible inactif qui s'actualise sous l'influence de quelques tendances affectives prépondérantes, et l'on y voit alors un simple produit de la nature ; ou bien, on trouve en elle le point de rencontre artificiellement fixé d'un double mécanisme qui prolonge ses séries en deçà et au delà d'elle, et c'est le sentiment même de notre réalité qui est tenu pour un artifice de l'imagination abusée, pour le résultat d'une optique décevante. Libre sans doute à l'entendement de se prêter à cet étrange renversement des termes ; mais les difficultés qu'il soulève et les contradictions où nous le verrons s'égarer témoignent assez haut de l'insuccès de son entreprise. — Dans une conception exacte du moi, il faut faire une part au discontinu, à la pluralité : c'est là ce que ne sauraient exprimer les catégories inférieures de la pensée. Aussi, devrons-nous accuser la distance qui sépare le moi de la notion du moi, le procès réel de nos actes dans la conscience de leur sommaire explication. En distinguant ces termes nous serons conduits à renoncer aux procédés du spiritualisme ; ce n'est pas d'un point de vue physique encore, ou logique, que nous chercherons à concevoir la vie personnelle. Bref, au-dessus de ce moi auquel s'appliquent les catégories du possible, parce qu'il n'est lui-même qu'une essence, il y aurait le moi réalisé dans la plénitude de l'action intellectuelle.

L'artifice que nous venons de décrire ne saurait sans doute
se produire sans l'habitude où nous sommes de vivre hors de
nous et de tout exprimer dans le langage clair de la géométrie ;
il est à croire cependant qu'il serait bientôt dissipé sans un
secret accord du sentiment intérieur, capable de lui prêter le
secours de fausses analogies. Il est très vrai, par exemple,
que nous découvrons à première vue une certaine continuité
de nos modalités et de nos actes qui invite l'entendement à
appliquer ses principes. Et, de plus, on ne saurait douter que
nous ne soyons donnés à nous-mêmes comme distincts des
mouvements extérieurs ; d'où il suit que, désignant en son
langage cette existence distincte, l'entendement a raison de
voir en elle une substance indépendante. Mais cette explication symbolique est-elle bien exacte ? Repose-t-elle sur une
suffisante expérience intime ? N'est-elle pas l'œuvre préma-
turée d'une précipitation du jugement impatient d'affirmer,
désireux de traiter les phénomènes intérieurs à la manière de
l'étendue dont les commodités infinies le séduisent ? Il y a
vraisemblance. De là ne suit-il pas que, capable de donner de
la vie intérieure une expression approchée, cette notion,
vague par origine, hâtive et même impure, ne puisse en
déterminer la nature tout intime ? C'est pourtant cette
dernière attitude que nous semblons choisir quand nous
portons des jugements sur nous. Sans plus ample informé,
nous concevons notre existence personnelle sous la triple
forme de cause, d'identité et de substance. Il nous est même
habituel de le comprendre et de le dire en ces moments où
nous assistons à la genèse d'une résolution et où, dans
le conflit des libertés, nous essayons de faire prévaloir un
de nos goûts contre les désirs de nos semblables. Le moi
s'affirme alors avec une sauvage énergie qui nous le fait
prendre aisément pour une cause agissante et nous permet
presque de mesurer par le degré de sa résistance le degré de
force incompressible qu'il renferme. Il se pourrait, sans doute,
que cette énergie dépensée tînt au seul exercice de nos organes
souvent empêchés par des obstacles, et qu'elle résultât en fin
de compte de cette partie inférieure de nous-mêmes soumise

aux lois de la matérialité. Mais la conscience ne se le demande pas dans ce moment de son histoire, et elle tient pour fondée une explication qui accorde à ce point les exigences de l'entendement et les témoignages superficiels du sens intime.

Il arrive cependant que si l'on consulte avec plus d'attention ce même sentiment, l'accord ne dure pas entre ces exigences et les témoignages nouveaux. D'abord, il est faux, à s'en tenir à cette première expérience, que nous ayons conscience de notre identité. Sans parler des cas nombreux où la connaissance de nous-mêmes nous est ravie, nous sentons à chacune de nos passions ou de nos désirs se mouvoir, et même changer, la force de se résoudre ou de choisir. Si l'on a pu parler de l'identité de notre être, c'est qu'on a confondu cet être avec la puissance indéterminée de vouloir et qu'on a considéré cette puissance, dans l'abstrait, comme un pur possible, en dehors des mobiles qui la modifient à chaque instant. Se demander si l'unité de la vie intérieure ne souffre pas d'une telle réduction, c'est oublier que la vie n'est sans doute pas aussi une que la fait notre besoin de la comprendre ; et c'est méconnaître en tout cas que l'habitude, en centralisant nos forces dispersées, et le souvenir, en recueillant nos idées comme en un point, permettent d'expliquer, sans recourir à des entités, la continuité de notre existence. Quant à ce fond substantiel que nous ne cessons d'affirmer et qui fait avec le sujet l'âme de nos discours, la conscience ne saurait y découvrir autre chose, et rien jusqu'ici n'autorise l'entendement à transformer en un être de raison ce que paraissent expliquer les lois psychologiques de la liaison des idées. — Cette transformation toute gratuite a été ingénieusement signalée par la psychologie anglaise ; elle y a vu la transformation d'une somme totale d'associations en une unité supposée réelle, et elle en a fait le résultat d'une illusion mentale assez fréquente. « Cette unité supposée est une entité non des sens, mais de l'imagination et de la foi, à laquelle nous appliquons par erreur le mot de perception[1]. » En essayant

1. Bain.

de pénétrer jusqu'à la source de cette illusion, nous découvririons sans doute une autre cause. Les événements successifs de notre histoire sont réglés par la loi de l'identité qui, en reliant nos actes en un enchaînement géométrique de mouvements, s'efforce de concilier en eux deux caractères contradictions, le changement et la persistance. Mais la loi de succession ne saurait suffire, et elle doit se compléter par une loi de simultanéité ou de coexistence qui concentre en un certain nombre de foyers, et finalement en un centre unique, « la diversité des phénomènes ». Chaque partie est dès lors subordonnée à l'idée du tout qui lui préexiste logiquement. C'est peut-être dans ce sens qu'il faut entendre la doctrine kantienne de l'aperception : l'unité du « je pense » résulterait d'un acte de l'entendement qui prête une factice unité aux détails changeants que lui présente l'expérience interne. Ce n'est pas que cette concentration soit simplement un produit trompeur d'un art logique, et qu'il n'existe en nous réellement que des phénomènes incapables d'opérer leur propre synthèse. Cette condensation est même le plus souvent une propriété des états conscients parvenus à se grouper selon la convenance de leurs affinités naturelles. Mais ce n'est pas en ce sens de rigoureuse finalité que doit s'entendre la loi logique de coexistence des phénomènes internes que nous venons de signaler ; il nous suffit, le plus souvent, de réaliser en eux une unité géométrique, comme si nous cherchions seulement à satisfaire les exigences d'une pensée obsédée par l'idée de substance. Il en est ainsi d'ailleurs de la permanence que nous leur attribuons ; c'est encore là un jugement, non une intuition, et ce jugement est aussi peu fondé que l'autre. Sans dire que notre moi nous apparaît comme un faisceau de phénomènes en train de se faire et de se défaire — ce qui serait un jugement aussi peu justifié que son contraire — n'est-il pas vrai que nos idées passent, que nos sentiments se transforment, que nos images se changent en d'autres et que la conscience témoigne de cette mobilité? Libre sans doute à l'entendement d'édifier sur cette suite continuelle des jugements touchant notre permanence : nous sommes des sentiments qui marchent et qui se sentent marcher. Parler de permanence, c'est projeter sans raison sur ce monde mobile de la conscience l'ombre de l'inertie. Nous ne sentons pas davantage que nous soyons cause. Nous savons, par sentiment intérieur, qu'une résolution se produit en nous et que hors de nous, en notre corps, un mouvement la réalise; mais les intermédiaires nous échappent. Rapport de succession, devrait-on dire, non de causation. Et, d'autre part, nous savons bien que la force des choses nous dépasse infiniment, incapables de résister à leur poussée, incapables aussi d'égaler nos décisions par nos actes. Mais ne vient-on pas de pénétrer en sa contexture la notion commune du moi? Le sentiment fournit un texte, l'entendement l'interprète; l'un dit mobilité, vie, devenir; l'autre traduit immobilité, permanence. Une version inexacte ou hâtive, insuffisamment préparée par l'étude préalable de l'idiome intérieur, telle est la notion du moi.

Mais il ne suffit pas d'indiquer cette illusion; il faut, avant d'aller plus loin, en révéler le mécanisme. En d'autres termes, nous sommes en présence d'un véritable symbolisme de la perception intérieure, et c'est ce symbolisme qui accrédite les illusions substantialistes dont la conscience est le jouet. Pour en éclairer la loi, nous nous transporterons encore une fois dans le monde objectif et nous rappellerons le postulat fondamental de l'idéalisme anglais.

Tous les efforts de l'idéalisme tendent à montrer que notre notion des corps matériels résulte d'une combinaison de sensations hétérogènes. La vue ne sait rien de l'espace; elle est incompétente en matière de grandeur et de distance; c'est au toucher que ressortissent ces données si improprement attribuées au regard; celui-ci ne fait que profiter de l'expérience tactile précédemment acquise: il la résume vivement, ou la souligne fortement par un procédé de notation pittoresque qu'il doit à la couleur, sa véritable donnée. C'est à ce compromis entre les perceptions visuelles et les perceptions tactiles, entre la couleur issue du regard, et le contour perceptible au toucher, que nous devons notre idée laborieuse d'un

monde étendu. Cette idée n'est pas primitive; elle est acquise,
et les éléments disparates qu'elle rapproche ne se maintiennent associés que par l'équilibre tout à fait instable de deux
sens hétérogènes. Il n'est pas rare d'ailleurs que la fragilité
de ce compromis apparaisse brusquement; il tend à se détruire
par une dissolution qui est en lui comme une analyse naturelle, toutes les fois que se modifient les circonstances pratiques qui en assuraient le maintien. Allons plus loin. Dans
une hypothèse contraire, celle qui prétend enlever aux
impressions tactiles le monopole de l'étendue, l'instabilité de
tels arrangements apparaîtra plus clairement encore. Il n'est
pas rare, en effet, de voir l'une de ces étendues s'isoler de
l'autre pour reprendre quelque chose de sa pureté originelle.
Tel est le cas des aveugles de naissance chez qui l'image
spatiale accuse nettement la prépondérance des éléments
moteurs et est, pour bien dire, toute musculaire. Il nous
serait difficile de rencontrer un exemple de l'étendue visuelle
toute pure, mais si on parvient, par un effort d'abstraction,
à la débarrasser des particularités géométriques qu'elle a pui-
sées dans son contact avec le toucher, on découvre en elle,
au lieu de cette image active et pratique d'une étendue
motrice, une image contemplative de l'espace, le sentiment
d'une étendue flottante, amorphe, indéfinie, que l'expérience
du tact viendra plus tard restreindre en la renfermant dans
des contours arrêtés et en lui assignant des limites. La
notion ordinaire de l'étendue ne saurait en aucun cas se
confondre avec l'étendue réelle. Dans la perception normale les
deux éléments que nous venons de distinguer se combinent :
le premier se traduit par le sentiment d'une étendue diffuse,
enveloppante et palpitante[1]; le second, par la perception
géométrique des formes; l'un renferme une étendue imagi-
née ou contemplée; l'autre, une étendue construite : au
point de jonction apparaît notre idée usuelle d'espace.

La notion usuelle du moi résulte, croyons-nous, d'une rencontre semblable. A priori, en effet, il semble que la notion

---

1. Cf. William James: *Psychology.*

d'un moi identique et un soit une œuvre de la réflexion, de même que la représentation d'un objet extérieur est un produit laborieux de l'intelligence. La notion du moi *exige un travail de construction par lequel nous conférons à la pluralité de nos états la forme d'une unité fixe*, et ce travail suppose à son tour une faculté de remarquer les similitudes et d'immobiliser le devenir, qui est le propre de l'entendement. Il semble donc bien que nous ne débutions pas par la conception du moi, mais par une sensation illimitée de notre existence, par un sentiment confus de la multiplicité intérieure, bref par la conscience vague des changements survenus ou des différences les plus saillantes qui se marquent en nos états. Sur ce champ mobile et indéfini nous décrirons bientôt, artificiellement, des cercles concentriques embrassant des surfaces toujours plus restreintes ; il nous arrivera même de fixer celui d'entre eux auquel notre perception aura accordé une sorte de prépondérance. C'est donc que la perception intérieure transforme en réalité substantielle ce qui n'est au fond qu'un jeu d'illusions : le moi n'est que cette illusion d'optique solidifiée.

Mais ici, comme dans la perception extérieure, il arrive que ce monde d'images immobiles, toutes construites, cesse de nous offrir un point d'appui, et qu'il révèle souvent par sa dissolution spontanée la loi de sa formation. Nous voyons bien alors que cette fixité n'était qu'apparente et qu'elle se bornait à refléter l'invariabilité de nos besoins ou le caractère automatique de nos prévisions. C'est ce que nous trouvons, par exemple, dans les sentiments. Ils nous présentent des éléments de pure conscience, sans alliage logique, se mouvant et s'organisant en dehors des cadres de la perception intérieure, où ils seront ensuite embrigadés, mais d'où l'on peut toujours réussir à les détacher. Une réflexion attentive arrive le plus souvent à saisir ces infiniment petits de la conscience et à nous les rendre sous une forme originale, de même que les appareils moteurs qui sont en notre corps savent recueillir les mouvements matériels extérieurs à nous et nous les offrir, sans traduction mécanique, sous la forme d'ébranlements purs. Le rapprochement que nous venons de tenter entre le symbolisme de la perception extérieure et le symbolisme plus subtil de la conscience nous permet de comprendre la loi de ces groupements. Nous sommes en présence d'une conscience qui s'applique à saisir ses données et d'un entendement qui s'acharne à les construire. C'est bien le moi, l'intériorité, l'intensivité que ces deux facultés nous rendent, mais elles nous les rendent, comme on voit, sous des formes bien différentes. Comme le moi construit par l'entendement est plus communicable et mieux défini, l'élément mobile et vivant perçu par la conscience ne tarde pas à s'évanouir au cours de la perception intérieure, pâlissant et s'effaçant devant la netteté supérieure des constructions de l'entendement. Lorsque Maine de Biran célèbre les attributs du moi, il s'exerce sur cette idée qui représente justement l'inversion du réel et, par un étrange retour, sa métaphysique ne fait que reproduire et consacrer les artifices cachés d'une logique décevante. Mais l'idéalisme nous met en garde contre une telle confusion. La conscience n'a par elle-même nul soupçon de la substance ni de la cause : la notion du moi est une combinaison artificielle à laquelle la loi d'association sait donner l'apparence d'un fait ultime.

Toutefois, le compromis que nous venons de dénoncer n'aurait nulle chance de durer s'il ne se rattachait à quelque symbole permanent dans notre organisation physique. Un nouveau symbolisme, le symbolisme moteur, intervient pour régulariser le symbolisme conscient que nous avons analysé. On peut à la rigueur prétendre que les jugements portés sur notre permanence et notre identité résultent d'une intervention hâtive de l'entendement. Mais en va-t-il ainsi pour la causalité? Et n'avons-nous pas là un retranchement qu'on n'a point forcé? Au dire de penseurs accrédités, ce n'est pas l'effet d'un raisonnement compliqué, si nous affirmons notre pouvoir de causation ; c'est par sentiment intérieur. Que la substance soit conclue et qu'elle demeure en elle-même incognoscible, on l'accorde. Mais chacun se saisit, se voit, se reconnaît comme cause. Ici point d'interprétation de texte qu'on ne serrerait pas d'assez près, point de version hâtive. Il y a une vision. C'est un fait. Et ce fait, d'un sens facile à saisir, est si simple, si répandu qu'il révèle sans détour la puissance d'une activité intérieure, la manifestant ainsi à tous les yeux. A ces traits, on reconnaît l'effort musculaire. Voulez-vous savoir si vous êtes une cause au vrai sens du mot, une cause agissante et dont l'action se traduit en des effets palpables? Considérez les mouvements survenus en vos organes à la suite d'une décision de votre volonté. Quoi de plus facile que ce langage ? La raideur des muscles, leur docilité à se mouvoir, la disposition heureuse de ces mouvements internes et externes sont comme autant de signes qui révèlent l'invisible moteur. Mais ce moteur n'est-il pas saisi mieux encore, sur le fait, sans interprétation d'aucune sorte ? De ces arrangements physiques dont le détail semble, pour chaque cas, prévu d'avance il y a exact ajustement à une fin voulue ; mais il y a plus : nous sentons l'effort qui précède et qui suit, âme invisible de l'action. Ce sentiment, joint à une disposition si parfaite, qu'exprime-t-il donc, sinon une action de l'âme qui marche à travers le corps et le mène vers un but ignoré de lui, voulu par elle ? Et quel signe plus manifeste de notre causalité que cette résistance vaincue, que cet effort en qui nous nous mettons au point de nous y oublier, que cet épuisement final qui marque comme une dépense et une déperdition lente de notre être ? Phénomène double, l'effort musculaire manifeste doublement aussi l'efficace de notre action : nous n'avons qu'à interpréter les mouvements des muscles pour comprendre que nous sommes cause ; et nous n'avons qu'à sentir l'effort dont ils procèdent pour nous y saisir comme tels.

L'analyse de ce fait privilégié nous présente dans une relation directe et même immédiate deux termes qu'on pouvait croire séparés, la volition et le mouvement des muscles. A les voir dans une correspondance si exacte, ne les saisit-on pas dans leur rapport naturel, sans qu'on ait à demander comment l'enchaînement se continue ? C'est pourtant une question de savoir si la relation est aussi directe et aussi expressive. Le sentiment de l'effort nous révèle, dit-on, quelque secrète énergie produite par la volonté et employée à nous mouvoir. Pure confusion de termes. A une volition correspond une certaine action motrice, voilà le vrai. De dire si cette action vient de la volonté même ou si elle est inhérente aux muscles dont elle formerait comme l'énergie spécifique, rien de moins aisé. Mais on sait bien qu'au cas où la volonté la produit, elle peut à son gré en diriger ou en suspendre l'exercice, et comment concilier avec cette plénitude de pouvoir les membres paralysés, les erreurs de localisation, l'incertitude des premiers mouvements, l'apprentissage ? Alléguer que nous sentons la volonté raidie et tendue dans notre corps, c'est l'estimer capable d'étranges avatars, puisque, en la donnant d'abord comme action mentale, ensuite comme action motrice, on la présente sous des aspects si différents qu'ils n'ont plus rien de commun. Il faudrait en tout cas expliquer ce passage de l'action mentale à l'action motrice ; et l'on ne peut le comprendre que par une métamorphose de la volonté parfaitement incompréhensible.

Il n'y a d'ailleurs nulle métamorphose, et une facile remarque préviendrait toute confusion. Si l'activité motrice était la volonté concrète, elle mesurerait par ses degrés de tension les degrés de personnalité que nous mettons dans nos actes, et ce en quoi nous dépensons le plus d'effort serait conséquemment le plus nôtre. En est-il ainsi ? La théorie de la vision semble le prouver. Pourquoi considérons-nous les couleurs comme les propriétés réelles des corps alors qu'il est bien évident qu'elles se produisent en nous ? C'est que, s'empresse-t-on de répondre, telle est la petitesse des muscles de l'œil et la délicatesse de leurs mouvements que ces mouvements sont insaisissables et que la conscience n'arrive pas à apprécier l'énergie infinitésimale qui s'y dépense : si bien que n'ayant plus le sens de leur liaison avec nous-mêmes, nous laissons se dérouler nos couleurs comme un mirage qui nous serait étranger. Il ne suffit donc pas qu'une chose dérive de nous pour qu'on la dise nôtre :

elle est nôtre par l'effort qui la produit et que nous sentons.
Pourtant, rien de moins assuré qu'une telle conclusion, si l'on
s'en tient du moins à l'exemple particulier qui nous occupe.
Pour détacher de nous les couleurs et pour les disposer en
un décor brillant qui flotterait devant nous, il ne suffit pas
d'ignorer l'énergie qui les produit en nous. C'est bien
plutôt que la couleur, toujours liée à notre représentation
de l'espace et amalgamée avec de l'étendue qu'elle peint
et qu'elle anime, se détache de nous à ce seul contact,
emportant ainsi avec elle le signe de son extériorité. Senti-
rions-nous l'effort dépensé, nous ne la traiterions pas comme
nos saveurs ou nos odeurs qui, par cela même qu'elles n'enveloppent pas l'étendue, se rangent à ce titre parmi nos états
subjectifs ; nous la traiterions sans doute comme les qualités
tactiles des corps, et l'on sait que ces qualités, quoique
résultant de l'énergie motrice des muscles, n'en sont pas
moins rapportées tout entières à des objets extérieurs, par
cela seul qu'elles offrent à la main qui les recueille une sorte
de continuité et de relief, forme particulière de l'étendue tactile et résistante. La présence de l'étendue, et non l'ignorance de l'effort, voilà ce qui détache de nous nos propres
états. Que de l'expérience sensible on passe maintenant à
l'expérience intérieure, que parmi les états qui s'y combinent
on considère les plus intimes, les plus personnels, on verra de
combien se réduit le privilège de l'effort. Y a-t-il chose plus
nôtre que nos idées, et y a-t-il chose qui réclame moins
d'effort ? Les émotions pures n'enveloppent point d'énergie
motrice : on s'accorde néanmoins à trouver à ces émotions un
caractère essentiellement personnel, et on respecte, comme
émanant de nous plus directement que tout le reste, nos
amours, nos croyances, nos états de cœur. En un sens,
ce qui n'embrasse pas l'effort, étant possession et non labeur,
est le plus nôtre. Signe manifeste que la volonté vraie, qui
est aussi la personnalité véritable, n'est même pas agissante
et mouvante volonté, bien loin de se confondre avec cette
activité motrice et, pour ainsi dire, matérielle qui se dépense dans nos organes.

On vient ainsi de disjoindre deux termes que la psychologie de Maine de Biran rapprochait par artifice. Entre la volonté pure et l'action motrice il n'est point de rapports de filiation. Ce sont deux termes séparés : de l'un à l'autre, on ne saisit nulle métamorphose. Le sentiment de l'effort n'éclaire pas le mystère de notre origine : les muscles sont agis ; c'est pure confusion si nous en rattachons les mouvements à notre « efficace ». La volonté que nous sentons tendue et raidie dans les organes n'est point notre volonté essentielle ; ce n'en est que le symbole affectif. Si l'on veut à tout prix démontrer notre causalité par le sentiment de l'effort, cette causalité est illusoire. L'activité motrice produit les mouvements des muscles ; elle est cause. Le moi ne l'est pas.

Dans la nouvelle recherche où nous devons maintenant nous engager, une première indication sera fournie par cette remarque : les éléments compris dans le champ de la perception intérieure sont infiniment instables ; nous tendons à les rattacher à des signes variables, tels que l'innervation motrice et l'effort, qui puissent leur servir de régulateurs. Nous assistons ainsi à la formation d'un symbolisme moteur qui tend à s'insérer dans le symbolisme de la conscience, comme les impressions tactiles s'insèrent dans le groupe flottant des sensations visuelles pour les fixer et les régulariser. D'abord, rien n'est plus naturel que l'apparition de ce symbolisme, car dans l'impuissance à se tenir en cet ordre subtil de sentiments qui n'éveille aucune idée nette, chacun se cherche et croit se trouver dans cette partie du corps assez voisine de l'âme pour sembler en dépendre, mais assez éloignée du reste de la nature pour lui paraître étrangère. Il associe donc son histoire aux mouvements de l'activité motrice qui devient ainsi, au lieu d'un symbole, la réalité vraie. Tout s'éclaire à la suite de cette confusion. Notre existence fuyante s'exprime désormais en quelques démarches précises. Elle devient palpable pour nous-mêmes, accessible à tous. Je me distingue de vous par mes tendances, je me constitue en moi-même par mes jouissances ou mes douleurs.

Révélé par mes goûts, exprimé par mes muscles, réalisé par
mon effort, on me connaît à cette mesure nette : je forme
un empire dans un empire. Mais, petit à petit, le centre de
notre être se déplace ; il n'est plus situé dans les sentiments,
au sein des combinaisons mouvantes de nos idées, mais lié
aux sensations, transporté parmi les formes. Nous ne cesse-
rions même de nous y mouvoir, en quête des vestiges de
beauté qu'elles renferment, si la lassitude qui nous prend
quand nous cherchons l'infini dans la sensation ne nous
indiquait, en même temps que le caractère mensonger de ce
symbolisme, une disproportion radicale entre ces formes
sensibles et la volonté qui s'y oublie. Mais il demeure vrai
que de cette première confusion procède, en même temps
que l'opposition des sensibilités, l'erreur psychologique de
l'égoïsme : car c'est de là que vient ce goût excessif pour ce
qui nous touche ou nous remue, comme aussi cette estime
inconsidérée de nous-mêmes qui nous pousse à priser par-
dessus tout les modifications d'une activité d'apparence individuelle, alors pourtant que cette activité, purement motrice,
ne tient pas à l'intime de notre être comme la conscience
abusée paraît le croire.

Nous n'insisterions pas à ce point sur l'erreur captivante
qui nous fait concevoir notre causalité, si elle ne devait
éclairer singulièrement les démarches de l'esprit en quête
d'une notion du moi. Fausse comme doctrine, la remarque
de Maine de Biran est vraie comme expression d'un fait
psychologique, et nous avons une tendance invincible à
prendre l'activité motrice pour notre être vrai. En d'autres
termes, nous nous croyons réels dans la mesure où nous
nous sentons agir, et c'est dans la région de l'effort musculaire que la perception du moi semble naître et se développer.
Les causes de cette illusion, comme nous allons maintenant
le voir, sont profondes.

Disons auparavant que nous sommes, sur ce point essentiel,
en complet désaccord avec les conclusions du spiritualisme. En
vain allèguerait-on que, si la résistance s'évanouit, le principe
de l'action, que rien ne rappelle à lui, se dissipe à son tour

et qu'ainsi la volonté se perd dans l'excès de sa liberté. Il serait même inutile d'ajouter que le sujet ne s'oppose à l'objectivité de l'étendue que dans l'action par laquelle il imprime le mouvement. Au terme des analyses de l'école anglaise, la disparition des données extensives suffit pour communiquer à nos états une attitude subjective ; au contraire, celles de nos sensations qu'on ne peut qualifier d'étendues, et qui sont par cela même subjectives, peuvent changer de nature et devenir objectives par le seul ajouté de l'élément musculaire[1]. S'obstinera-t-on à voir, par suite, dans nos sensations motrices d'innervation et d'effort le signe de la personnalité, alors que la réaction de ces données sur des impressions subjectives les détache plutôt de nous et leur confère tous les caractères de l'objectivité? Mais allons plus loin. Tandis que l'animal convertit immédiatement ses images en action, le privilège de l'homme est peut-être de ne pas agir, de suspendre l'application en apparence fatale des lois mécaniques, de penser sa vie au lieu de la vivre. Penser, a-t-on dit, c'est s'empêcher de parler. Qui sait si la vie personnelle n'implique pas elle aussi une intervention inattendue de ce singulier pouvoir d'inhibition? Vivre, c'est en un sens s'empêcher d'agir, c'est imposer un arrêt au devenir mécanique dans lequel sont englobées nos pensées et nos volitions, afin de les dégager du courant matériel où elles se diluent et s'écoulent. L'animal agit, l'homme médite ; il médite sur son action, avant et après cette action. Bien loin de se confondre avec un attribut supérieur de la personne, la causalité, qui se révèle dans l'effort, se trouve simplement liée à un déploiement inférieur de l'activité. Elle résulte du transfert, à la conscience, de la force musculaire, et elle se borne à désigner l'espèce de réaction spontanée que nos appareils moteurs opposent aux excitations venues du dehors. Mais cette activité motrice ne spécule pas ; elle ne songe pas à la succession, encore moins à la succession nécessaire, et encore bien moins à la succession contingente, déterminée par une résolution libre : de tels rapports ne se dégageront que

1. Bain.

dans la suite au cours d'une analyse réfléchie. A l'origine, ils
n'ont, pour elle, qu'une signification animale, puisqu'ils ne
se détachent pas du besoin à satisfaire ou du mouvement à
produire. Comme on l'a dit spirituellement[1], l'animal ne pratique que la philosophie de Maine de Biran : il sent, et il fait
effort. L'effort n'est donc que le prolongement immédiat des
images motrices, et il marque simplement la prédominance
accordée à des éléments musculaires sur les pures images. Il
indique donc le passage fatal de l'idée au mouvement, l'état
par lequel la pensée, qui n'est pas encore capable de spéculer
ou qui a cessé de l'être, se soumet aux lois aveugles de
l'impulsion. L'effort s'oppose à la personnalité comme le
caractère spéculatif de l'activité s'oppose à son caractère
impulsif.

Hâtons-nous d'en convenir : l'explication métaphorique
due à la sensation de l'effort nous éloigne tellement des
procédés de la conscience que la seule difficulté est de
comprendre comment cette dernière a pu prendre quelquefois son point d'appui en elle. Mais il ne faut pas oublier
que dans cette construction incessante d'un symbolisme
psychologique la notion du moi prend la valeur d'un signe
variable, et que nous désirons avant tout rattacher ce
signe à quelques faits persistants et dominateurs. En
d'autres termes, ce symbolisme psychologique, naturellement instable, ne cesse de se renforcer par des appels
à un symbolisme moteur qui lui sert désormais de régulateur ; l'innervation, la détente nerveuse, la contraction
musculaire sont les principaux éléments de ce nouveau symbolisme ; et ces éléments d'origine purement motrice vont
jouer le rôle qui, selon Berkeley, était dévolu au toucher
dans la perception extérieure : ils vont régulariser et fixer ce
système flottant d'images. Ils n'ont aucun rapport avec l'activité mentale de l'homme, ils n'expriment pas le moi en son
origine. L'importance démesurée qu'ils tendent à prendre
tient uniquement à l'obligation où nous sommes de rattacher

1. Guyau : *La genèse de l'idée de temps.* (Paris, F. Alcan).

l'apparition du moi à quelque symbole permanent dans notre organisme. L'effort musculaire est ce symbole.

Qu'il y ait là un véritable langage ou, comme nous l'avons dit, un véritable symbolisme moteur et que ce symbolisme vienne à chaque instant s'insérer dans la série des états conscients, c'est ce qu'une facile remarque nous fera comprendre. Il n'est pas de mouvement dans nos muscles qui ne soit déploiement ou arrêt de quelque tendance organique et qui ne s'accompagne, par cela seul, de plaisir ou de peine. J'affirme donc comme extérieur ce qui me résiste ; mais éprouvant, au cours de cette résistance, du malaise et de la contrainte, je me reconnais à ces sentiments, j'affirme en eux mon intimité. Cet élément subjectif ne peut d'ailleurs ni décroître ni disparaître. Supposons maintenant que l'objet me résiste de plus en plus, il y a du fait même de la contraction croissante des muscles, souffrance croissante ; docile au maniement de la main, il produit au contraire une impression de jeu docile et souple, et finalement de joie ; enfin, s'il s'harmonise avec les mouvements du corps au point de les disposer tous à leur place, dans l'ordre, il en accroît le normal et souple exercice ; et de là, comme un bercement ou comme un déploiement rythmé qui cause dans notre sensibilité affective une impression de légèreté infinie et de bien-être. On voit ainsi se disposer au sein de l'activité motrice une échelle graduée de l'effort qui sous-tend les états complexes de la conscience et qui mesure finement, par ses divisions et ses subdivisions naturelles, les principales variations survenues en ces états. L'effort est donc l'intermédiaire extrêmement nuancé grâce auquel nous allons des mouvements périphériques aux affections individuelles. Par ses degrés changeants de tension, par l'aisance variée de l'activité qu'il intéresse, il évoque, variées aussi et changeantes, des nuances de sentiment ; et, en vertu de cette liaison avec la peine ou la joie intérieures, il devient le signe forcé, nécessaire, constant de notre subjectivité. Il forme ainsi comme un dialecte naturel, et les notations de ce langage nous permettent de traduire, sous forme musculaire, ce qui appartient en propre à la vie des sentiments et des idées. Il longe donc, en quelque sorte, la conscience, comme la parole longe et sous-tend la pensée. Si proche de nous, si souvent lié à notre être vrai, comment ne se confondrait-il pas avec nous ?

Cette confusion d'ailleurs ne tarde pas à se produire. Entre l'effort organique et le consentement de la pure volonté qui en est souvent l'occasion, il y a liaison inséparable. Mais toujours épris des commodités de l'effort, l'esprit applique de préférence son attention à ces mouvements de l'activité motrice qu'il saisit directement et qu'il démêle ; et il néglige ces mouvements secrets de la volonté qui sont les premiers à tous égards. Il les néglige même au point de les confondre avec ces contractions des muscles qui en sont le signe ou la dépendance et de ne les voir qu'à travers elles. Nous prenons alors le moi pour ce qui en est le substitut sensible, et tel est le terme dernier où tend cette fausse notion née d'un compromis avec les forces matérielles. Quand je frappe sur cette table qui me résiste, je sens une tension de mes muscles arrêtés ou empêchés. Quand je me mets en colère, il y a afflux du sang au cerveau, crispation des muscles faciaux, accélération des battements du cœur, trépidation et comme transport des organes internes. Le souvenir ne va pas sans un effort mental, sorte de mot de rappel pour nos idées dispersées et cet effort s'accompagne comme d'un signe qui le rend sensible, la contraction des sourcils, l'allégement de la respiration et une sorte de suspension de nos muscles. On voit donc qu'il existe deux séries de faits : la volonté de frapper sur cette table, l'idée qu'une action est mauvaise ou mérite qu'on s'en indigne, l'effort pour se rapporter au passé ; et d'un autre côté les mouvements des muscles, le ralentissement du sang, la crispation des traits, phénomènes saisis par un sens délicat qui semble envelopper tout le corps. D'un côté, des états spéculatifs et, pour ainsi dire, contemplatifs, de l'autre des actes ; ici le moi véritable, source du consentement et des idées, et là l'action motrice, exécutrice du moi. Entre ces termes, une étroite correspondance : on juge de l'un par l'autre, on mesure l'un par l'autre. — Il n'est pas rare pourtant de voir se briser cette harmonie péniblement obtenue. Le rêve nous offre justement l'exemple d'une absence de corrélation entre les éléments conscients et les éléments de provenance musculaire qui se trouvaient associés durant la veille. Il nous suggère donc l'idée de ce que serait le moi si le symbolisme conscient se déroulait en dehors du symbolisme moteur, et si les états qui le forment cessaient brusquement d'être influencés par l'action des muscles. On sait, en effet, que le sommeil implique la suspension momentanée des fonctions motrices, et qu'il consiste uniquement en l'abolition des impressions spéciales qui en proviennent. Mais, à la suite de cet évanouissement, les images pures, débarrassées de tout élément moteur, se déroulent capricieusement, c'est-à-dire, si l'on veut savoir la loi de ce développement capricieux, qu'elles brisent de toutes parts les cadres que maintenait autour d'elles la perception intérieure, et le symbolisme qu'elles rompent l'alignement que les impressions motrices leur imposaient. Elles changent donc brusquement de rythme. L'apparente liberté des rêves, le caractère fantastique de leurs arrangements, l'allégement même de nos images dans cet état particulier, ne sont que le contre-coup d'un fait unique : ces images ont cessé d'être embrigadées dans les formes d'une perception interne qu'actionnait sans cesse la sensibilité motrice ; elles ne sont plus soumises au rythme continu que cette sensibilité leur imposait ; bref, elles ne viennent plus s'insérer dans la suite des impressions musculaires qui en régularisaient et en endiguaient le cours. C'est donc un relâchement du schéma moteur que ces perturbations indiquent. L'indécision du rêve tient moins, sans doute, à une qualité nouvelle des éléments psychologiques qu'il met en œuvre, qu'à l'espèce de désarroi et au malaise qui s'empare de nos images dès que le réseau musculaire où elles s'engrenaient s'est relâché et qu'elles se trouvent brusquement affranchies du contrôle de l'activité motrice. Elles ressemblent alors à la pensée qui devient inattentive et rêveuse toutes les fois qu'elle se libère du langage, c'est-à-dire qu'elle cesse d'être soumise au rythme régulateur des articulations et du discours.

Pourtant il est bien avéré que le moi est plus haut que cette
activité motrice dont les vivantes saillies le révèlent en le
cachant; mais l'action motrice en est le signe nettement
accessible, le signe sensible. Chacun peut la connaître, alors
que ses idées lui échappent. Bien peu estiment que leur moi
réside dans ces états de consentement et d'intention ; bien
peu imaginent qu'il soit tout autre chose que cette action
qu'ils sentent pendant que les muscles tressaillent et que le
sang s'agite. La simplicité de cette explication inconsciente
nous charme. L'habitude se prend insensiblement de considérer le tout de notre être comme une forme assez voisine de
l'étendue, liée aux fluctuations de notre vie organique et
dont l'histoire s'accroît à chacune des vicissitudes de nos
muscles. La vraie idée du moi se trouble ; la fausse notion
s'affirme devant la conscience abusée. Nous prenons pour le
moi ce qui en est la réfraction à travers les organes et dans
la matière.

Vienne donc maintenant l'analyse du phénoménisme; elle
n'aura nulle peine à dissocier des termes qu'un artifice de
l'esprit était seul à unir, et à établir l'incompatibilité de formules si grossières avec les complications de la vie psychologique. Et ce sera même rendre à la cause du moi un signalé
service puisque, en écartant ces images trompeuses, on nous
prépare à le concevoir dans son procès réel, non dans son
explication banale. Pourtant, même avec cette conclusion que
Hume n'eût point prévue, un danger est encore à craindre,
le danger d'identifier ce moi épuré avec la vague idée de
puissance et d'introduire dans la conscience, sous forme
détournée encore, les procédés de la nature. On ne recourra
plus aux catégories dynamiques, il est vrai : mais on recourra
aux catégories du possible; on supposera au sein de nos
états des virtualités qui éclateront au cours d'un développement régulier; on rétablira entre eux une continuité qui
atténue leurs différences et qui supprime leur originalité, et,
quand il s'agira de nous en donner une idée, on les rap-
prochera de ces rêves qui nous présentent des images confondues et pourtant distinctes : assimilation singulière qui ten-

drait à rendre le rêve, personnel, et la veille, inintelligente.
Mais un tel moi n'a rien de commun avec le moi qui veut,
qui délibère et se détermine ; on prétend le rétablir dans sa
pureté essentielle, alors qu'on le saisit, dans son évanouissement et dans son sommeil ; et ce que certainement on y saisit, c'est le néant de toute action véritable. Qu'on dise donc
qu'il se résout en un possible psychologique, et qu'on
ajoute aussi que ce moi, dont la pâle image flotte au regard
de la conscience, est suffisamment exprimé par la doctrine
du phénoménisme. Proprement, en effet, ce moi n'est rien.
Bien vainement notre logique simple essaierait de s'appliquer
à cette vie dont les états continus se dérobent aux efforts que
nous tentons pour les fixer ; l'incroyable difficulté que nous
éprouvons à les appréhender indiquerait peut-être moins
notre impuissance à les définir que leur inaptitude à exister.
On ne fixe pas des fantômes. On ne définit pas des mythes.

   Pourtant, comment prouver que la liberté, que la personnalité ne sont pas des illusions ? Comment établir que le
centre, en apparence un et simple, d'où semble provenir tout
notre développement mental n'est pas un centre virtuel ? Et
d'abord, ce moi qui se dérobe à nos prises ne doit-il pas se
ranger, comme l'eût dit Platon, dans la catégorie du non-être ?
Oui, si l'on se borne à l'examiner une fois formé, au lieu
d'en suivre le mode de formation. On se fait une fausse idée
du moi qu'on réduit alors à un ingénieux système de fonctions abstraites ; on le fixe, on établit des temps d'arrêt dans
le mouvement ininterrompu de la vie consciente. Mais, en
même temps, on se fait une fausse idée de l'existence : on en
élimine soigneusement le caractère différentiel inhérent à la
réalité ; on la reconstruit, à la manière des mathématiques,
avec des rapports, des séries et des limites. Entre ce moi-
fantôme et ce fantôme de l'être, il est facile d'établir un
accord momentané. Mais si, frappé surtout de ce qui dans
la vie consciente déborde des limites aussi factices, le psychologue prétend néanmoins maintenir sa notion incomplète
de l'existence et si, au désaccord survenu entre cette notion et
le moi concret, il juge que ce dernier renferme une absurdité

radicale et comme une impossibilité d'être, il ne lui reste plus qu'à le nier, quitte à le retrouver ensuite arbitrairement par un acte de foi morale. Il se trompe pourtant dans sa critique, car son idée de l'existence, capable de traduire les relations logiques des êtres, ne saurait tenir compte de leur mode de formation. Il n'avait donc qu'à ne pas s'arrêter à des difficultés que son explication suscite, mais que la nature des choses ne comporte guère ; il n'avait qu'à rejeter tout jugement préconçu sur la réalité et se borner simplement à ressaisir la succession des formes par lesquelles le moi évolue de l'entendement, où il se profile en états impersonnels, jusqu'aux profondeurs de la conscience, où il se réalise comme liberté et comme personnalité.

Or, c'est à ce moment précis qu'interviennent les antinomies de Kant. On sait comment, après avoir refusé à la conscience la possibilité de saisir un moi réel, Kant le laissait pourtant subsister sous forme de noumène et comment il le reléguait dans la région inaccessible des choses en soi. Mais ce qu'il réservait alors ce n'en était, pour bien dire, que l'emplacement. Il réservait la part de la contribution personnelle, qui était celle de l'inconnu et du mystère. Pourtant y avait-il lieu d'introduire ainsi, par une réfraction de l'imagination, un intervalle entre deux termes continus ? Pouvait-on mettre en opposition les lois de la pensée et l'ordre de la libre personnalité ? Comment exclure de cette dernière des lois qui sont enveloppées dans l'apparition des réalités ? Quoi qu'il en soit, la critique de Kant contestait la réalité empirique du moi ; pour en arriver là, il enchaînait avec ingéniosité une série de paralogismes sur les difficultés inhérentes aux idées de causalité, de permanence, d'identité ; mais la conclusion dépassait à chaque instant les prémisses. Seule, la notion du moi était attaquée, réduite à néant ; le moi réel, le moi qui peut donner aux catégories une signification nouvelle n'était même pas visé. Les contradictions signalées par Kant n'impliquent donc pas pour le moi une impossibilité d'être : elles signifient simplement, comme nous l'avons toujours pensé, qu'il n'y a point identité entre la notion du moi

et le moi. Est-ce à dire pourtant qu'il y ait contradiction
absolue entre ces deux termes? Nullement. Les catégories
désignent encore une manière d'être toute élémentaire des
personnes, en même temps qu'une réaction particulière de
l'entendement sur la conscience , t les prétendues antinomies
attestent seulement qu xistence empirique de la personne
se produit à l'aide d'un principe qui la dépasse elle-même
et qu'elle finit bientôt par avoir l'ambition de développer.
Le moi concret s'ajoute au moi logique, de même que la
conscience s'ajoute à l'entendement pour le réaliser et l'accomplir. Il reste cependant que les contradictions que nous venons
de dénoncer sont évidemment insolubles dans une doctrine
de l'âme-substance. Mais toute difficulté disparaît si, aban-
donnant la philosophie de l'identité, on les conçoit comme un
cas particulier de l'opposition de l'entendement et de la conscience. On s'aperçoit alors qu'il n'y a qu'une solution possible : c'est que la conscience vaut mieux que l'entendement,
c'est que le vide de l'un appelle comme matière les affirmations
concrètes de l'autre, c'est qu'enfin il y a des contradictions
intrinsèques entre ce que l'entendement nous mettait en
mesure d'attendre et ce qu'il était en état de nous donner.
Les antinomies signalées par Kant n'impliquent pas pour le
moi une impossibilité d'être; elles dénoncent simplement la
complication des réalités vivantes, ainsi qu'une opposition
entre ces réalités et les formalités logiques qui prétendent
les enserrer.

On voit donc ce qu'il reste de réel dans la notion du sujet.
Si la permanence, l'unité du sujet ne sont pas primitivement
données, celui-ci est cependant immédiatement donné à lui-
même dans l'action qui le réalise. Est-il un assemblage de représentations illusoires, comme Kant l'estime? Non, il est un sentiment, une pratique, une vie : c'est là le résidu de toute analyse,
le point de départ de toute reconstruction. Ce qui fait l'originalité de la conscience, ce n'est donc pas que le moi se saisisse
immédiatement lui-même comme un être un et indépendant,
c'est qu'il puisse établir l'unité en lui par la cohésion progressive
de ses états, c'est qu'il tende à s'ériger en sujet de l'indivi-

dualité et à passer insensiblement à *l'acte de la personne*. Voilà ce qui explique, en définitive, les illusions que nous venons de dénoncer. La notion du moi n'est pas de tous points un artifice : l'entendement qui la construit parodie à sa manière, dans ce système d'images immobiles et desséchées, l'originalité de la création artistique, la liberté infinie de l'effort moral. Si elle dénature son objet, ce n'est pas sans nous en offrir quelques signes expressifs : elle nous invite à la dépasser en prenant une autre voie que la voie toute abs-traite de l'intelligence et en nous établissant dans la réalité du vouloir [1]. Ainsi, en pénétrant jusqu'à l'illusion qui accré-dite la notion du moi, on fait mieux que de la détruire : on pressent, malgré l'impuissance des symboles, une nouvelle forme d'activité.

On comprend, par suite, à quoi tient l'erreur d'une telle notion : elle vient de son incompatibilité avec ce qu'elle exprime. Et pourquoi cette incompatibilité? Parce qu'elle traite comme quelque chose de la nature ce dont nature donne une image renversée. Je m'explique. Si nous appliquons le principe de causalité aux phénomènes intérieurs, c'est que nous y sommes invités. Tout acte donné dans la conscience a des causes, et ces causes paraissent s'enchaîner entre elles d'une manière conforme au principe de causalité efficiente. On éta-blira donc un rapport analytique entre les divers groupes de nos idées, entre les motifs et les décisions, la décision et l'exé-cution, et, finalement, entre les phénomènes variés de la vie mentale et le moi, puissance causatrice. Mais on reconnaît bien-tôt qu'une telle explication n'est qu'approchée. D'abord, où voit-on que la puissance causatrice du moi intervienne tou-jours avec la même énergie? Que de fois, une première impul-sion donnée, notre corps exécute les ordres qu'il a reçus, en l'absence de toute résolution nouvelle! C'est donc que nos idées se disposent parfois d'elles-mêmes en un ordre qui n'est plus voulu ; c'est encore qu'après avoir donné l'éveil la volonté abandonne les choses à leur cours naturel. De même,

---

1. Voir Séailles, *Cours de* 1901.

pourrait-on expliquer certaines de nos résolutions par un
rapport analytique établi entre elles et les motifs? Non sans
doute. La résolution dépasse les motifs par le fiat qu'elle y
ajoute. C'est même ce que l'on entend quand, pour l'expliquer
jusqu'au bout, on la rapporte, non plus aux motifs, mais au
moi d'où elle émanerait comme de sa cause. Mais, en faisant
ainsi passer des motifs au moi la causalité efficiente, on se
contente de renverser les axes de l'explication mécaniste, et
la vie personnelle ne cesse d'être comprise comme un système de mouvements mis en jeu sous l'action de ressorts
cachés et de forces. On oublie que les idées toutes pénétrées
d'âme peuvent s'organiser d'elles-mêmes et produire par
leur synthèse l'acte du consentement, qui ne serait plus un
effet mécanique, mais une fin. Nous nous réservons d'ailleurs
de montrer comment les stades de l'acte volontaire, loin de
précéder ou de causer la résolution, sont au contraire sou-
tenus par elle, si bien qu'ils s'orientent docilement vers cette
fin invisible encore et présente. Tout effort pour expliquer le
moi par la causalité échoue; au lieu d'une suite de rapports
bien alignés et dépendant d'un terme unique qui pourrait en
varier les positions, nous découvrons en nous une combinaison mobile et cette combinaison, à certains égards,
est libre comme l'art ou comme la vie. La finalité est notre
loi : comment nous exprimerions-nous en langage de nécessité? Cette organisation intime de nos désirs et de nos pensées, il s'ensuit donc que la notion du moi ne peut en
donner l'image. Sur ce point précis, le processus historique
ne reproduit pas le processus réel des choses. Mais, si la notion
produite par l'entendement est à ce point inexpressive, c'est
justement qu'elle exprime en langage de mécanisme ce qui
est finalité et type de finalité; c'est, de plus, qu'en renversant
ainsi les termes elle réduit à de purs rapports analytiques ce
qui ne saurait s'y résoudre, le monde mouvant de nos pensées. Or, s'il y a du moral jusque dans le mathématique,
comment le mathématique, ou ce qui revient au même, le
logique, exprimerait-il entièrement ce dont il n'est qu'une
ombre, et comment de purs rapports, quelque variété d'ail-

leurs qu'on imagine dans leurs liaisons, pourraient-ils représenter ou même simuler la vie? Il est très vrai qu'épris de
connaissance générale et d'ailleurs peu capables de fixer
l'attention de notre esprit sur les données de la conscience,
nous sommes naturellement portés à confondre la réalité du
moi avec cette façon tout abstraite de la concevoir. Mais il
est également vrai que cette notion nous désigne sans nous
exprimer et qu'ainsi, en dehors de l'organisation intime de
nos sentiments, rien n'est en nous qu'expression superficielle
et symbole.

Mais il faut nous affermir dans cette vérité fondamentale
en l'appliquant à ses conséquences. En montrant l'impuissance de l'entendement à exprimer par ses concepts les mouvements concrets de la vie intérieure, nous l'affranchissons
de la nécessité logique qui leur est inhérente. Cette conséquence vaut qu'on s'y arrête. Dire, comme on le fait d'ordinaire, que l'âme est cause et que pourtant elle est soustraite
aux lois ordinaires de la causalité, n'est-ce pas une flagrante
contradiction? De quel droit invoque-t-on un principe de
l'entendement, si l'on doit peu après le mettre en doute ou le
suspendre? Pourquoi ne pas accepter les suites d'une explication qui tend à substituer partout une liaison mécanique aux
libres procédés de l'art et à ériger en destin intérieur les manifestations de notre causalité? De même, comment accorder
avec l'idée de notre permanence, je ne dis pas seulement la
physionomie mobile de l'existence individuelle, mais ces
changements absolus qu'enveloppe ou qu'entraîne après soi
tout acte libre? Enfin si l'unité, forme suprême de la continuité, est la loi de notre être, comment donc concilier avec
elle la discontinuité de nos propres états? On ne fait pas à la
logique sa part : on recourt à une explication, quitte à l'abandonner quand elle gêne! Il est pourtant vrai que si on la
regarde du point de vue de l'entendement, une décision libre
est une absurdité; et comme notre vie est faite en définitive
de ces changements réels, elle devient, à la considérer ainsi,
un tissu d'illogismes. De là, en même temps que les objec-

tions du déterminisme, le désir de rendre cohérent le système de la vie intérieure et de le faire entrer sous les lois de la nécessité. De là encore cette pensée qu'il n'y a de réel que la nature et que, jusque dans les négations qu'elle semble lui opposer, la conscience recouvre un mécanisme inflexible. Nous avons, en ce qui nous touche, réservé les droits de la spontanéité. En limitant à l'ordre des rapports abstraits la connaissance de l'entendement, nous avons reconnu que, pour juger de cette partie superficielle de l'âme toute proche de la matérialité, il ne s'étend pas néanmoins jusqu'en cette région profonde où se nouent et se dénouent les relations mobiles de l'existence personnelle. S'il n'en était pas ainsi, nous aurions, selon l'expression de Kant, « converti le champ entier de l'expérience en un champ de nature », et quelle place trouver pour la personnalité dans ce réseau de causes et d'effets nécessairement conditionnés ? Il serait inutile d'alléguer qu'à mesure qu'on s'élève dans la conscience les lois du mécanisme à demi suspendues, presque flottantes, gagnent en flexibilité. Pour être composé de termes subtils, ce déterminisme ne laisserait pas de nous enlacer de liens d'autant plus redoutables qu'ils sont moins visibles et que leur enlacement se fait moins sentir. Il fallait donc marquer nettement en l'âme un point où le mécanisme de la nature n'atteignît pas. C'est où tendait cette pensée que la personnalité vraie est bien supérieure à toute représentation ou schéma de l'entendement, qu'elle renferme un élément irréductible aux données intellectuelles, qu'il y a en elle de l'illogique ou de l'absurde, si l'on entend par ces mots ce que n'expriment pas les formules générales de la science. Mais, en nous permettant d'échapper au mécanisme de la nature sans que nous ayons à le suspendre arbitrairement, cette indétermination nous permet d'établir un monde intérieur où les lois de la nécessité ne pénètrent plus. Nous sommes donnés en une suite d'éléments concrets et différentiels dont toute l'unité est de converger vers un terme unique. Qu'il y ait là de quoi confondre l'entendement habitué par son application à l'espace à affirmer l'unité et la continuité des choses, nous

l'avouons. Mais la conscience maintient contre l'entendement
les droits de la discontinuité ; et il semble bien que si l'entendement est de mise dans la connaissance des réalités
extérieures, la conscience seule doive être invoquée pour
connaître une existence dont l'intimité mesure le degré d'être.

Mais ce n'est pas tout. Si, dans le problème de la personnalité, les écoles positivistes et associationnistes ont facilement
gagné leur cause, c'est sans doute pour avoir confondu la
réalité vivante du moi avec la notion constituée par après. On
représente le moi comme une forme substantielle dont le
seul sentiment de l'effort trahit la fécondité, et on le réalise,
indépendamment des états conscients, dans le vide de la
pensée pure. Comme on a bien garde de dissiper l'illusion
intérieure qui donne de la consistance à cette confusion, le
moi devient — ce qu'est effectivement la notion du moi —
une forme compliquée, capable de variations ou de degrés,
une construction mentale, au lieu d'une donnée simple. On
parle de ses défaillances. On enregistre ses maladies. On
rattache ses troubles aux troubles mêmes du cerveau. On
détaille cette scène de mobilité et d'inconsistance. On se rit
de cette unité fragile et des impuissances de cette cause ; on
accumule les phénomènes qui la nient ; on met la conscience
en contradiction avec la conscience. Pour un peu, l'ombre
d'unité qui flotte en elle, c'est dans le corps qu'on en chercherait la raison : la personnalité devient l'écho des résonances lointaines qui s'élèvent de tous les nerfs et qui se
joignent un instant par le plus inexplicable des hasards.
Certes, il est très vrai que ce que l'on prend ainsi pour le
moi est compliqué, souvent double, qu'il évolue et défaille,
qu'il suit dans son histoire les vicissitudes du cerveau.
Supposez que les nerfs efférents cessent d'exciter nos
muscles, nous perdons avec le sens de la résistance celui de
l'effort et, avec le sens de l'effort, celui de notre causalité.
De même, si la mémoire n'établit plus entre nos idées les
rapports accoutumés, il pénètre en elle je ne sais quoi de
flottant qui brise, en apparence du moins, l'étoffe continue de
la vie personnelle. Dans les cas d'extrèmes désordres assez

semblables aux états de rêverie, il arrive même que nous perdions entièrement le sens de notre rôle habituel et que les jugements dont nous nous désignons d'ordinaire soient en quelque sorte suspendus. Mais sous ces désordres de la surface il ne laisse pas d'y avoir une circulation sourde de nos sentiments et de nos pensées ; même atténuée, elle donne une signification intime aux jugements erronés que nous portons alors sur nous, et, en se prolongeant ainsi au-dessous d'eux-mêmes, elle maintient, en des profondeurs où ils n'atteignent pas, une latente unité. C'est dans cet ordre formé de volitions et d'idées pures qu'il faut placer, avec le moi concret, le centre de la vie individuelle : moi véritablement réel, car il nous est donné de l'atteindre toutes les fois qu'une idée vraie ou un sentiment vif nous rendent à nous-mêmes. Maintenant, qu'au moi artificiellement produit on puisse appliquer une méthode de construction mentale ou d'analyse, qu'on en montre une à une les maîtresses pièces et qu'on en dissipe l'unité dans les jugements qui le forment ; que, considérant les sensations musculaires où il s'engrène et les états du corps qu'il embrasse, on parle à bon droit de ses maladies ou de sa composition, nous sommes des premiers à l'accorder. Mais ce n'est qu'une pseudo-personnalité qu'on attaque, et, au lieu du moi, ce qui en est l'ombre. Il était donc nécessaire d'établir une scission entre la réalité du moi et la notion du moi : eût-on raison de cette dernière, la première, qui importe seule, prévaudra. Aussi, avons-nous surtout pris soin de montrer par quelle combinaison artificielle se forme dans l'esprit une notion du moi incomplète, ou même fausse, et de la distinguer de la conscience profonde que nous avons de nous-mêmes. S'agit-il de dissocier cette combinaison logique, les empiristes triomphent : le moi leur échappe. S'ils excellent à briser l'étoffe superficielle de l'âme, ce qu'ils ne touchent pas, c'est le tisseur subtil d'une trame plus nuancée et plus fragile. Ils ressemblent à ces sophistes dont parle Platon et qui, sous couleur de dispute, se dérobent dans les obscurités du non-être. Leurs coups n'atteignent qu'une ombre : l'être qui la projette fuit.

En résumé, nous nous sommes moins attachés à établir la fausseté d'une notion qu'à démêler l'artifice inconscient qui ne cesse de la produire. Ou plutôt, l'erreur nous a paru suggestive, instructive même, nous révélant une nécessaire démarche de la pensée qui essaie de se comprendre avec les moyens insuffisants dont l'abstraction dispose. C'est naïveté de l'esprit qui prend pour vérité ce qui ne peut être que figure. A l'occasion de ce que nous présente la conscience s'édifient nos jugements sur nous, et ces jugements nous ont paru traduire en termes rationnels, c'est-à-dire fort inexacts, les informations intimes du sentiment. Ce n'est pas que nous mettions en doute la force compréhensive de l'entendement ; nous disons seulement que, tenant cette force de son application à l'idée d'une existence homogène et ravi de la clarté qu'il y trouve, il tend à traiter comme de l'homogène la réalité du moi ; qu'il la morcelle d'abord pour en distinguer les parties ; qu'il réunit ensuite ces états en séries pour les mieux comprendre ; qu'il les rapporte à une unité de force pour leur trouver une condition suffisante ; qu'avec le concours de l'imagination, il introduit sous forme de substance l'idée physique de l'inertie afin de supporter par quelque chose d'immobile un mouvement incompréhensible ; qu'il profite enfin de vagues affinités avec l'énergie motrice pour convertir cette condition en cause efficiente à l'égard même des phéno-mènes qui échappent à son influence, comme l'énergie de nos muscles ; qu'ainsi il interprète librement, à sa façon, le texte fourni par le sentiment. On a donc pu remarquer un curieux renversement des axes qui s'explique par les jeux de la perception intérieure. Les propriétés de l'étendue nous étant clairement connues, nous tendons à tout concevoir selon cette connaissance ; et cette tendance, en nous portant à nous répandre au dehors, nous fait chercher hors de nous la figuration de notre être. Ainsi s'engendre en notre esprit, au lieu du vrai concept du moi, l'illusion captivante de la causalité et de la substance. En reprenant librement une formule célèbre, on pourrait dire que nous nous voyons en Dieu ; il est plus vrai de dire que c'est dans la matière que désormais nous nous entrevoyons. Nous ne saisissons de nous que ce qui s'en réfracte hors de nous. La notion qui se produit alors dans l'entendement serait exacte, si le dehors pouvait représenter le dedans, et l'espace la pensée. Mais l'espace n'offre dans la répétition indéfinie de ses parties que la représentation de lui-même : il est inexpressif. Nous le comprenons sans peine lorsqu'il nous arrive de comparer à la grandeur de l'espace la moindre démarche de la pensée ou quand nous essayons d'exprimer par la juxtaposition de ses parties la complication de nos sentiments. Nous nous apercevons bien alors que « le monde entier des corps ne vaut pas un seul des esprits ». Une seule chose est représentative du moi, c'est le moi lui-même. L'esprit est sa mesure. Et si, comme on l'a prétendu, l'esprit est à ce point inconnu à lui-même qu'il ne puisse pas s'exprimer en sa propre langue, il faut, tout en renonçant à la vie morale, renoncer à le comprendre, car ce n'est pas le comprendre, c'est plutôt en fausser le sens que de le représenter par des symboles empruntés à une nature où il n'est pas, ni ne saurait être.

Mais, par cela même, nous avons été conduit à écarter deux solutions possibles du problème de la personnalité. Nous n'avons pas admis, avec le phénoménisme, qu'on pût obtenir le moi réel par un procédé de construction mentale qui laisserait sans l'exprimer l'activité virtuelle du sujet ; et nous avons en même temps refusé aux disciples de Maine de Biran le droit de se voir au-dessus du temps et de' l'espace, dans leur activité primitive et indéfectible. Nous avons ajouté que ces deux explications, tout en paraissant s'exclure, dérivent d'une même confusion : on confond l'existence personnelle avec cette idée du possible et de la substance que fournit l'entendement : voilà pourquoi on se croit autorisé soit à identifier le moi avec la notion abstraite que nous en construisons après coup, soit à le recomposer avec des états de conscience. Après s'être un moment opposées, ces doctrines devaient donc aboutir aux mêmes conclusions et retrouver dans le moi, sous les termes contradictoires dont elles se servaient, la suspension et comme le néant de toute action véritable.

Pourtant comment établir que la personne n'est pas une illusion, qu'elle est, non une résultante, mais un véritable principe? Il ne reste plus, à vrai dire, qu'un parti à prendre : c'est de supposer, avec Kant, que dans sa plus haute expression la personnalité ne soit que l'action même de s'affirmer ou de se produire librement. Il faudrait ajouter, pour comprendre ce qui va suivre, que cette action, tout en échappant aux formes abstraites de la pensée et en restant à cet égard ignorée en son principe, éclate doublement dans ses effets grâce au mouvement qui la suit et à celui qui la précède. Car il est de la nature du moi de se réfléchir dans la conscience où il puise les éléments de son être, et les formes mobiles que cette dernière distingue traduisent justement en langage de sentiment, de caractère et d'individualité l'action unique qui se reflète en elles et qui se réalise progressivement par elles. On comprendra ainsi que nous ne soyons pas à nos yeux comme un mystère vivant, puisque notre existence personnelle n'est pas détachée des conditions psychologiques ou même naturelles qui la préparent ; et pourtant on ne tentera plus de la résoudre en ces conditions, puisque aux données de l'expérience elle ajoute à chaque instant une forme dérivée d'elle. Notre tâche se trouve donc tout indiquée : nous n'avons qu'à retrouver cette forme originale et mobile, en la suivant dans l'expérience vivante où se poursuit son évolution, et en la dégageant nettement de toutes les traductions symboliques qui l'encombrent et la dénaturent.

CHAPITRE III

LE SENTIMENT

En nous inscrivant en faux contre la doctrine substantialiste et en assurant que le moi est un composé variable et
infiniment mobile, ne donnons-nous pas raison à la doctrine
de Hume? « Il n'a ni simplicité en un même temps, ni identité en des temps différents, quelque naturellement enclins
que nous puissions être à imaginer cette simplicité et cette
identité. » Sans doute, pour le philosophe anglais, c'est
l'imagination seule qui ourdit en fils ténus la trame fragile
que nous prenons pour notre être. Mais, du moment où
l'entendement constructeur n'exprime pas les démarches de
l'être réel, quelle autre source trouver à la composition de
nous-mêmes que ce travail factice de raccord? Quelle autre
garantie de l'unité originale de notre être que cet assemblage?
Il est vrai qu'un obscur sentiment intérieur semble attester,
en même temps que l'unité des fonctions qui servent à notre
existence, la solidarité qui relie les états d'une même conscience. On devine donc pour l'unité du moi un fondement
moins précaire. La vie psychique n'est point une broderie
improvisée ; elle recouvre une trame organisée, solide, formée de sensations vitales qui suivent le jeu normal des centres nerveux. De là son unité, sa permanence au sein du
devenir. Les rapports premiers subsistent, toujours les
mêmes ; enveloppés par un sens général de la vie organique,
ils forment la base puissante de notre individualité. A une

fantasmagorie de perceptions se substituent des rapports fixes ; à un substratum inconnaissable succède l'unité physique de l'organisme.

Une telle explication marque un signalé progrès sur les doctrines simplement abstraites. Rattacher les états fugitifs du moi à des conditions physiques déterminées, c'est assurer la constance de leur succession autrement que par des expédients psychologiques ; et écarter du moi toute substance infra-phénoménale pour le ramener aux conditions intelligibles de l'existence, c'est le fonder en droit, l'établir dans la nature même des choses. Mais il est encore à craindre que le moi ainsi intelligiblement construit ne soit qu'un fragment d'un ordre total qui serait l'ordre même de la nature, et cette détermination, supprimant dès l'origine la possibilité de tout commencement absolu, réduirait à néant l'unité qualitative de la personne.

On devrait d'abord noter que la forme même de la personnalité, la conscience, ne peut être mise en cause. On la détruit, en effet, si on l'analyse, et les doctrines qui essaient de la construire avec des éléments hétérogènes l'introduisent malgré tout à la dérobée. Condillac a beau dévider la sensation : la conscience ne se trouverait point au terme, si elle ne s'était glissée au principe. Taine remonte le courant de nos états psychologiques pour découvrir à l'origine une conjonction de faits organiques : mais, puisque ces faits ne sont que les alentours physiques auxquels, en vertu de notre constitution même, un état mental est toujours rattaché, peut-on confondre la conscience avec ce qui en est ainsi condition obscure et base organique? D'ailleurs, le fait de conscience implique une telle distinction qu'une de ses modalités s'ajoute aux mouvements du cerveau sans en dépendre expressément, comme un nouveau degré d'être. C'est même ce que Descartes avait compris lorsque, distinguant de l'ordre de la pensée l'ordre de l'étendue, il croyait trouver dans la seule pensée la condition première d'intelligibilité, même pour les objets réalisés en dehors d'elle. Réduire la conscience à ses éléments préparatoires, c'est donc supposer que la combinaison seule des forces en renferme le secret et que la conscience, ainsi réductible aux formes composantes, n'a en elle-même rien d'inédit. Et la raison de cette affirmation, quelle est-elle? La prétendue nécessité logique de maintenir, à travers la transformation des mouvements, l'unité ininterrompue de l'être. Mais ce qu'il s'agirait précisément de démontrer, c'est que l'être est ininterrompu, que le mouvement en forme la trame unique, et que rien ne se profile sur le canevas des forces qui ne puisse s'y ramener. L'idée de création ou de synthèse est condamnée d'avance comme préjugé anti-scientifique: la suppression de la conscience est décrétée.

Si la conscience considérée en elle-même est une synthèse irréductible, il peut en être autrement de son contenu. De nos jours on incline d'ailleurs à regarder la réflexion comme extérieure à ce contenu, et à chercher dans les puissances obscures de l'homme le secret de l'individualité. Désirs, sentiments, pensées formeraient l'étoffe vraie de notre être, puisque sans eux la réalité s'évanouit dans le vide d'une forme pure. La dissociation de la matière et de la forme de la conscience est un fait acquis. S'il en est ainsi, rien n'empêche que les éléments de la vie intérieure, suscités à l'occasion des actes réflexes, reproduisent dans leur unité de forme telle combinaison de mouvements d'où leur viendrait une détermination réelle; qu'à ce titre il soit possible d'établir des rapports d'équivalence entre les conditions physiques de la conscience et son contenu. La conséquence de cette hypothèse, si elle venait à se réaliser, serait l'altération profonde de l'idée de personnalité. A ce contenu réel correspond, en effet, un premier degré de la conscience, celui que Malebranche appelle le sentiment intérieur. Par opposition à la conscience claire ou déployée, il est la conscience enveloppée et concrète, l'unité organique d'une variété radicale. C'est un moule vivant où viennent se métamorphoser les phénomènes, où le monde spiritualisé peut prendre place sans interrompre l'unité de ses relations foncières. Cette conscience toute spontanée, l'ébranlement du cerveau n'aurait pas le privilège d'en rendre

compte. Il se pourrait pourtant que le sentiment intérieur
fût la traduction immédiate de ce qui affecte le corps : n'est-il
pas lié à la sensation ? N'est-ce pas comme une cire molle
où déposent une empreinte les moindres mouvements de nos
tendances affectives ? Quoique intérieur, n'est-il pas inexprimable ? Et ce caractère ne lui vient-il pas de ce qu'il reproduit dans leur fugacité même les murmures infinis de l'organisme ? Parler, avec Malebranche, de l'obscurité dont il
enveloppe nos modalités, n'est-ce pas affirmer sa confusion
possible avec l'action du corps ? Serait-il à ce point obscur,
s'il dépendait de la conscience formelle ou de la pensée réfléchie, et cette obscurité ne résulte-t-elle pas de ce qu'il se
détache à peine d'un canevas très obscur lui-même, nos
sensations et nos modifications organiques ? Quant à son
caractère d'intimité, on peut prétendre, avec M. Bain,
qu'il le tire de la seule présence du plaisir ou de la peine :
mais en quoi ces états eux-mêmes nous détachent-ils de
notre nature physique ? Ne peut-on dire, même, qu'ils en
désignent les convenances contrariées ou satisfaites, et qu'à
ce titre ce que la vie intérieure contient de plus personnel
se réduit à ce que le corps renferme de plus délicat ? Si la
forme de la conscience résiste, le contenu de cette même conscience se convertit en « un champ de nature » : dans un
cadre idéal, sous le stimulus des impressions organiques, une
matière subtile circule. Il s'ensuit que les manifestations profondes de la conscience sont soumises aux lois naturelles. Et
s'il faut voir en elle, avec de hauts spiritualistes, la forme
éminente de la vie de l'âme, il faut reconnaître aussi que c'est
dans de pures impressions et jusque dans nos viscères que
cette vie soi-disant spirituelle plonge ses racines. Il faut
ajouter, ces états étant soumis aux lois ordinaires de la propagation des forces, et l'étoffe de notre individualité ne comportant d'indétermination que celle qui résulte de la mobilité
de ses matériaux, qu'elle ne renferme nul élément de vie personnelle, nulle trace d'organisation spontanée.

Le problème que nous posons, et qui consiste à rechercher
les rapports entre la vie affective de la conscience et son

organisation concrète, ne saurait se résoudre sans une orientation de l'analyse vers des états qui ne nous sont plus familiers,
qui ne participent pas aux procédés de construction habituels à la réflexion, et qu'il nous sera par conséquent extrêmement difficile d'isoler. Disons-le une fois pour toutes :
sous cette désignation convenue encore de *sentiment*, nous
entendons une disposition profonde de notre activité qui
ne construit pas, qui ne réfléchit pas, mais qui se laisse
vivre, en manifestant ingénument ses qualités natives, sa
force de réaction spontanée et comme sa logique interne.
Nous nous transportons ainsi à l'opposé de cette notion du
moi qui représente la part de construction mentale impliquée
dans toute représentation parfaitement claire de notre être
intime. Derrière cette idéologie dont l'entendement est la
source nous devinons, avec Schopenhauer, « ce qui ne sait
autre chose que vouloir ou ne pas vouloir, être satisfait ou
mécontent », avec les modifications secondaires désignées par
les termes de sensations, émotions, passions qui sont autant
de dérivés de cet état fondamental. Voilà la synthèse primitive qui fait le fond de la conscience et qui constitue, selon
une énergique expression, le noyau de notre être. C'est elle
qui produit les cadres de la réflexion où elle se projette, qui
ne dort pas quand celle-ci dort, et qui reste intacte quand
celle-ci diminue ou s'altère.

Taine a admirablement compris et nettement situé ces
opérations invisibles. « Les femmes, nous dit-il dans sa psychologie imagée, laissent la géographie et le catéchisme
couler sur leur esprit ; rien n'entre ; les formules sèches et
disproportionnées glissent comme une averse sur une om-
brelle de soie ; au-dessous de cette pluie officielle se forme
leur être véritable, composé de pures sensations, de répu-
gnances, de sympathies, d'images et de désirs vagues, qui
ondulent et vibrent. Cela fait un accord imprévu, d'une délicatesse, d'une justesse étranges [1]. » On n'aurait qu'à généraliser cette vue : on comprendrait l'existence, en chacun,

---

1. *Notes sur Paris*, p. 192.

d'un moi « sensitif » où les représentations intellectuelles ne pénètrent pas, d'un moi tout en profondeur, qui se profile en dégradé derrière nos états de premier plan, une vie libre et dégagée, plus ou moins riche selon la délicatesse et la sub-tilité des combinaisons où se joue notre sensibilité. Précisons encore. Quand nous nous livrons à quelque peinture hardi de la nature humaine, nous jugeons de son habileté et de sa profondeur à la manière dont il sait provoquer au dedans de nous les états émotifs qu'il est impuissant à analyser, ces vibrations incommunicables, ces données fuyantes et com-plexes, ces *feelings* qui courent en nous comme des frissons ou qui éclatent comme les explosions soudaines d'une con-science longtemps comprimée. En nous expliquant ses per-sonnages, c'est donc à ce « personnage intérieur », fait d'émotion et d'instinct, qu'il nous a insensiblement conduits ; il nous a permis de démêler en nous, sous les constructions intellectuelles surajoutées, les impulsions irréductibles, les thèmes émotifs et sentimentaux que toute sensibilité d'homme se plaît à développer ou à combiner. L'entendement a dis-paru ; la spontanéité le remplace : le sentiment la révèle immédiatement.

Nous avons par là délimité le champ de ces analyses et nous les avons rattachées au problème général qui nous re-tient. Le sentiment ne nous intéressera que dans la mesure où il sera justement cette expression concrète de la sponta-néité, dans la mesure encore où il correspondra à la forma-tion de la vie personnelle. Nous nous plairons à y démêler, sous la mobilité des apparences, quelques directions foncières de l'activité, des dispositions profondes et des attitudes irréductibles de la conscience, un fond dynamique donné par les degrés variables de tension ou de relâchement d'une individualité qui se fait.

Quelle est donc l'origine du sentiment, contenu de la conscience ? Est-ce, comme il semble et selon les termes de la psychologie anglaise, une agrégation des plaisirs des sens dont les créatures vivantes fournissent l'occasion sous bien dès rapports? Ou bien cette origine est-elle supérieure aux sensations p oprement dites? Y aurait-il une synthèse affective ou sentimentale, comparable à la synthèse mentale que la psychologie retrouve dans les formes constituées de la conscience? Cette synthèse sensible ne serait-elle pas, elle aussi, une disposition ou une qualité irréductible de l'activité ?

On s'accorde à trouver quelque chose d'indéfinissable dans nos sentiments : il serait important de montrer que ce caractère tient à leur nature même. Définir un sentiment en le ramenant à des composants élémentaires précis, comme l'impression et la sensation, ce serait ne point donner pour vaine la doctrine qui fait d'un prolongement de la nature la matière même du moi. Et éliminer de sa forme tout élément local, individuel, de manière à l'exprimer par une formule, ce serait établir ce qui est en question, à savoir que l'étoffe du sentiment est tissée d'états simples et impersonnels, sensationnels.

Le rôle de l'élément physique ne saurait être mis en doute depuis que des analyses récentes l'ont saisi à la racine de nos états les plus intimes. Il ne suffirait plus de dire que la passion ne se produit pas sans un stimulus organique déterminé, quand c'est d'une telle excitation qu'elle tire sa forme spécifique et originale. Ainsi, la pitié, si elle est suivie d'attendrissement, suppose un imperceptible langage des muscles de la gorge qui se contractent comme pour ébaucher un sanglot ; la tristesse n'irait pas sans un certain abattement qui traduit le ralentissement de nos fonctions et comme l'atonie du corps. Cette importance de l'élément physiologique, le désir la manifeste plus encore. C'est par un curieux renversement des termes que nous considérons le désir comme un commencement d'acte, alors qu'il est l'interprétation consciente de quelque vague inquiétude organique. Il enveloppe, il exprime des mouvements périphériques et il désigne, en même temps que leur avortement, le besoin d'achever l'action qu'ils ébauchaient d'eux-mêmes et dont ils dessinaient vaguement les traits. On n'expliquerait pas autrement la persistance de ceux de nos désirs qui répondent à des mouvements du corps périodiquement reproduits ; et le rôle de l'habitude demeurerait inconnu, si nos habitudes n'avaient pour effet de produire à temps marqué, grâce à la périodicité de ces mouvements, des dessins obscurs qui s'achèvent en besoins. Dans un ordre voisin, ignore-t-on l'influence des organes sexuels sur nos idées mêmes et les liens étroits qui les rattachent, semble-t-il, à notre appréciation de la forme et de la beauté? Il y a plus. Le plaisir, facteur appréciable des sentiments doux, en accroît l'étoffe sensationnelle. Ne sait on pas que nos émotions même les plus fugitives renferment un élément de jouissance ou de peine? Et n'est-ce pas une vérité reconnue qu'un plaisir et une douleur sont toujours liés au jeu des tendances organiques fondamentales? Les degrés d'intensité de nos plaisirs sont vraisemblablement donnés par le nombre des sensations qu'ils suscitent dans l'organisme, et leurs différences spécifiques tiennent à la différence même des centres qu'ils intéressent. C'est ainsi qu'une activité partagée entre plusieurs motifs de plaisir n'arrive pas à une jouissance intense, tandis que cette intensité se produit certainement lorsque nos organes suspendent leur exercice propre pour s'appliquer au seul plaisir à produire, et quand notre activité physique, suscitée ainsi de toutes parts, s'y abandonne et s'y noie.

Fût-il démontré que le contenu matériel de la conscience est lié à nos sensations au point de faire corps avec elles, il ne serait pas démontré qu'il en est le prolongement : on devrait toujours reconnaître qu'une impression sensible donnée diffère, en son étoffe, de l'ébranlement du cerveau qui la précède. Cet ébranlement, elle le traduit en son langage ; et qui nous assure qu'il y ait ressemblance exacte entre les deux idiomes? Comment surtout établir qu'en dépit des liaisons naturelles il y ait équivalence entre les termes? Au surplus, le plaisir cérébral n'est pas démontré appartenir à la sensation. On a récemment insisté sur ce fait que des sensations à peu près semblables sont pourtant suivies de plaisirs bien différents par la qualité et par la nuance[1]. Quoiqu'une

1. V. Ribot, *Psychologie des sentiments*, p. 34 (Paris, F. Alcan).

telle affirmation demeure problématique, étant donnée la difficulté d'énumérer tous les éléments physiques qui forment
la contexture d'un plaisir, il semble cependant que ce dernier résulte moins de ses matériaux que d'une orientation qui
leur est imprimée. Il est lié à une réaction originale de l'âme
qui s'abandonne ou se repose en une combinaison particulière des sensations. D'ailleurs, des analyses récentes en
font foi : le plaisir est déjà à sa manière un sentiment ; il est
lié à l'activité cérébrale du sujet, plus encore qu'à son activité musculaire. Bref, il trahit une disposition qualitative de
la sensibilité, que nous verrons se dégager peu à peu au cours
de ces analyses. C'est l'avant-goût du plaisir, comme s'exprime Darwin, et non la jouissance physique elle-même, qui
provoque l'exubérance du mouvement et l'élévation du ton de
l'activité. « Un chien, qui faisait des bonds joyeux à la vue
d'une assiette de nourriture, ne manifeste plus sa satisfaction, quand il la possède, par aucun signe extérieur. »
Du reste, l'observation des joies et des peines morales nous
montrerait la prédominance de la représentation mentale sur
l'élément physiologique qui peut en être à certains égards
dissocié. Cette représentation est en parallélisme avec certaines manifestations physiologiques : les deux séries relèvent
de la même cause, mais ne se conditionnent pas toujours,
ne réagissant pas forcément l'une sur l'autre. La manifestation mentale du plaisir, c'est le plaisir lui-même ; il
n'est, à sa manière, qu'un symptôme nous renseignant sur
l'état de l'activité. Il a la valeur variable d'un signe.
Ainsi que la douleur, il est séparable du complexus dont
il fait partie et, dans certaines circonstances, peut totalement disparaître. On comprend dès lors que les degrés
dont il est capable ne soient pas liés à l'apparition seule ou
à la disparition d'une impression et que, même séparé de la
jouissance qui en est la contrefaçon sensible, il ait cette
nuance légère et presque intime qui en fait le véhicule de
nos émotions.

On ne peut donc pas établir une équivalence entre nos mouvements et nos sensations, nos sensations et nos plaisirs.

Mais ce rapport, inadmissible jusqu'ici, ne peut-on l'établir d'un plaisir à un sentiment ? Qu'on remarque d'abord que le plaisir est une nuance indispensable sans doute à la composition d'un sentiment, mais incapable d'en former la trame. Un sentiment de joie ou de tristesse se distingue d'une sensation proprement dite par l'individualité commençante qui se marque en lui et par le mouvement qu'il suscite au plus profond de nous-mêmes. Tandis que la sensation résume des impressions organiques déterminées et embrasse, à ce titre, une quantité de plaisir parfaitement homogène, un sentiment nous ramène au dedans de nous où il provoque, en même temps que des souvenirs intimes, des émotions personnelles : il a sa vie, une vie sourde qui lui est propre ; et vouloir le caractériser par l'élément seul de jouissance ou de peine qu'il recèle, c'est répandre cette vie intérieure sur la périphérie et se refuser à comprendre le secret de sa mobilité et de sa souplesse. Ce n'est donc pas la jouissance seule ou la peine qui en s'atténuant, en se graduant, forment le monde de nos sentiments ; tout au plus, convient-il d'y voir un signe variable qui indique l'intérêt que nous prenons à ces sortes d'états et qui leur donne l'estampille officielle de phénomènes affectifs. D'ailleurs, si nos sentiments n'étaient que les nuances ou les dégradations du plaisir, comment expliquerait-on le caractère original de chacun d'eux ? Et en quoi la pitié différerait-elle de la tristesse si, en leur étoffe, ces deux états n'étaient que des transformations de la peine ? Semblables par l'élément de douleur qu'ils renferment, c'est donc par l'originalité de leur forme qu'ils se différencient ; le même voile de tristesse qui les enveloppe, étend sa teinte sur des physionomies dissemblables. Il s'ensuit que le positif d'un sentiment est donné par l'expérience intérieure dont il offre, en un moment précis, une combinaison originale. On ne comprendrait pas, s'il en était autrement, l'aspect individuel qu'ils affectent. Comment donc pourraient-ils ainsi croître et se modifier à mesure que se modifie la vie intérieure, et s'ils n'étaient point l'expression de toute une vie, comment les plus délicats ou les plus tendres, la sympathie et l'amour, manqueraient-ils précisément

à ceux qui n'ont point vécu? Il est impossible de réduire un
sentiment à des éléments déterminés d'impressions et de
sensations : c'est qu'il reflète en un moment l'histoire intime
de la personne. Il échappe, par ce point précis, aux lois de la
matérialité. A ces synthèses toute proches du corps et correspondant au réseau des ondes nerveuses, succèdent des
combinaisons libres et mobiles où la disposition physique
n'est qu'un élément occasionnel et déjà lointain. La vie individuelle avec ses plis et ses détours, telle est l'étoffe de la
conscience.

Mais c'est justement cette complexité des sentiments qui
nous empêche d'ordinaire de dégager l'élément émotif qu'ils
renferment et de retracer la courbe qu'ils suivent d'instinct
dans la conscience. Du moins, elle nous met en mesure de
nous faire une idée de leur vie et de définir le mode de croissance qui leur est propre. En un mot, nous les voyons
recourir à un véritable procédé d'excitation et d'évocation
mentales. Dans la mélancolie, par exemple, il convient
d'établir un départ entre la donnée affective pure, la langueur ou le relâchement de l'activité, et le travail d'esprit
par lequel elle se justifie en provoquant des interprétations capables de la soutenir et de la rendre cohérente.
Chez ceux qui souffrent et qui pleurent, nous assistons à
la production rapide d'éléments intellectuels qui ne relèvent
nullement de l'automatisme, mais des facultés de raisonnement et d'invention : le sujet conscient se livre à un curieux travail de recherche et de synthèse pour alimenter sa
douleur, lui fournir des raisons, la renouveler [1]. L'enfant qui
s'est fait mal, souvent ne pleure de douleur que lorsqu'on le
plaint : c'est donc la pensée que l'on a éveillée, qui le fait
pleurer. Mais nous touchons ici au point délicat autour
duquel se meut la sensibilité humaine : c'est cette intervention d'une pensée capable d'amplifier nos sentiments, en
les arrêtant brusquement parfois et en les détournant de leur
cours. On l'a remarqué, la cause de nos douleurs et de nos

1. Dumas, *La Tristesse et la Joie*, p. 202 (Paris, F. Alcan).

joies ne réside pas ordinairement dans la réalité présente, mais dans des pensées abstraites ; ce sont celles-ci qui nous deviennent si lourdes, qui nous créent des tourments auprès desquels les souffrances naturelles de la sensibilité sont insignifiantes [1]. Grâce à cette exaspération de l'activité due à la pensée, l'homme devient comme le centre le plus vibrant et le plus douloureux de l'univers. Les plus grandes souffrances sont des maux imaginaires et inguérissables. Elles ne se trouvent pas dans le présent, sous forme de représentations intuitives et de sensations immédiates, mais dans la raison, sous forme de notions abstraites, de pensées qui nous torturent et qui nous rendent misérables [2]. Toute cette expérience douloureuse, la sensibilité ne la posséderait pas d'elle-même, car elle vit dans le présent, comme l'animal, et dans un état de quiétude insouciante qui fait son charme. Mais la pensée vient brusquement se jeter dans le courant paisible de nos émotions et de nos joies, et briser l'harmonie naturelle qu'elles tendaient à former.

Si, dans sa forme statique, le contenu de la conscience présente des caractères qui ne nous permettent pas de le réduire à la sensation, en est-il de même de son procédé historique ? Ne peut-on dire qu'il recouvre à son tour un amalgame d'associations sensationnelles ? Notre individualité présente serait ainsi préformée dans une sorte d'état naissant produit sous l'influence immédiate de conditions physiques nettement définies. Indéterminée dans ses soi-disant créations morales, la vie intérieure est déterminée à sa racine ; sous ces variations de surface, une même note fondamentale se continue. Cette question en amène aussitôt une autre. De

1. « Au lieu de se laisser conduire par quelque représentation intuitive, l'homme s'efforce d'écarter entièrement ce mode de motivation, et de ne se laisser déterminer que par des représentations abstraites ; c'est ainsi qu'il exploite à son plus grand bénéfice son privilège de la raison : il se rend indépendant du présent, et, au lieu de choisir le plaisir fugitif ou de fuir la douleur passagère, il réfléchit à leurs conséquences. Ce sont des motifs abstraits, médités, et non les impressions du moment, qui nous déterminent. » Schopenhauer, t. I, p. 477.

2. Id., ibid., p. 476.

la synthèse mobile de nos états n'incline-t-on pas à faire un
peu trop vite un principe de pure indétermination ? Un moi
qui serait sans nul rapport avec les conditions fixes de l'entendement et de la nature, serait-il donc ? On est dès lors
conduit à chercher un phénomène premier qui rétablirait
dans la vie du sentiment les droits de la continuité, canevas
uniforme sur lequel la spontanéité individuelle broderait
à sa façon. Or, un tel phénomène n'est-il pas un principe de
détermination absolue ?

Qu'il existe un phénomène de cet ordre, l'examen même
superficiel de la vie intérieure ne nous permet pas d'en douter. Parmi les mots, formés pour exprimer des idées, quelques-uns, précis et exacts, désignent sèchement leur objet,
et d'autres également précis, mais plus larges, plus riches
de sens, disent ce qu'ils veulent expressément, non strictement,
avec une justesse qui n'exclut ni l'ampleur ni la majesté.
D'où vient cette pauvreté et cette richesse des termes, sinon
de ce que les premiers éveillent simplement quelques idées
indispensables à la compréhension de leur objet, tandis que
les autres, grâce à des associations subtiles, évoquent en
dehors de ce qu'ils expriment tout un cortège d'impressions,
tout un langage intérieur sous le langage parlé qui se trouve
renforcé par cet accompagnement? C'est précisément ce qui
arrive pour nos impressions actuelles : notations sèches, si
elles n'enveloppaient un passé qui revit confusément en chacune d'elles. Sans doute, les raisonnements combinent leurs
termes sans être suivis de ces sous-entendus intimes. Mais il
n'est pas d'idée, pourvu qu'elle nous dise quelque chose, qui
ne recouvre le sentiment confus d'impressions qui lui furent
jointes, pas d'habitude qui ne se ravive à cette source de
nos émotions, pas de sensation[1] qui ne s'accompagne de
sensations complémentaires évoquées des profondeurs de la
conscience. Si l'on pouvait appeler rêverie les murmures familiers qui circulent au-dessous de nos modalités claires, on

1. A moins d'être des sensations animales, c'est-à-dire nues, comme
dit Leibnitz.

dirait, en traduisant librement une parole de Leibniz, que la
rêverie fait la continuité de la vie pendant la veille. Dans ce
langage intime, aux résonances subtiles, on devine quelle
doit être la place de nos premières impressions. Quand nous
appliquons la clarté d'une intelligence factice à l'appréciation des choses que nous avons aimées durant notre enfance,
il nous arrive parfois d'être déçus ou déconcertés. C'est que
nous avons changé depuis, et que la mesure de nos jugements n'est plus la même : nous jugeons d'après des règles,
non par clarté de sentiment. Pourtant, dans ces moments
toujours rares où nous sommes rendus à nous-mêmes et où
nous sentons vivement, nous retrouvons, appliquées aux
mêmes objets, la même force, la même candeur d'émotion.
C'est donc qu'en dépit des changements survenus quelque
chose est resté qui renouvelle encore notre présent et le
rajeunit. On comprend qu'il doive en être ainsi, si l'on veut
bien se replacer dans un état d'esprit qui ne nous est plus
familier. Les objets, les idées aimés pendant notre enfance
étaient enveloppés dans le sentiment illimité de notre existence, acceptés comme le prolongement de notre individualité ; la pensée ne nous venait pas d'avoir, pour assurer
notre existence, à exclure ou à supprimer. Nous trouvions, à
aimer ainsi, un bien-être incomparable. Nul arrangement
factice ne s'interposait entre les choses et nous ; elles sus-
citaient des impressions vives et justes. Ces impressions
formaient les notes familières d'un concert intime. Empor-
tées dans le courant de nos pensées, elles se coloraient d'une
teinte joyeuse ou triste à l'occasion ; ainsi, tout en rattachant nos émotions à des témoins extérieurs qui nous les
renvoyaient, elles donnaient par leur progrès l'image de la
mobilité intérieure. C'était comme les premiers dessins d'un
monde naissant. Quoi d'étonnant si ce langage persiste
encore, si les pénétrantes associations qui le composent revivent, à peine senties, dans nos clairs desseins ? On a pu dire
qu'un spectacle atténué par la répétition ou effacé par des
visions plus brillantes emprunte son éclat, non plus à notre
sensibilité fatiguée, mais aux impressions vivaces dont il fut

accompagné jadis. De même, les idées dont nous vivons sont
extraordinairement riches en harmonies intérieures. Précisément parce que nous en avons vécu, elles sont évocatrices du
poème intime. Il en est d'elles comme de ces jours de
fête connus et aimés dans notre enfance, qui coupent l'uniformité de notre vie parce qu'il y passe, d'une manière bien
réelle, un rayon de la joie des premiers ans. Sans cette économie des sentiments comment expliquer la continuité de
notre existence? Si ces liens pouvaient se rompre par lesquels
du fond de notre être nous tenons à ce qui nous a touchés, si
nous pouvions à chaque instant nous reprendre à vivre, le
moi serait, autant qu'il est permis de l'imaginer, de la nature du rêve, et notre vision de nous-mêmes serait suffisamment exprimée par la doctrine du phénoménisme. Mais cette
extrémité n'est pas à craindre. Notre expérience du passé,
ratifiée par des impressions vives, fait la solidité de notre
présent. La vie personnelle est, dans le fond, un phénomène
unique qui ne se dissipe jamais et s'étend toujours.

En ramenant les détails de la conscience à un phénomène
unique sur lequel on les verrait se détacher, et en rapportant
les origines de ce phénomène à un état mal défini, inconscient, n'introduisons-nous pas dans la vie individuelle un
principe de détermination ? Oui, si cet état de l'individualité
commençante ne s'expliquait déjà par un acte individuel lui-
même. Expliquons-nous. Il est visible que nous avons surtout
de l'estime et de l'amour pour ce qui est déterminé en bien
et qui éveille dans notre esprit des idées précises de plaisir
ou de joie. On ne peut même pas dire que nous nous aimions
en nous-mêmes. Notre moi ne nous intéresse qu'en tant
qu'il s'applique à une idée, ou qu'il jouit d'un plaisir, ou
qu'il est séduit par une espérance. Il nous semble qu'avec ces
objets qui l'appliquent notre esprit s'agrandit, qu'il diminue
et se resserre quand ils se réduisent, qu'il s'évanouirait s'ils
venaient à disparaître sans que rien ne les remplaçât. Nous
n'aimons pas l'être en soi. Aussi, est-ce avant de connaître la
difficulté de choisir que se constitue ce qu'il y a en nous de
plus individuel. Le choix est contrariant, désolant. C'est qu'il

nous impose la nécessité de mettre en balance des objets qui
ne nous touchent pas avec une vivacité égale, d'en préférer
même quelques-uns à cause du seul mérite qui les accompagne. Comment l'objet choisi en ces rencontres serait-il
entièrement nôtre ? Tandis que la volonté l'accepte, toute
cette partie de nous-mêmes qui recherche l'être déterminé
sous la forme du plaisir proteste, et il y a grand danger qu'elle
n'empêche la solidité de cette adhésion. Au contraire, au temps
où la réflexion n'est pas le facteur nécessaire de nos déterminations, des réactions se produisent, vives et franches. Comment ne seraient-elles pas nôtres, ces réactions naïves par lesquelles nous répondons de toutes parts à l'appel des choses ?
Elles composent la façon originale, nullement empruntée, de
traduire ce que nous aimons, de dire ce que nous sommes :
actes vraiment individuels d'une vie qui est comme la nature,
spontanée, heureuse, toute en soi. C'est donc illusion de la
raison raisonnante, si l'on voit dans le choix l'image de la
vraie individualité : nous jugeons alors par convention et
artifice. Il n'y a pas de spontanéité égale à cette joie de
l'âme qui enveloppe idées et choses par cela seul qu'elles lui
plaisent, qui se réalise en les possédant et qui, des naïves impressions qu'elles suscitent, ourdit comme sa trame. Le phénomène où commence historiquement la vie intérieure est
lui-même individuel, et l'on devrait renoncer à le comprendre
si l'on n'avait pour l'expliquer que les événements extérieurs
de la nature.

Mais le moment est venu de déterminer exactement cet
apport individuel dans la constitution de nos sentiments et
de montrer en chacun d'eux, — quand on réussit à les saisir
en dehors des buts extérieurs qui leur imposent une spécialisation hâtive, — une disposition synthétique et comme une
qualité irréductible de notre sensibilité. « On aurait tort,
remarquait-on finement, de vouloir déterminer, par une loi
précise et fixe, l'importance relative des sources diverses qui
alimentent les sentiments en leur apportant des idées, des
images ou même des sensations. Cette importance varie non

seulement avec les individus, mais avec les sentiments eux-
mêmes [1]. » On ne saurait mieux indiquer l'assimilation des
sentiments à des synthèses élémentaires ou à des directions
singulières de l'activité sensible. Veut-on demander à l'analyse la vérification directe de cette hypothèse? Elle nous
montre dans la tristesse et dans la joie, au lieu de groupements construits, des différences de physionomie et d'attitude
profondément senties. Dans la tristesse, en effet, l'état d'abattement physique, accompagné de l'impression pénible d'écrasement, sera le point de mire à peu près exclusif de la perception intérieure. Cette obsession qui ne cesse de peser sur
elle, en restreignant son champ de vision, lui enlèvera le
caractère objectif ou contemplatif que revêt souvent la mélancolie : elle sera essentiellement subjective; elle ressassera le
même motif, développera indéfiniment le même thème et
se repaîtra d'elle-même. La tristesse se ramène ainsi à une
position immobile du moi: c'est le moi organique, empêché
et douloureux, qui immobilise nos idées et en arrête brusquement l'essor. C'est l'attachement exclusif à la vie qui se tourne
en obsession et qui fait du sentiment de l'existence physique
la source des interprétations dont s'alimente la conscience et
dans lesquelles elle s'abîme. La joie nous met en présence
d'une disposition synthétique tout autre : elle nous rapproche de la vie, tandis que la tristesse nous en éloigne,
et elle nous mêle au monde extérieur dans la mesure où
elle nous détache des obsessions de l'égoïsme: aussi nous
dispense-t-elle de l'analyse à laquelle la tristesse nous con-
viait. La synthèse joyeuse consiste donc, pour le moi, à
vivre dans un état d'objectivité et d'aisance : au lieu de
nous replier sur nous-mêmes et de subir l'influence continue
d'une même impression d'écrasement, nous nous déployons
librement et regardons au dehors. Aussi, chercherons-nous
la surélévation de ce sentiment dans les images, dans les
souvenirs et dans les rencontres de l'expérience largement
interprétées.

---

1. Dumas, *La tristesse et la joie*, p. 166.

Attachons-nous à cette dernière synthèse, qui est la plus
significative, et tâchons d'y saisir sur le vif le travail dont
notre sensibilité est le lieu. Orientés, dans la joie, vers des
dispositions confiantes, plus contemplatives qu'actives, détour-
nés des interprétations logiques qui les alourdissent et les
contraignent, nos états de conscience s'érigent spontanément
en des formes souples et instables d'où l'effort de coordination est banni. Du même coup, la pénible exigence des
facultés raisonneuses disparaît ; le sentiment ne recourt plus
à des tentatives encombrantes de construction ou d'explication : le thème primitif de la sensibilité se développe seul avec
sa richesse, sa variété, sa largeur [1]. C'est dire que les limites
qui, de deux manières, le restreignaient, ont disparu : à savoir,
le moi organique, qui captait son cours pour le faire remonter
jusqu'à l'attachement tout animal à la vie, et l'entendement
qui le surchargeait de ses constructions adventices. Cela est
si vrai que l'affectivité, quand elle est ramenée à cette loi
d'un développement libre, se ferme comme par enchantement aux sentiments hostiles d'envie, de colère, de méchan-
ceté, qui ont leur origine dans une attitude agressive du moi.
Par contre, à mesure que les limites de ce moi tout construit
s'élargissent, la subjectivité irritable et impatiente se déprend
de son rêve douloureux et voit se substituer à l'obsession de
l'égoïsme des dispositions pacifiques qui lui rendent le
contact des autres choses, en l'orientant dans le sens de la
connaissance objective, de la contemplation et de l'altruisme.
La sensibilité, comprimée dans le premier cas, fait ici retour
à sa logique interne, toute voisine de la nature.

Mais tentons un rapprochement qui nous renseignera
mieux que toute théorie, sur la vie profonde du sentiment.
Demandons-nous, pour fixer les idées, pourquoi le roman
anglais a excellé à ce point dans la peinture de cette sensibilité largement ouverte? Est-ce simplement par un raffinement de réalisme? Ce goût du détail nuancé et délicat serait-il

---

1. Ce qui caractérise, en effet, l'expérience de la joie est bien cette
qualité d'aisance et d'ample expansion.

de même origine que la minutieuse objectivité des maîtres
hollandais? Non sans doute. C'est plutôt que la sensibilité
anglaise, naturellement émotive, tout entière à l'impulsion, se
développe sans mélange d'idées et de raisonnements, et se porte
d'elle-même jusqu'aux pointes extrêmes de toute sensibilité :
elle retrouve, par le jeu de ses forces doucement excitées, la
sympathie universelle ; si elle a une préoccupation, c'est celle
de se laisser vivre et de se sentir vibrer. Dans cet élargisse-
ment indéfini des ondes de la sensibilité, les écrivains anglais
ont été merveilleusement servis par leur réalisme qui leur fait
rechercher la sensation et comme le contact des choses sans
des intermédiaires construits, et surtout par ce nominalisme
instinctif qui ne leur a jamais permis de réclamer aux artifices
de la logique les réponses que pourraient suggérer le commerce
fécond avec l'expérience. Si bien que cette sensibilité, comme
cet esprit, s'est trouvée émancipée de la règle tyrannique qui
ferait à chaque instant prévaloir le *construit* sur le *donné*, le
raisonnement formel, la motivation inféconde sur le courant
de la vie sentimentale. — Par contraste, c'est une disposition
tout opposée qui expliquerait le registre étroit de la sensibilité
latine, telle du moins qu'elle se manifeste dans les formes d'un
art convenu. Cet art reconstruit, plus qu'il ne retrouve, la
marche des sentiments : il s'attache moins à les dépeindre ou
à les susciter qu'à les comprendre. L'émotion ici n'aura plus
de valeur par elle-même : elle s'intellectualisera. Elle ne se scan-
dera pas selon son rythme primitif : elle se composera d'après
les règles d'une raison bien conduite. L'important, désormais,
sera de définir nos sentiments et de les réduire à quelques éléments intelligibles qui expliquent parfaitement leur provenance et leur terme. La vérité est pourtant que ces sentiments
sont des puissances redoutables, relativement autonomes, et que
l'entendement devrait se borner à les regarder avec la curiosité
détachée que nous apportons au spectacle d'une volonté dont
les manifestations sont imprévisibles et nous demeurent étrangères. Mais les écrivains dont nous parlons ne songent guère
à retrouver les ressources que la sensibilité combine en elle,
ni à surprendre la vaste poussée de sentiments et d'images

au-dessous de notre conscience claire. Il en résulte l'analyse
sèche, le lyrisme guindé, un théâtre par trop composé, l'élo-
quence, qui est la paraphrase des idées au lieu d'en être
l'évocation, un art de juristes et de rhéteurs. Ce contraste
nous présente donc, comme au travers d'un grossissement, le
phénomène essentiel que nous tenons à mettre en lumière
par tous les moyens possibles : c'est que le sentiment pur,
étranger dans son fond à toute motivation, est dénaturé et
empêché toutes les fois qu'il s'y mêle des représentations
venues du moi formel ou de l'entendement constructeur.
Dans la littérature, comme dans la conscience fermée de
l'individu, la même particularité se manifeste : l'émotion
réduite, atténuation de notre activité, ne végète qu'avec le
concours des forces coordinatrices péniblement appliquées ;
quand elle va jusqu'au bout d'elle-même, comme dans l'émotion joyeuse, elle se fait expansive et évocatrice ; elle s'érige
en une expérience rayonnante, d'où tous les artifices sont
bannis. Que feraient, en effet, devant cette vision absorbante,
la fragile notion du moi et les stériles calculs de nos facultés
intellectuelles ?

L'étude pathologique des sentiments nous conduirait
encore à la même conclusion ; elle noterait en eux autant de
formes d'une activité amoindrie, languissante, mais portant
toujours la trace d'une origine individuelle. Dans des cas
de folie accessibles à l'observation positive, on a pu remarquer le retour de l'émotivité à des sentiments fondamentaux
très simples, tels que le sens du moi, la cœnesthésie pénible,
le désir de la puissance, la susceptibilité égoïste. Or, ces sentiments varient d'un sujet à l'autre, en dehors du mécanisme
de l'idéation que nous étudierons un peu plus loin : ils manifestent brusquement la qualité de l'expérience qui les a pré-
cédés et qui revit obscurément en chacun d'eux. Ainsi,
chez des sujets débiles, chez certains instables et chez les
femmes en général, la folie qui se manifeste plutôt, chez
l'homme, par des rêves de grandeur ou de possession et par
un délire de générosité, ouvre au contraire le champ aux
récriminations, aux rancunes, aux préoccupations mesquines

dictées par la vanité et la susceptibilité. L'imagination avec
sa puissance constructive, le sentiment de la force avec la
mégalomanie qui en marque l'exagération morbide, sont plutôt le propre de la folie de l'homme, comme si, au cours de
l'aliénation mentale, les sentiments dont nous avons ainsi la
caricature conservaient encore un reflet de l'altruisme et de
l'objectivité qui sont les signes révélateurs de sa pensée. Au
contraire, l'attachement à soi, particulier à tous les faibles,
la subjectivité à outrance que la psychologie féminine révé-
lerait, se trahit dans le grossissement que la folie fait subir
aux sentiments fondamentaux, et nous éclaire sur leur nature
plus égoïste. Mais, par un retour inattendu, la vie émotive,
large et riche, celle qui se manifeste par des synthèses
d'autant plus libres que le moi y intervient moins, et dont
la folie masculine conserve l'image jusque dans la déformation de la conscience et du vouloir, se trouve correspondre
à cette expérience que nous avons décrite, d'où sont bannis
les abus de l'analyse et les sophismes d'interprétation. Ré-
duisez donc le moi convenu et faux, avec ses facultés instinctives de motivation arbitraire, vous ramenez le sentiment à
son développement naturel, vous lui permettez d'évoluer lentement, sans arrêts et sans heurts, et de s'ériger en une expérience infiniment complexe. C'est que vous avez préalablement provoqué le stimulus de la vie qui ne peut se produire
que dans une conscience ouverte aux excitations du dehors.
Dans le cas contraire, le sentiment se suspend, il prend
l'aspect d'une expérience réduite, toujours menacée, toujours
remise en question, comme si l'intervention d'un moi exclusif
ou des formalités abstraites, en substituant un effort de synthèse à une synthèse spontanée, l'empêchait de se produire
librement.

Mais une difficulté se présente : on pourrait toujours alléguer que l'individualité des sentiments est mécaniquement
obtenue par l'intermédiaire de l'idéation, c'est-à-dire par un
travail d'esprit surajouté à l'émotion pure, et l'interprétant.
Nous allons examiner ce curieux mécanisme de l'idéation :
nous croyons pouvoir établir que, s'il joue de lui-même dans

certains cas morbides ou exceptionnels, il est ordinairement suscité par l'attraction qu'exerce sur lui une donnée affective fondamentale. L'individualité du sentiment se manifesterait ainsi jusque dans l'organisation des idées qu'elle suggère : elle n'en serait pas l'effet, mais le principe. Il y aurait d'abord lieu d'effectuer un dédoublement : il faudrait distinguer l'idéation évocatrice, de l'idéation raisonneuse ou motivation. La première est lyrique et intuitive ; elle se produit spontanément en nous, comme une synthèse instantanée, comme une vision rapide et large de la réalité intérieure. L'autre suit le procédé logique du raisonnement ; elle est un effort de synthèse, un arrangement construit après coup, souvent remanié, en raison de son instabilité et de sa débilité foncières. On l'a scientifiquement établi : le mélancolique fait effort de synthèse pour s'expliquer son état, et il réunit péniblement quelques rares motifs auxquels il se tient ; le joyeux, au contraire, n'a qu'à choisir entre les motifs qui lui viennent sans qu'il les cherche[1]. Cette distinction est capitale : elle oppose les deux aspects de l'idéation comme ce qui est vécu s'oppose à ce qui est pensé, et ce qui est suggéré librement à ce qui est imposé par un mécanisme de concepts. On le voit donc : toute la différence entre l'idéation normale et l'idéation morbide tient à ce que, dans le premier cas, l'excitation de la conscience suscite spontanément la suite des représentations qui élargiront le champ du sentiment, tandis que, dans le second cas, le sujet occupé à raisonner son délire, à contrôler les suggestions au lieu de les accueillir, referme à chaque instant sur lui son cercle d'information : la manie raisonnante est en hausse quand la force évocatrice est en baisse.

Chacun de ces cas recouvre, on s'en apercevra sans peine, une expérience originale de l'âme. L'idéation joyeuse, s'alimentant dans la conscience d'une activité facile et féconde, agit en retour sur cette activité ; elle stimule les diverses fonctions de l'esprit, et les fait passer par une sorte de trans-

1. Dumas, *loc. cit.*

figuration qui nous rend quelquefois méconnaissables à nous-
mêmes. Si donc la synthèse joyeuse est toujours évocatrice, elle
le doit au choc en retour des sentiments actionnant la sensibilité et finissant par y déterminer un plaisir moral intense.
Le sujet puisera dans ces représentations transformées
une excitation toujours plus grande, qui cause en lui une
véritable ivresse. Son enchantement, que ne conditionne plus
le simple mécanisme cérébral, peut durer des jours et des
jours : il se convertit parfois en ce ravissement d'essence très
particulière que les grands mystiques ont dépeint. Cette excitation infiniment évocatrice révèle une complaisance en des
dispositions très exaltées de l'âme. C'est par là qu'elle s'oppose à l'idéation pénible qui accompagne les émotions dépri-
mantes ou morbides. Entre elles on retrouverait, croyons-
nous, toute la différence qui sépare le délire du vertige,
l'idéation spontanée de la construction forcée et artificielle.
Aussi bien, est-ce une expérience toute différente que l'analyse signale sous ces nouveaux états : dans la colère, dans la
haine, dans la jalousie, elle démêle une attitude fermée de
la sensibilité, suivie d'un retour douloureux sur nous-mêmes,
soit que nous ayons constaté une atteinte dont notre susceptibilité s'alarme, soit que nous inventions une offense
imaginaire dont nous poursuivons obstinément la réparation.
Dans tous les cas, nous nous mettons invariablement à
détailler la cause directe de notre douleur, à la scruter profondément, à l'analyser. Nous nous plaisons à reprendre une
à une les circonstances qui l'ont accompagnée, afin de
rendre les torts envers nous plus irréparables, et plus plau-
sibles les motifs de notre ressentiment. Bref, nos facultés
constructives s'ingénient à développer sous une forme dramatique une disposition momentanée de la sensibilité. C'est
cet état primordial, insignifiant en lui-même, qui devient
une mine inépuisable d'interprétations et d'analyses. Nous
instituons toute une expérience dont il est le centre, thème
fondamental qui paraît soumis à notre commentaire superficiel, mais qui en réalité le suggère et le met parfois en
œuvre avec une habileté consommée.

Certes, il n'y a pas loin entre l'état que nous venons de décrire et le mécanisme évocateur par lequel la souffrance primitive, chez les maniaques ou les déments, se transpose en une histoire toute construite, après avoir provoqué des explications capables de l'entretenir. Nous les voyons raisonner sur leur délire et échafauder de bizarres constructions. Eux aussi, ils empruntent aux facultés les plus directement intéressées leurs idées délirantes : « à la mémoire ils demandent des remords, à l'imagination des craintes, à la cœnesthésie des idées hypocondriaques, et avec ces éléments hétérogènes ils bâtissent un délire incohérent [1] ». C'est qu'en effet, les deux cas nous mettent en présence d'un procédé identique : sur un fond d'irritabilité ou d'épuisement, qui donne lieu de lui-même à quelques thèmes émotifs extrêmement simples, les facultés intellectuelles, agissant par attraction, s'ingénient à raisonner et à construire : elles bâtissent, avec ces données multiples, un système de représentations dont l'état affectif est le metteur en scène ingénieux et inconscient. On le voit donc : ce n'est plus la synthèse joyeuse, confondue avec le jet spontané d'un sentiment naturel, que nous venons d'analyser ; c'est l'effort de synthèse provoqué par le besoin d'interprétation, conciliable d'ailleurs avec la débilité de notre vie émotive. Nous ne sommes plus en présence de ce courant ininterrompu qui réalise le sentiment comme un produit original de la conscience, comme une force de la nature. Ce sentiment tronqué, soumis à tous les remaniements d'une idéation pénible, cesse d'être la qualité d'une activité qui se possède pour devenir l'expression formelle et à grand'peine viable d'une activité qui se perd.

La conséquence qui se présente immédiatement à l'esprit, une fois engagé dans cette voie, serait d'affirmer un commencement d'organisation individuelle dans tous les états d'âme qui dérivent à leur manière de cet état foncier. Or, l'analyse psychologique semble nous donner raison en notant une différence marquée entre les états réels, tels qu'une conscience

1. Dumas, *loc. cit.*, p. 202.

normale les éprouve, et ces mêmes états considérés en eux
seuls, dans leur généralité ou, si l'on veut, dans leur abstraction. A notre réveil, ou quand nous sortons du néant psychologique remarqué pendant la syncope, nous avons des
sensations « stupides », c'est-à-dire « des sensations qui justement parce qu'elles restent isolées ne peuvent pas être connues[1] ». C'est donc qu'une sensation normale est une sensation
intégrale liée à des sensations complémentaires. La différence
qui distingue d'une sensation réelle la sensation réduite ainsi
à elle-même se retrouve dans nos émotions. Limitée à son
objet seul, une émotion ne nous offrirait qu'une représentation appauvrie de sa vraie nature. Le secret de sa richesse
ou, si l'on veut, de son individualité réside dans ses relations
subtiles avec notre passé et dans la conscience vague de ces
rapports. Si l'on pouvait réaliser une hypothèse impossible
et supposer que ce plan obscur d'impressions vînt à se
dérober tandis que se dérouleraient en nous des sentiments
précis, de tels états, accompagnés de nul écho, renfermés
dans le peu qu'ils donnent, seraient certainement privés de
toute force émotive. C'est donc cet élément original, qui vient
de ce que le passé ne leur est pas fermé, qui constitue leur
être réel, et le caractère imprévisible qu'on s'accorde à leur
reconnaître tient à l'indétermination même de ce passé. Mais
on voit également qu'en communiquant à chacun d'eux un
indice de réfraction à peu près semblable, ce phénomène
initial pourrait être à la longue connu et fixé, si les circonstances changeantes de la vie n'en multipliaient l'indétermination et si des phénomènes affectifs ne se produisaient qui
n'ont avec lui aucun rapport assignable.

Les sentiments tendres nous offrent des exemples de ces
mutations morales. Considérons le plus simple d'entre eux,
la sympathie. Historiquement c'est un phénomène spontané,
il semble naître de rien comme un monde. Une douleur vive
ressentie et partagée, un trait d'aimable bonté qui nous vient
quand nous nous croyions isolés ou abandonnés, suffisent à

1. Herzen, le cerveau et l'activité cérébrale, p. 286.

nous révéler ce lien de fraternité aimante qui relie les âmes. Pourtant ce n'est encore qu'une tendance assez vague à sortir de soi et à s'oublier. Mais, comme l'égoïsme vient de ce que l'on s'éprend d'un bien-être passager et qu'on désire le voir durer à l'exclusion de tout autre, la sympathie se traduit bientôt par un désir de mobilité qui change, au contraire, et diversifie à l'infini les positions de notre être. Sous cet aspect on s'apercevrait, croyons-nous, qu'elle ressemble à l'espérance qui implique, comme on sait, un détachement effectif à l'égard du présent et une orientation de nos idées vers un avenir indéterminé encore. Si nous sommes capables de pitié, c'est que l'arrangement actuel de notre existence n'est point à nos yeux si fixe ni si achevé que nous ne puissions nous en détacher pour concevoir comme désirable un état sensiblement autre, et si nous éprouvons un plaisir souvent très vif à plaindre ou à sympathiser, c'est que, idéalement, par une sorte de rythme, nous allons de notre état présent, à cette position possible rendue présente à son tour par notre sympathie ou nos espérances ; nous changeons donc, en un sens, et nous aspirons à revêtir des formes autres. La joie qui accompagne alors de tels états vient de ce que, au lieu de révéler en nous une inertie fondamentale, ils annoncent et préparent tout ensemble une position possible de notre existence, accroissement léger qui se devine à peine, mais qui nous charme à la seule promesse d'un renouvellement où notre volonté n'aura point de part. Maintenant, comme cette position préformée par nos désirs aspire à être, se réalise même pour peu que nous l'accueillions, la base de notre existence émotionnelle ne cesse de s'étendre[1]. Tant qu'il en est ainsi, notre être moral se forme, indétermination réelle, et, malgré toute notre volonté, nous sommes souvent dirigés par des dispositions subites qu'il était impossible de prévoir, encore moins de calculer. Non seulement cette indétermination pénètre dans le phénomène initial de la vie qu'elle accroît et qu'elle transforme, mais encore elle entre comme

---

1. Bain, *Les émotions et la volonté.*

BAZAILLAS.   7

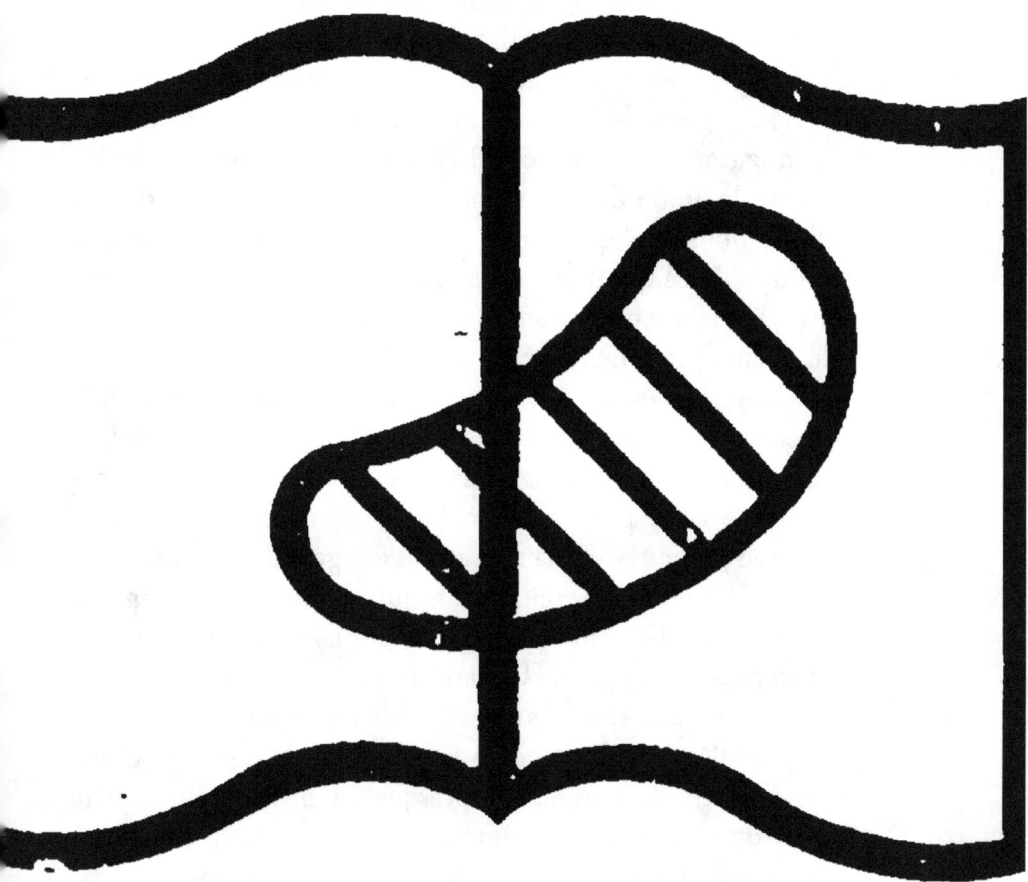

Original Illisible

élément dans les détails de notre histoire, en substituant à un ordre concerté la complication croissante d'événements imprévus. Avec la sympathie, source inépuisable, il y a création au sens strict, puisque quelque chose qui n'était pas devient. Nous ne sommes plus un monde clos dont on pourrait trouver la loi et commander les destinées : le devenir est la garantie de notre individualité en marche. De là, l'erreur de toute doctrine uniforme de morale ou d'éducation ; nous appliquons des préceptes : l'émotion aidant, le contraire de ce que nous en attendons arrive. La vie se produit en des zones profondes où nos systèmes expirent, où elle se fait et se renouvelle.

Mais qu'on analyse l'amour comme exemple propre à vérifier cette hypothèse. De tous les caractères qu'on s'accorde à lui reconnaître le plus significatif est une sorte de disproportion entre cette passion et l'objet qui l'inspire : à en croire l'opinion vulgaire, on ne saurait lui assigner de raisons. C'est là sans doute une erreur pour qui pense qu'une logique secrète, bien distincte de la logique des concepts, préside aux mouvements de l'âme. Un attrait parfois imperceptible à d'autres que nous, un jeu de physionomie, un rien par où se révèle l'âme commence un mouvement de pensées. C'est, le plus souvent, un courant presque insensible. Qu'on fixe l'éclat de cette première émotion en appliquant l'esprit à l'objet qui l'inspire[1], on y découvre des détails charmants, toujours nouveaux ; s'il se joint à ce commencement d'amour la vue d'une réalisation possible, il devient attachement, attachement léger que des circonstances souvent minimes accroissent. Ici surtout l'action fortuite des petites unités est considérable. Quelle force pour notre amour naissant que de penser à l'objet aimé[2], d'en voir la possession comme pos-

---

1. « Quand il s'agit de jouissances, plus elles sont variées, mieux cela vaut ; pour l.... irs qui *renaissent dans l'idéal*, la concentration est bien plus importa.... feu de l'amour, subsistant par nature dans l'esprit, se répand sur une personne choisie et se conserve mieux par suite de cette concentration. » *Id. Ibid.*

2. V. Pascal, *Discours sur les passions de l'amour*. Le principe, que nous

sible, de la devancer même par l'espérance! Mais ce rapport de la passion à son objet importe moins, croyons-nous, que les effets qu'elle produit en l'âme. Quand une émotion de cet ordre s'est fixée, elle devient bientôt l'affection centrale. Nos passions tendres s'émeuvent; la sympathie concentrée sur un seul objet s'excite; elle provoque des jugements subtils pour se justifier dans ses excès et s'entretenir, prête à s'éteindre : tout cela sans ordre, sans règle fixe; c'est le triomphe des lois particulières. Puis, il se trouve que le courant de nos pensées s'est insensiblement changé; presque à notre insu, la tendresse initiale les a pénétrées de proche en proche : nous aimons. Pourquoi? Comment? Nos explications ne sauraient le dire : les plus vives amours sont celles qui ont marché sans nous et où la nature a tout fait. Nous disons pourtant de l'amour qu'il est essentiellement humain ; c'est qu'il résulte d'une combinaison où les puissances du moi trouvent naturellement leur place ; à l'encontre de nos passions qui se substituent aux nuances du caractère et les effacent, il s'en colore, si je puis dire : il les attire à soi, il se reflète en elles. C'est là ce que découvrent les investigations les plus subtiles : le changement intime de l'âme et une disposition nouvelle qui en modifie le dessin. Si elles expliquent quelque chose, c'est qu'il n'y a d'autres raisons de l'amour que l'action des unités fortuites qui l'excitent, d'autre principe que la spontanéité de l'âme où il se produit.

Par delà les formes impersonnelles que l'entendement projette sur la conscience, c'est donc le moi vivant que le sentiment nous permet d'atteindre.

Cette assimilation de la vie personnelle avec la vie affective de la conscience, qui en offre les premiers linéaments et les courants les plus persistants, pourrait se vérifier encore par une observation qui paraît d'abord la contester. Cette nouvelle analyse nous permettra de nous fai   idée plus

tenons à mettre en lumière, d'une composition synthétique de nos émotions et d'une vie individuelle de nos sentiments, s'y trouve profondément indiqué.

exacte de la vie des sentiments et de la voir, pour bien dire, à
l'œuvre. On sait que l'émotion joyeuse ne va pas sans une
certaine incoordination dont nous avons expliqué le jeu, et
que l'émotion pénible s'accompagne toujours d'un désordre
des éléments psychiques qui devient, comme dans la colère
et le désespoir, l'indice même de son intensité. L'émotion,
quand elle est violente, exerce un pouvoir réducteur sur la
pensée consciente et réfléchie, et en provoque la dissolution.
Il nous arrive de le comprendre toutes les fois que nous laissons
un sentiment accaparer les forces du moi et descendre dans
les zones profondes de notre existence : à mesure qu'il pénètre
ainsi dans les synthèses mentales, il les fragmente et les
dissémine. Il devient une puissance redoutable de désagrégation. « L'émotion, remarque M. Janet[1], a une action dissolvante sur l'esprit, diminue sa synthèse, et le rend, pour
un moment, misérable. » Aussi convient-il de lui attribuer
un rôle inverse de celui qui est dévolu à la volonté et à
l'attention. On y verrait un pouvoir d'analyse et de décomposition naturelle en antagonisme avec les forces synthétiques de la pensée. « Ce qui caractérisait ces fonctions,
c'était une activité de synthèse, une construction de systèmes
plus complexes édifiés avec les éléments de la pensée, les
sensations et les images. Ces systèmes formaient les résolutions, les perceptions et les jugements, la mémoire et la
conscience personnelles ; l'émotion au contraire semble
douée d'un pouvoir de dissociation et d'analyse[2] ». On en
viendrait vite à cette conclusion, que le sentiment, sous sa
forme qualifiée d'excessive, désorganise le moi normal, la
pensée cohérente et saine, pour la faire bientôt retomber sous
la loi fatale de l'automatisme. Bien loin de se rattacher,
comme nous le prétendons, à la vie personnelle, il se donnerait en antithèse avec elle, toujours prêt à l'épuiser par un
désordre violent et à l'empêcher de se reformer en se recon-
quérant sur la nature. Hâtons-nous d'ajouter que cette conséquence serait singulièrement hâtive : elle nous exposerait à

1. *Automatisme psychol.*, p. 457.
2. Janet, *Névroses et Idées fixes*, I, p. 475 (Paris, F. Alcan).

méconnaître la nature profonde du sentiment, ainsi que le caractère très particulier et très nouveau de l'expérience qu'il institue dans la conscience.

Il faudrait d'abord s'entendre sur le sens à attribuer à cette action dissolvante qui lui est propre et qu'on ne saurait, en effet, contester. Est-il vrai que le sujet, atteint dans ses habitudes de penser et de vouloir, échappe du même coup aux lois de la synthèse mentale, pour tomber sous les lois empiriques de l'automatisme? L'analyse, pressée de conclure, n'omet-elle pas les intermédiaires pour se transporter comme d'un bond aux extrémités? Et ce qu'elle omet de la sorte, n'est-ce pas justement une dégradation insensible de l'activité qui se dépouille peu à peu de son caractère moteur pour se convertir en affectivité pure? Il est cependant aisé de suivre ce retour de l'émotion à son état primitif, par delà les constructions que l'habitude et l'expérience y avaient surajoutées. Il se manifeste par des signes que les analystes de la nature humaine se sont plu à recueillir. C'est d'abord cette mélancolie vague et passive qui flotte autour de tout sentiment profond, quand il se prolonge et vit d'une existence indépendante. C'est ensuite cette expérience d'une détente qui suit toute dispersion de l'esprit dans la nature, quand il s'immobilise et s'abîme dans la contemplation. C'est cette expérience qui faisait écrire à Taine à propos d'une existence tout émotive: « On est bien ici, et cependant on sent au fond du cœur une vague inquiétude ; *l'âme s'amollit et se perd en rêveries tendres et tristes.* » Alors même qu'on ne permettrait pas à ces puissances de la rêverie et de l'émotion de s'enfoncer dans notre activité pour lui commander sans partage, il faut convenir qu'elles déterminent, en se prolongeant, un groupement tout nouveau des états antérieurs, une nouvelle attitude de la conscience. En un mot, celle-ci se prête à une expérience extrêmement complexe qui peut quelquefois déconcerter notre activité obligée de compter avec les formes motrices qu'elle revêtait.

C'est cette expérience que nous voudrions décrire avec quelque précision. Pour nous en faire une idée approximative,

songeons à ces sentiments proprement affectifs, mais profonds
et prolongés, qui déterminent en nous un enzourdissement
passager, tels que le sentiment de la nature, le goût de la contemplation, l'émotion musicale. La première impression que
nous éprouvions est celle de quiétude, de passivité, comme à
l'approche d'un sommeil paisible. Une observation attentive
démêlerait dans une telle expérience une impression d'apai-
sement qui tient à la réduction de nos facultés pratiques et à
l'inhibition des fonctions intellectuelles ou représentatives. A
cet état qui est vraiment primitif et qui nous replonge dans
les couches profondes de la sensibilité humaine, conviendrait absolument la formule que nous venons d'énoncer :
« l'âme s'amollit et se perd en rêveries tendres et tristes. »
Otez encore ces rêveries qui représentent même ici la part
de l'évocation mélancolique, il restera cet amollissement du
moi, cette langueur, cette lassitude ineffable, bref un thème
émotif qui s'enfonce dans notre activité, pour se fondre en
elle et la transformer insensiblement. Est-ce à dire qu'il n'y
ait là que destruction et action dissolvante? Échappons-nous
aux lois de la synthèse mentale pour retomber sous les lois
de l'association ou de l'automatisme? Non certes. Les systèmes
qui forment les résolutions, les perceptions et les jugements
de la conscience réfléchie se désorganisent peu à peu, parce
que l'activité qui leur servait de point d'appui a changé de
nature ; mais cette activité de synthèse, qui vient de se relâcher ici, se reforme sur un autre point. Ce qui figure en nous
l'élément moteur, ce qui forme un système de représentations
actives, ce qui est en chacun le plus souvent adventice et
construit, tout cela est sans résistance devant le pouvoir
réducteur de l'émotion, car elle implique un retour à la
nature. Mais elle survit à son œuvre dissolvante: elle se
prolonge, elle jouit d'elle-même, elle prend conscience de
sa passivité; elle est si réelle et si existante qu'elle détermine
des évocations, souvent puériles, des rêves où elle se complaît, des systèmes infiniment souples, non plus d'actes ou
d'idées, mais d'émotions et d'images pures où passe le même
courant et que traverse, en s'y enrichissant, le même sen-

timent initial. La dissolution causée par le sentiment est
donc bien spéciale : la représentation y perd, l'activité profonde y gagne. Ce n'est pas forcément l'automatisme qui
en profite. Le fond de notre être en est heureusement diver-
sifié et enrichi. Le moi pratique, tout en représentation et
comme en façade, disparaît momentanément. Le moi
s'anéantit sous nos regards, et avec lui cette infatuation
obsédante et fatigante[1]. Mais, en revanche, les puissances
d'émotion et de rêverie qui sont en nous et que la réflexion
n'utilisait pas toujours, qu'elle écartait systématiquement de
ses synthèses étroites trop vite données comme l'expression
intégrale de notre être, se recomposent à leur manière ; elles
vont provoquer la vie affective de l'e , rit ; elles vont servir
à former notre être véritable, compose de pures sensations,
d'images, d'idées, de sympathies naturelles ; elles se disposent, en cet accord imprévu dont parle Taine, d'une délicatesse, d'une justesse étranges.

Pour résumer cette analyse, nous dirons qu'elle a démêlé
deux classes d'émotions dans la trame de notre expérience
sentimentale. Ce sont d'abord des émotions négatives dues
à la force réductrice de tout sentiment profond, à son pouvoir envahissant ; ces émotions, telles que la passivité, la
lassitude, signalent la suspension momentanée des fonctions
pratiques et représentatives. Elles se joignent à la dissolution
des facultés motrices ; elles en manifestent et en précipitent
les effets. A cette expérience commençante, qui s'accompagne
toujours en nous d'un charme insinuant, s'ajoutent bientôt
des émotions positives confondues avec l'impression de jeu,
de rêve, d'exercice paisible et libre. C'est bien la libération
des puissances de rêverie et de sentiment qui se fait jour peu
à peu, grâce à l'abolition des facultés de pensée ou d'action,
et qui se révèle par un ravissement d'essence particulière.
Ce mélange de langueur et du ravissement, de passi-

[1]. On lira avec fruit, à ce sujet, le pénétrant ouvrage de M. Maurice
Barrès, *Dolori et amori sacrum*. Cette réduction du moi, tendu et douloureux, s'y trouve indiquée en des analyses suggestives dont la psychologie
générale pourrait tirer grand profit.

vité et de souplesse, cette promptitude à vibrer, cette superposition extraordinaire de l'extase et du naïf au réfléchi, ce
caractère presque enfantin de candeur et d'ingénuité, sont
les principaux traits de l'expérience affective quand elle va
jusqu'au bout d'elle-même, c'est-à-dire *quand elle se dégage
des raffinements tout construits, comme des images motrices qui pesaient sur elle.* A vrai dire, cette épuration des
puissances de sentir, méconnue par les psychologues, n'a pas
échappé aux véritables peintres du cœur qui l'ont décrite avec
complaisance. Ceux qui ont dépeint le retour à la nature, le
charme de l'innocence, l'éclat paisible des choses à l'état naissant ont eu l'intuition des lois qui président à la vie profonde des sentiments. Ces mythes du romantisme expriment
une solide vérité : si l'on se reportait aux pointes extrêmes de
la sensibilité, en recourant à l'action dissolvante que nous
venons d'analyser, on retrouverait, pour nos émotions, un
mode d'organisation très différent de celui qui résulte de
notre désir de les utiliser ou de les décrire ; leur groupement
présente la liberté du jeu et du rêve ; leur force évocatrice
est prodigieuse et se renouvelle toujours, quand elle est
abandonnée à elle-même : à l'activité de synthèse, qui se mani-
festait par la construction des systèmes de la conscience
réfléchie, se substitue peu à peu une force inventive et combi-
natrice dont les produits, loin d'être frappés de caducité
comme ceux de la réflexion, présentent la fécondité et l'éclat
de l'état originel.

Si nous voulions d'ailleurs nous faire une idée exacte de
cette vie affective autonome et la saisir dans les essais de
recomposition qu'elle tente spontanément, nous n'aurions
qu'à recourir à ces sentiments épurés que l'art excelle à susciter en nous. C'est qu'en effet la réalité nous présente des
émotions mélangées ; elle n'a pas toujours su les débarrasser
de l'élément moteur qui pèse sur elles, ni des interprétations logiques qui réduisent leur pouvoir évocateur. Mais ce
retour à la pureté de leur origine, cette restitution du sentiment dans sa forme essentielle sont assurés par les procédés
d'expression particuliers à tous les arts, car il n'en est pas

qui n'implique un effort pour amener la sensibilité à prendre
conscience de ses puissances méconnues de rêver et de
sentir, et pour l'obtenir, en quelque sorte, à l'état pur.
Nous l'avons montré ailleurs[1]: sous l'action dissolvante des
formes musicales, les forces résistantes du moi se fon-
dent comme sous une invisible main; la sensibilité libérée,
redevenue par conséquent enfantine et innocente, retrouve
ses thèmes constitutifs, émouvants et larges; elle parle
désormais avec la séduction de ce langage du cœur rendu
enfin sensible à lui-même. Elle se joue dans la combinaison
de formes légères et d'apparitions consolatrices. L'abondance
de ces formes qui jaillissent à l'envi de tous les points de
l'âme, leur souplesse, leur agilité révèlent mieux que toute
analyse le mode d'action particulier au sentiment pur et
nous permettent d'en rectifier le type. Le sentiment musical,
entre autres, résente une révélation soudaine et une restitution complète de la sensibilité humaine: il nous paraît
correspondre au moment précis où cette sensibilité se prenant à vivre de sa propre vie, jouit de ses puissances natives,
prend conscience de la liberté de son rêve, poursuit son
évocation d'après les lois d'une synthèse qui lui est propre
et qui lui confère déjà une individualité bien marquée.

Il y aurait place, il est vrai, pour une hypothèse contradictoire. Les complications croissantes que nous venons de
décrire se rattachent, après tout, à une complication croissante du plaisir et de la peine. Pourquoi ne pas voir en chacune d'elles l'un des multiples effets d'une énergie affective,
incapable de degrés, constante en son fond? Cette doctrine
de l'identité à laquelle portait un démenti formel notre principe
des libres synthèses, on la vérifierait scientifiquement par
des lois mécaniques que nous avons implicitement écartées.
Ne sait-on pas qu'il y a un balancement des affections ana-
logue au balancement des organes, que la croissance deme-

1. *La joie dans les symphonies de Beethoven*, Revue d'histoire et de critique musicale, janvier 1902.

surée de tel penchant coïncide avec l'affaiblissement de tel
autre, que l'énergie affective, comme l'énergie morale, est
pour chacun en quantité limitée? La disposition synthétique
que nous avons notée ne serait donc que superficielle; en
nous, comme hors de nous, tout se transforme, rien ne se
crée.

Il semblerait résulter de cette explication qu'une combinaison émotionnelle, quelle qu'en soit d'ailleurs la complexité,
se réduit à une puissance accumulée dans quelque coin du
cerveau prête à jaillir à la suite d'une rupture d'équilibre ou
sous l'influence d'un stimulus organique; préformée dans
nos centres nerveux, une synthèse mentale ne serait, à vrai-
dire, qu'une épisode de l'histoire qu'ils commencent. Cette
conclusion, remarquons-le, n'aurait des chances de vérité que
si l'on pouvait établir un rapport fixe entre la quantité d'énergie cérébrale accumulée et la qualité de l'émotion survenue.
Mais bien loin qu'un tel rapport puisse être établi, on estime
au contraire qu'une énergie donnée peut être suivie d'effets
émotionnels dont la nature varie selon les dispositions
infiniment variables de la conscience: une excitation spéciale,
répétée en des moments différents de la durée, donne lieu
à des pensées joyeuses ou tristes selon l'état de l'esprit où
elle fait irruption. Pourquoi même ne pas admettre que
l'influence latente de l'idée naissante provoque le courant
nerveux qui agira sur elle en retour et qu'ainsi toute émotion se constitue en expérience affective déterminée, parce
que, d'elle-même, elle tend à provoquer sinon à créer les
conditions physiques qui lui permettront d'être.

Rien d'ailleurs n'est moins certain que les lois de corrélation que l'on invoque. On trouverait des natures pour qui
l'excès est de règle en tous genres d'activité et en qui le développement d'une passion ne nuit pas à l'épanouissement des
autres. De même, un sentiment vif, quand il s'excite dans
le cœur, loin de produire une sorte de langueur dans les
états avoisinants, les exalte comme si son être particulier
devait s'en accroître: l'amour, tout en renfermant un élément marqué d'égoïsme, développe les tendances altruistes,

et c'est encore de l'amour que ces phénomènes qui l'accom-
pagnent, par lesquels il communique de la légèreté à toutes
nos passions au point d'en accroître le jeu normal et l'intensité. C'est donc qu'il y a une hausse réelle produite en toute
l'âme au lieu d'une déperdition qui devrait, semble-t-il, en sol-
der l'excès. On comprendrait d'ailleurs que c'est erreur de
langage si l'on invoque le principe de la conservation de la
force ; ce principe n'a pas de sens du moment où l'expérience
intérieure nous présente non des forces, mais des états. Allèguera-t-on que l'exercice de nos sentiments s'accompagne de
langueur, qu'une grande joie fatigue, qu'un grand amour
abat? Pure confusion : il est très vrai que la passion requiert
une part déterminée d'énergie vitale ou nerveuse et que, de
cette force, il y a mesure et quantité ; c'est bien à cette énergie que sont liés les perturbations et les accès, les langueurs,
les épuisements. Or, quand on parle de force affective c'est
par confusion avec cette force vitale, condition physique
d'un état mental. Mais si l'on voyait en elle ce qu'elle est
vraiment, la fécondité inhérente à nos sentiments ou à nos
pensées, on comprendrait qu'elle dût obéir à des lois toute
contraires. Non seulement une de nos pensées persiste, un
de nos sentiments laisse des traces, mais encore ils accroissent et renouvellent notre expérience totale. Tout ce qui
entre dans notre étoffe intérieure n'en sort pas seulement
entier ou transformé selon la loi de l'équivalence, mais
amplifié.

Nous opposons ainsi une fin de non-recevoir à *toute interprétation statique ou mécanique des phénomènes de l'âme,
et rien ne nous empêche plus de voir en eux des faits de
notre propre vie.*

C'est ce que l'on comprendrait si l'on voulait bien se placer
une fois pour toutes en dehors d'une conception mécaniste et
considérer en lui-même le phénomène primitif de l'émotion.
Différente de la sensation par son caractère particulièrement
intime, l'émotion ne saurait se confondre avec l'idée qui
éclaire l'âme sans la toucher et que renferment les limites
précises d'un concept ; c'est dire qu'elle est naturellement

pénétrante et suggestive, puisqu'elle éveille une expérience
particulière à chacun, fluide aussi, en quelque sorte, car elle
change en chaque esprit au contact même des associations
qu'elle y éveille. Aussi comprenons-nous qu'une émotion
échappe aux catégories d'une psychologie convenue : distincte
quand elle s'enveloppe de particularités nombreuses, et comme
disait Pascal, de « circonstances », elle demeure, même
alors, une combinaison indécise, toujours flottante à cause des
émotions secondaires qui viennent l'infléchir. Ce qui fait le
charme de nos émotions, alors même qu'elles sont tristes, c'est
ce sentiment d'un changement qui s'opère et d'une nouveauté
que l'on devine presque, comme si l'inattendu jaillissait de
ce que l'on constate encore et si cette mobilité de l'âme était
une occasion heureuse de divination rapide et d'espérance.
De même, une émotion naissante tire sa force de cette indécision où elle semble simultanément, pour ainsi dire, osciller
entre des contraires, conciliant des termes qui nous fati-
gueraient bientôt si nous les voyions réalisés, mais qui par
ce mélange se corrigent et se renouvellent. De là cet
attendrissement qui se joint à nos émotions religieuses ou
morales, comme si notre foi se tempérait du sentiment de
notre faiblesse ; de là encore cette douceur que l'on trouve
aux émotions tristes, comme si le poème du cœur embellis-
sait la douleur même en y joignant quelque fugitive nuance
d'espoir et d'expiation. Plus tard sans doute elles s'achève-
ront dans la clarté des fermes desseins, et il n'y aura plus de
place pour l'attente ; mais encore elles ont l'indécision char-
mante des choses qui naissent : tressaillements légers d'un
être qui se fait, s'insinuant peu à peu dans le sentiment et
par là dans l'acte, mais en y apportant le souvenir ou l'indice de l'indétermination originelle.

Maintenant, à quoi tient cette merveilleuse mobilité de
nos émotions sinon, comme l'avait compris Descartes, à une
première cause qui est la seule action de l'âme ? Comment,
s'il n'en était pas ainsi, comprendre que tout en étant souvent jointes avec les passions qui leur sont semblables, ces
émotions « puissent souvent aussi se rencontrer avec d'autres

et même naître de celles qui leur sont contraires[1] »? Il n'est
pas d'émotion profonde qui ne soit excitée en l'âme autrement[2]. C'est d'abord par l'intelligence que s'exerce cette
action de l'âme. « Plus on a d'esprit, plus on trouve de
gens originaux », disait Pascal. Une idée nouvelle, accroissement réel de l'âme, nous donne une vue plus nette, plus
large sur le cœur. Réduits à nos sensations nous rapportons
le centre de nos amours à ce qui nous touche le plus, à quelques passions très simples et finalement à la moins plastique
de toutes, l'amour-propre. La réflexion produit un renversement de termes en substituant au plan la perspective, et à
la vue sans horizon de la vie sensible la vue en profondeur.
Nous aimons alors davantage et mieux ; dans ces objets qui
nous paraissaient indifférents, nous démêlons ce qu'il y a
de délicat, comme une âme de vie toute nouvelle et qui nous
charme : les émotions naissent, premiers ravissements de
l'âme ; les passions douces s'excitent ; la sympathie, enfin
éveillée, les multiplie encore : et la complication de nos sentiments par opposition à la simplicité des impressions animales, n'est qu'une suite de l'agilité de nos pensées promptes
à se grouper et à produire des courants nombreux. Mais si
nous expliquons par là la complexité croissante de nos sentiments et le pouvoir de produire des émotions en dehors de
toute limite assignable, ce qui s'explique moins bien, à vrai
dire, c'est le caractère d'obscurité profonde, le manque d'intelligibilité qui leur est propre. C'est que l'action de l'âme
s'exerce encore d'une façon plus intime et plus personnelle.
On sait que les raisons d'un sentiment nous échappent le
plus souvent, et nous pourrions nous en étonner si nous ne

---

1. C'est ce que M. Bain appelle l'*émotion idéale*. Et il ajoute des paroles
bien remarquables : « La fluidité de l'émotion se transforme en consistance et en permanence en passant par l'intelligence... Les jouissances
d'une fête sont liées à des manifestations multiples, et si elles trouvent
un écho dans l'avenir c'est grâce à ces manifestations adjointes très variées
et facilement remémorées... La profondeur du sentiment manifesté dans
un esprit artistique est au début un fait intellectuel. » *Les émotions et la
volonté.*

2. Descartes, *Traité des Passions*, art. 147.

savions aussi que la plupart de nos émotions naissent de rien, comme un monde, quelquefois pour les raisons mêmes qui auraient dû les détruire : il y a de l'illogique dans l'amour. Mais s'il est impossible, en ce sens, d'analyser le sentiment, c'est qu'il renferme des données irréductibles au pur mécanisme et aussi à la pensée pure ; il est, mais aussi il devient, enveloppant une infinité de formes dans son être mobile, remplissant la conscience de ses variations. Dans cette complication d'éléments et dans cette succession de formes, à défaut de l'intelligence où l'on ne saurait les résoudre, qu'est-ce donc qui fait l'être? Une singularité réelle, comme la pressentait Leibniz, sans doute la singularité du moi qui s'y reflète.

Nous avons expliqué l'incoordination ou la discontinuité des sentiments par la même loi qui nous permettra de comprendre le caractère convergent des représentations dans l'idéation normale des sentiments. On sait, pour fixer les idées, comment se développe la surprise. A la suite d'un choc qui détermine l'arrêt brusque de nos états habituels et qui résulte de la nouveauté de l'expérience où l'on nous engage, se produit l'inhibition de certains centres vaso-moteurs dont la conscience plus ou moins confuse est à la base affective de ce sentiment. Un état mêlé d'attente et de curiosité se produit presque aussitôt, sorte de convergence spontanée de nos fonctions spéculatives qui s'orientent dans le sens de la recherche. Cette attitude interrogative de la conscience sera donc l'état central de la surprise qui ne fera que la développer ou l'interpréter. Même quand l'élément intellectuel l'emporte sur l'élément sensationnel, c'est encore ce dernier qui normalement détermine la marche du commentaire intelligible dont il est surchargé, à la manière de paroles d'un chant qui seraient suggérées par la mélodie, au lieu de les rejoindre artificiellement. La même loi générale serait vérifiée par l'analyse des sentiments comme la tristesse, la résignation et l'humilité qui se confondent à l'origine avec l'expérience immédiate de notre faiblesse. C'est dans le sens de cette constatation de notre infériorité devant la nature que nous verrions converger nos facultés disponibles. Alors se forme instantanément un drame intérieur où le sentiment d'une défaite prochaine et irrémédiable se traduirait par l'absence de protestation violente contre autrui, de récrimination contre les choses, par l'acceptation résignée et timide du destin. Interprétons ces différents faits. Ils nous conduisent à distinguer entre le développement historique ou la mise en scène d'un sentiment et sa constitution dynamique profonde. A ce dernier point de vue, qui seul nous intéressera maintenant, le sentiment nous présente, à l'état de confusion primitive, des données qui seront dissociées par la suite. Il constitue une expérience indécomposable, globale, pourrait-on dire, où les éléments matériels seraient simultanément donnés, d'une tout autre nature que les expressions discontinues où elle se déroule quand elle se transpose dans la zone intellectuelle et pensante de la conscience. Car, à ce moment, ce qu'il y a en lui d'affectivité pure recourt à un traducteur subtil qui exécute une version ingénieuse, souvent bien éloignée de l'idiome primitif. Mais qu'est en lui-même, par delà ces artifices de traduction ou d'adaptation, ce sentiment pur qui se prête si complaisamment à l'interprétation et qui en dirige parfois les essais convergents ? Quel est le thème dont nous venons de signaler la curieuse mise en œuvre ? C'est un courant de notre activité, se poursuivant en dehors de toute circonscription verbale et de toute description littéraire. Pour préciser, c'est une attitude de la conscience correspondant, par exemple, dans le cas de la surprise, à une espérance déçue ou à une interrogation muette; dans la tristesse et la résignation, à un accablement de notre individualité prête à l'universelle acceptation ; dans l'espérance, la gloire, le courage, à une attitude assurée et conquérante qui se confond avec le mouvement expansif de notre activité, parfois même avec une sorte de mégalomanie physique. Le déroulement et l'histoire du sentiment durent tant que ces attitudes persistent, thèmes fondamentaux soumis à l'interprétation, mines bientôt épuisées où s'alimentent

nos conjectures. *Une qualité dynamique de nos états carac-
térisée par le relâchement ou la tension de l'activité :* voilà
ce que l'analyse découvre à l'extrême origine de nos sentiments et de leurs variations [1].

Inversement, c'est une activité de qualité bien différente qui
apparaîtrait dans les sentiments esthétiques. Ils sont contemplatifs. L'attitude que la sensibilité revêt en eux n'est plus cette
disposition agressive motivée par l'attachement à la vie,
c'est plutôt une disposition pacifique qui se manifeste par
la docilité de l'âme, son exercice souple et joyeux, par
l'aptitude au rêve remplaçant la promptitude à agir. Le
charme particulier à la jouissance esthétique ne tient donc
pas simplement à la contemplation de la beauté ou des
formes supérieures de la vie ; le contact que nous prenons avec une réalité quelquefois intense et qui peut
exalter notre sensibilité, n'est pas davantage la cause dominante de notre joie. On y démêlerait plutôt cette suspension
de tout besoin, cette docilité communiquée à des puissances
d'abord rebelles qui se détendent peu à peu et qui se refor-
ment dans une attitude pacifique. Notre moi sensible ne
s'organise plus pour la résistance. Il a renoncé à la lutte. Les

---

1. On voit, après cela, que la classification des sentiments est absolument artificielle. Elle devrait se borner à indiquer quelques sentiments
fondamentaux, quelques directions générales de la sensibilité, en se réser-
vant plutôt pour l'examen des combinaisons de ces sortes de motifs sentimentaux qui traversent la conscience et qui s'y harmonisent, ou s'y
orchestrent. Cela vaudrait mieux que de vouloir réaliser d'emblée, dans
la zone de l'émotion, ces désignations littéraires ou ces circonscriptions
physiques qui constituent des déterminations adventices, absolument
extrinsèques, tenant d'un côté à l'élaboration ultérieure de nos facultés constructives, de l'autre à l'action du corps dans la spécification du sentiment
considéré comme un courant primitif de la conscience. Autre remarque
digne d'intérêt : cette configuration souvent arbitraire du sentiment et,
en tout cas, purement explicative, construite après coup, donne lieu
très souvent à un mécanisme indifférent, comme nous le verrons pour le
caractère. Les termes qui composent cette sorte de langage n'offrent plus
de signification en dehors de celle qui leur venait du *feeling* ou synthèse
émotive primordiale. Ces notations se sont éloignées peu à peu de leur sens
primitif, et elles n'en reprennent un nouveau, quand elles persistent, que
si elles s'insèrent dans un nouveau *feeling*, d'où elles sortent, pour bien
dire, ranimées et transformées.

sentiments qui traduisaient au dehors son agitation intérieure ont fait place, sous l'influence de ces formes prévenantes, à des émotions douces qui expriment le détachement du moi à l'égard des circonstances hostiles, un moment de détente et d'harmonie. La nature contemplative des émotions esthétiques n'est donc pas due, simplement, à l'intervention de l'intelligence qui s'érigerait en traducteur habile de la subjectivité et de l'émotion; elle recouvre une position nouvelle de notre vie affective. Elle marque le transfert d'une sensibilité active, soucieuse de s'adapter aux choses, à une sensibilité qui vit en elle et pour elle; elle correspond à la suppression des phénomènes d'effort ou de résistance, et à l'organisation spontanée de nos facultés de jeu et de rêve. Elle implique un retour, non à la connaissance, mais au pur sentiment, c'est-à-dire, pour parler scientifiquement, la transition de l'aspect musculaire et moteur de la sensibilité à son aspect émotif. Si donc on parvenait à saisir le sentiment à l'état pur, en dehors de la spécialisation incessante que notre organisation sensorielle ou motrice lui impose, on ne tarderait pas à y découvrir une activité dynamique relâchée ou tendue, se prêtant aux interprétations contemplatives ou aux applications pratiques, mais valant déjà en elle-même par l'individualité de ses attitudes : *un même thème affectif se transposant tour à tour dans les registres de l'action ou de la pensée, et se prolongeant d'un mouvement continu sous la diversité de ces constructions.* Nous verrions ainsi se reconstituer l'unité psychologique de la conscience, cette unité de sentiment qui l'enveloppe au fond tout entière et qui fait, quand on s'en est rendu compte, qu'il n'y a bien pour nous qu'un moi sensible, de l'enfance à la vieillesse, et que c'est le même homme qui agit, qui pense et qui parle dans des circonstances diverses, parce que c'est la même sensibilité, émoussée ou vive, tendue ou inquiète, qui se transporte dans des cercles différents d'influence et d'action.

Pour résumer ce qui précède, nous dirons que le contenu de la conscience nous offre des traces non équivoques de

libres synthèses. Nos sentiments, même quand ils expriment
la vie totale de l'âme, renferment un élément d'individualité :
ce sont des commencements absolus que nous acceptons
sans pouvoir les déduire ni les résoudre. Libre à nous, sans
doute, de les ramener à des états composants et de noter les
éléments communs qu'ils enveloppent par cela seul qu'ils
sont nôtres ; mais cette synthèse dont ils font partie et qui
leur donne un sens toujours renouvelé, nous ne pouvons,
du moins dans sa forme, la réduire aux données communes
de la conscience : jusque dans la déduction qu'on lui impose
le nom particulier qui la désigne demeure comme l'image
de son originalité. Nous avons donc été conduits à nous
représenter la vie des sentiments et à noter en chacun d'eux
un arrangement mobile, présentant déjà tous les traits de
l'individualité. Une joie, une tristesse, un mouvement d'amour
ou de colère ne sont pas seulement des groupements instan-
tanés, provoqués par une image centrale et correspondant à
la loi, si inexacte, de la cristallisation mentale : ce sont autant
d'organisations délicates et complètes, de produits viables,
véritables puissances irréductibles, saisies non au repos, mais
dans la réalité de leur impulsion intérieure. Comme les *vortex
atoms* auxquels ils nous font invinciblement songer, ces
éléments indécomposables et changeants doivent leur individualité à leur mouvement. Chaque sentiment est donc, pour
le temps plus ou moins long que dure ce mouvement, une
véritable individualité. On pourrait écrire sa monographie,
noter sa loi de formation, son organisation commençante,
son déclin. En chacun d'eux, c'est une personnalité qui
s'ébauche. Souvent, après des heurts suivis d'accords passagers, ces formes vivantes finissent par se composer ; elles constituent alors une unité psychologique assez précaire, celle-là
même que chacune ébauchait à sa façon et tendait à imposer
aux autres avec persistance. La configuration morale de
la personne, l'unité du caractère seraient au terme de tout
cet effort, moyenne résumant les forces élémentaires qui se
composent, épreuve nullement définitive résultant de tous
ces essais. C'est donc à bon droit que nous avons parlé de la

vie des sentiments, de leur dynamique interne, de leur développement individuel. C'est à bon droit que nous avons dégagé ce fond mobile, toujours prêt à sentir et à vibrer, des interprétations laborieuses de l'entendement, et que nous l'avons nettement dissocié des facultés raisonneuses et constructives dont l'apparition signale le retour de l'activité sentimentale aux formes morbides de faiblesse ou d'atonie. Cette activité est déjà comme la personne : elle a une singulière aptitude à se recomposer d'elle-même et à reformer son unité, sur place en quelque sorte, par des évocations immédiates. Elle s'érige en synthèse : comme la vie, elle est d'autant plus normale qu'elle évoque mieux et raisonne moins.

Nous avons ainsi répondu à la question qui se posait au début de ce chapitre : il nous paraît clairement qu'un de nos sentiments, pour intense et profond qu'on le suppose, n'est point susceptible de définition nette. C'est donc qu'il résulte d'un mélange indéterminé de nos états, lequel recouvre à son tour une combinaison nouvelle de notre histoire intime ; c'est ensuite que les plus humains d'entre eux, comme la sympathie et l'amour, révèlent une synthèse originale. En tout cas, il nous a été donné d'y saisir une disposition dynamique et comme une attitude indécomposable de la conscience, phénomène imprévisible puisqu'il dépasse les données de l'expérience, indéfinissable, au sens strict du mot, puisqu'il mesure comme un degré nouveau de l'être individuel. Dès lors, connût-on tous les éléments d'un état profond, eût-on développé ses mille aboutissants organiques, noté l'action des petites unités qui le provoquent, eût-on, par une analyse délicate, retrouvé les données mentales qui en composent la trame, après avoir saisi les mouvements qui en forment l'étoffe matérielle, la réalité même de cet état nous échapperait ; car nous aurions traduit la spontanéité en mécanisme historique, et il resterait toujours à comprendre sa physionomie individuelle par delà les données universelles où l'on essaierait de le résoudre. Il resterait, en un mot, à restituer les façons personnelles de sentir et le développement libre des états intérieurs. L'erreur du mécanisme naturaliste

est d'avoir justement supposé des données extérieures identiques, capables de produire les sentiments personnels, comme
l'erreur du mécanisme idéaliste de Stuart Mill sera d'admettre que les volontés soient déterminées par les convo-
nances impersonnelles des motifs. Mais si l'on maintient les
droits de la généralité logique au détriment de ceux de l'individualité, c'est par une idolâtrie de l'entendement qui
incline à représenter notre être comme composé de données
universelles. Au regard de la conscience, les faits intérieurs
sont, au contraire, singuliers, et, en nous permettant de
découvrir en elle des traces d'individualité commençante,
elle nous invite à dépasser les positions d'un mécanisme
logique, selon qui la forme impersonnelle du mouvement et
des idées serait la mesure de l'être.

CHAPITRE IV

LE CARACTÈRE

C'est d'une manière contingente que le sentiment se produit en l'homme, et c'est un pur artifice si l'on assigne à son développement une loi impersonnelle. Pourtant la personnalité sera-t-elle construite avec des éléments empruntés à la seule sensibilité affective? Le sentiment et l'émotion une fois posés, ne reste-t-il pour expliquer la vie personnelle qu'à en déduire les conséquences naturelles?

On remarquera d'abord que la vie de nos sentiments implique une secrète action qui les fait être et durer, en sorte qu'il serait permis de leur supposer des attaches avec une forme supérieure, plus persistante et plus profonde. Mais cette présomption se change en certitude, si vous songez qu'un de vos sentiments n'est point de ces états anonymes que rien n'aurait préparés et qui ne laissent aucune trace dans votre histoire, qu'il est l'expression momentanée d'une forme destinée à rester, que cette forme enfin ne saurait se résoudre en une impalpable poussière psychique, puisque, renaissante en tous vos états, elle apparaît en chacun comme le mode d'organisation qu'il revêt spontanément et la loi idéale qu'il tend à reproduire. Cet indice de votre action, cet instinct individuel, essentiellement pratique et producteur, est le caractère. Nous n'aurons aucune peine à en convenir avec Schopenhauer : ce qui est caché derrière la plupart des phénomènes conscients, ce que nous soupçonnons dans toute

organisation réfléchie, et ce qui se révèle nettement à nous
dans toute action spontanée, c'est bien « ce qui ne sait autre
chose que vouloir ou ne pas vouloir, être satisfait ou mécontent, avec les modifications désignées par les mots de sensation, émotion, passion ; c'est là notre propre moi, le
noyau de notre être. C'est celui-ci qui produit l'autre, qui
ne dort pas quand l'autre dort, et qui reste intact quand
l'autre est anéanti par la mort[1] ». Mais n'avons-nous pas là
précisément l'expression immédiate de la personnalité, saisie
dans la loi même de son action? Oui, si la réflexion atteint
en effet à ces profondeurs où naît la vie. Non, si ses représentations ne sont qu'un mirage qui essaierait de recouvrir, sans
succès d'ailleurs, des combinaisons déterminées par la loi des
causes efficientes. On comprendrait même que nous portions
la nécessité en nous, que nous obéissions à des lois spéciales
qui ne laissent que peu de place à la liberté, et que l'ensemble de ces lois fût justement le caractère. Pourtant, dans
cette seconde hypothèse, faudrait-il encore démasquer l'illusion, en montrant que l'expérience intérieure et l'explication
logique tendent à coïncider, sans quoi notre hypothèse ne
présenterait qu'une valeur relative. Or cette démonstration
est encore à faire. En revanche il ne nous paraît pas impossible d'établir que toutes les difficultés du problème tiennent
à l'introduction de l'entendement abstrait dans l'interprétation des choses vivantes.

Cette intervention pourtant n'aurait pas à se produire, car
le caractère est un fait aussi réel que nos pensées, et si son
origine échappe en partie à la conscience, on ne peut nier
que son histoire ne se déroule au-dedans d'elle. C'est, à vrai
dire, du témoignage intérieur que l'on part toutes les fois
qu'une vue superficielle juge de la présence du caractère
par la considération d'une vie fortement conduite et d'une
manière d'être décidée, originale, qui révèle une puissance.
On s'élève alors de la vue de l'enchaînement qui se marque
dans les détails à une cause éminente de cet ordre, à quelque

invisible unité. Mais établirait-on ces rapports, si l'on n'avait
aperçu entre ces termes quelque filiation? Et dirions-nous ce
qu'est un caractère si nous n'avions assisté à la formation ou
à l'ébauche du nôtre? C'est qu'il existe un fait intérieur qui
marque le moment où la puissance produit l'acte et fait
effort pour s'inscrire dans les signes qu'elle crée : la résolution nous donne justement le spectacle de notre volonté en
exercice. C'est donc bien par un témoignage de la conscience
que nous appelons caractère toute multiplicité d'actes qui
semblent obéir à une impulsion unique et personnelle, et c'est
par une dérivation de ce même témoignage que nous appliquons ce nom à la puissance intérieure dont ils semblent
procéder. Un profond métaphysicien parlant de l'invariabilité
du caractère et de la source unique d'où découlent toutes
nos actions, n'hésite pas à y voir la forme persistante de chaque
individualité, la puissance de vouloir et d'agir saisie dans le
concret et sur le vif. C'est bien une synthèse primitive, une
vivante et indestructible unité. Si les actes du passé ont
encore une valeur à nos yeux, s'ils sont l'objet de la satisfaction ou de l'angoisse de l'âme, c'est qu'ils ont une signification personnelle : « ils sont l'effigie du caractère, le miroir
de la volonté, sur lequel nous ne pouvons jeter les yeux sans
y voir notre moi le plus intime, sans y reconnaître la substance de notre volonté[1] ». Le caractère est, de la sorte, la
loi d'une action aussi conséquente que celle de la nature :
tous ses actes s'accomplissent en harmonie avec lui, exactement comme tout phénomène se réalise conformément
à sa loi naturelle. Pareillement, après avoir attribué un
caractère à toute cause agissante, Kant n'hésite pas à voir
en lui la loi même de sa causalité, loi sans laquelle elle
ne pourrait aucunement être cause[2]. Le caractère n'est
donc que la loi de la causalité personnelle, quand on arrive
à la saisir dans son action la plus intime et la plus profonde.

1. Schopenhauer, t. I, p. 483.
2. Kant, *Critique de la Raison pure.*

Maintenant, c'est un fait que l'éducation dégage, sans la créer, cette loi de la causalité personnelle, et c'est encore un fait qu'il y a au-dedans de nous une sorte d'instinct pratique, un centre individuel d'impulsions et de tendances auxquelles obéissent, par delà la sphère des organes, les démarches intimes des personnes. De plus, la continuité de la vie psychologique révèle l'action efficace d'un tel pouvoir : que dire de ces élans d'âme, vraies créations morales, qui échappent à la prévision et qui ne s'expliqueraient pas sans lui ? En conséquence, le tempérament, le milieu, l'hérédité, l'éducation retentissent dans le caractère, mais ne le font pas : ils ne le posent pas, ils le disposent. L'initiative privée s'ajoutant aux données qui ne viennent pas d'elle, il y a une interprétation originale de ces données, et c'est là une création, sinon des matériaux, du moins de leur disposition et de leur forme. Cela se voit en ce que nulle modification ne vient du dehors en l'âme, qu'elle ne l'ait acceptée, voulue, convertie en sa substance : si je reçois et conserve sans y rien changer de moi-même le mouvement qui m'est communiqué, toujours les manières d'être et les opérations ainsi produites sont le résultat d'une double cause : inclinations natives et influences extérieures qui en provoquent l'éveil. Même dans ce qui ne présente plus d'attache visible avec la volonté, la caractéristique individuelle se révèle : il y a toujours une action secrète et une persuasion intime qui font que, tout en étant en nous sans nous, ces modalités n'y sont pas cependant malgré nous. Et s'il est vrai que nos états se distribuent en un système, cette mécanique apparente ne laisse pas de révéler une action causale qui se développe et qui s'explique par cette intervention. On dirait, tant l'analogie est étroite, un pouvoir artiste qui se joue, sous cette surface immobile, dans l'inépuisable création de résolutions et d'idées. Ce serait même là le point central. Tout part de l'affirmation du vouloir et s'y ramène. Le caractère est comme un organisme où les détails s'entretiennent parce qu'ils procèdent d'un même centre de vie : le mécanisme nous cache et nous révèle tout ensemble la volonté qui travaille au fond.

Il semble résulter de ce qui précède que ce n'est pas la volonté considérée en elle-même qui est pour nous le caractère : c'est la volonté s'actualisant au cours de la vie, se manifestant par un enchaînement régulier d'actes et de volitions qui paraissent obéir à une loi distributive, variable avec chaque individu. Mais c'est ici précisément que les difficultés commencent. Quel rapport établir entre cette volonté qui s'affirme comme une synthèse primitive, comme une unité indécomposable, et ce système d'actes qui nous la révèle progressivement? Quelle est la loi des transformations de la volonté en actions et en mouvements? Tel est le problème que Kant a posé avec sa clairvoyance ordinaire et dont il n'a pas cherché à atténuer les difficultés. Il y aurait d'abord un moyen assez simple de le résoudre : ce serait de le rendre susceptible d'une étude et d'une solution scientifiques en éliminant du caractère toute donnée variable ou personnelle, en comptant les ressorts sans les faire jouer, en décrivant les effets sans les produire. Ainsi, on isole et on immobilise les faits qui traduisent la diversité des caractères humains ; on en écarte les causes de variation et de trouble : on se prépare à les contempler dans leur généralité, à les saisir dans leurs lois constitutives et éternelles. Mais il est vrai aussi qu'on passe brusquement de la dynamique à la statique, puisque l'on considère la volonté au repos, plutôt que le mouvement qui l'engendre, le cadre où elle évolue, plutôt que son histoire particulière. Toutefois, comme cette conception s'est produite par une secrète connivence de l'entendement, elle prendra bientôt la valeur d'une explication scientifique. La science exclut de sa considération le particulier, le concret, la vie enfin ; réduite à fixer des rapports de quantité, des relations de position, elle ne laisse pas d'appliquer cette méthode d'élimination aux formes concrètes que la vie intérieure lui présente. Elle achèvera donc de vider le caractère de tout élément sensible et réel, pour le convertir en un système intelligible dont les détails soient voués à la loi de la nécessité. Et comme l'élément métaphysique ou suprasensible est chose que la science écarte soigneusement de ses

formules, on se trouve bientôt en présence du caractère tel que
Kant le concevait, savoir : une série d'événements logiquement déterminés sans aucune des particularités dont s'enveloppe l'existence, sans aucune relation assignable avec la
mystérieuse énergie qui la fait apparaître; si bien qu'à chaque
précision nouvelle le caractère, rendu plus clair, est aussi
plus éloigné de ressembler à ce qui se produit dans la volonté
et à ce que la conscience découvre.

Il est vrai que le psychologue n'aura pas de peine à montrer que si l'on prétend construire ainsi le caractère, c'est
qu'on l'a supposé préalablement en dehors de la conscience et
qu'on a traité les états qui le composent comme des signes
de la réalité, non comme la réalité même. Il établira donc
facilement l'inanité de cette conception. Mais s'il essaie, à
son tour, d'expliquer le caractère par le détail des événements
qu'il y découvre, il fait retour lui aussi à l'idée de succession
historique, et il donne encore une fois raison aux partisans de
la nécessité : car il oublie de dire comment s'est effectuée la
synthèse de cette diversité, et force lui sera d'accepter une
loi de liaison, distincte de ses éléments, mais capable d'en
maintenir l'unité. Il expliquera donc le caractère en imagi-
nant, avec Taine, la suprématie de certains instincts ou de
certaines affections capables de déterminer toute la série,
c'est-à-dire en le recomposant après coup ; ou bien, avec la
psychologie du criticisme, il découvrira dans ce phénomène
un ensemble de relations commandées par une loi individuelle et il s'appliquera à développer les destinées particulières
renfermées dans une destinée générale. Mais dans le premier
cas il y a fiction et non pas synthèse, on sort de la science
pour entrer dans la poésie ; et dans le second cas c'est par la
généralité pure qu'on explique la vie elle-même. Il ne nous
sera pas difficile de montrer que c'est d'abord le type d'un
mécanisme formel qui nous fait ériger les éléments du caractère en loi nécessaire ; puis, quand l'esprit d'abstraction a cédé
la place aux renseignements de la conscience, c'est encore
l'idée de vérité scientifique qui intervient dans l'évaluation du
caractère pour la fausser radicalement. Ce n'est là toutefois

qu'une mécanique d'idées, ce n'est pas le caractère vivant.
Le caractère défini par de telles lois est un être abstrait plutôt
qu'une forme réelle : il exprime un contour, il ne revêt pas
de physionomie; il remplit une fonction, il ne s'érige pas
en une féconde unité. Cette construction simplifiée est aussi
éloignée de la vérité que possible. Elle s'oppose à cette vision
pénétrante et absorbante par laquelle Schopenhauer, fidèle
interprète de la conscience, « aperçoit en un instant le corps,
l'esprit, l'éducation, le naturel, le passé, le présent de son
personnage, et cet innombrable écheveau de fils tortueux,
nuancés, changeants, qui s'entremêlent pour le former ». C'est
cette vue synthétique, infiniment complexe qu'il importe de
retrouver, au lieu des trompeuses clartés d'une analyse qui
veut tout simplifier et tout réduire. Le tort est donc toujours
de supposer un type qui ferait la vérité rationnelle de la vie
personnelle, c'est de substituer une explication abstraite à des
synthèses mentales. En un mot, le caractère est irréductible
pendant qu'il se développe : mais dès qu'on le considère à
l'état de fixité, on l'immobilise et on l'isole ; et c'est précisément pourquoi il apparaît alors exprimable en mécanisme.
A vrai dire, c'est toujours le souci d'une explication scientifique qui nous invite à fixer ce mouvement, à morceler en
unités numériques cette unité indivisible. La science se borne
à considérer ces subdivisions, et elle reconstruit le phénomène total, en juxtaposant des éléments abstraits qui ne
parviennent pas à égaler le caractère vivant. C'est la conclusion à laquelle nous avions abouti d'abord, en nous fon-
dant sur ce que les procédés de l'explication abstraite
renversent la marche des phénomènes concrets dans la conscience.

Or, si l'on accepte de nouveau cette conception, on verra
qu'il n'y a qu'un moyen exact de figurer l'activité vivante
que le caractère révèle : c'est d'en retrouver les aspects, en
renonçant à les fixer, encore moins à les faire entrer de force
dans une forme établie d'avance. Mais cette question ramène
un difficile problème de psychologie : celui de savoir comment il pourrait y avoir une réelle nécessité dans les plus

vraisemblables interprétations ; et puisque la conception
mécaniste considère le caractère comme un système continu d'où serait bannie toute donnée virtuelle, il importe
d'y découvrir des éléments contingents qui diversifient,
par leur insertion, sa prétendue uniformité. C'est pourtant
le problème qu'on suppose résolu en un sens défavorable
à la psychologie de la personnalité, quand on considère les
états psychiques intéressés à la composition du caractère,
comme de simples symboles conscients, de purs signes
des changements automatiques dont l'organisme est le
lieu. Nous sommes alors des automates spirituels. Mais
le dynamiste ne se laissera pas désarmer par cette affirmation ; il n'aura pas de peine à soupçonner sous cette
construction artificielle une secrète action par où se révèle
l'âme, et il remarquera que c'est pour n'en tenir nul compte
que l'automaton-theory est parvenue à un semblant de
vérité. Pourquoi donc cette doctrine ne serait-elle pas
la vraie? Pourquoi le mécanisme interne, centralisé dans ce
qu'on nomme caractère, n'aurait-il pas pour office, simplement, de nous renseigner sur ce qui se passe dans notre
organisme? Il faudrait remarquer que la sensation a pour
résultat de nous inviter à un choix entre une réaction automatique et d'autres mouvements possibles, et la sensation,
comme on l'a dit, n'aurait plus de raison d'être, si la nature
eût fait de nous des automates, et non des libertés. De plus,
la forme intercalaire par l'intermédiaire de qui, dans les êtres
supérieurs, tous les mouvements organisés doivent passer
n'est pas identique en tous, puisqu'elle marque un écart entre
les êtres et qu'elle frappe à son empreinte les actions émanées
d'elle. Elle est donc bien une forme originale et irréductible.
Car si elle ne l'était pas, ou si elle était déterminée par les
éléments moléculaires dont on parlait tout d'abord, comment
comprendre la duperie de la nature qui oppose ainsi la forme
et le fond? Et si l'on maintient que ce n'est là qu'une
doublure des actes habituellement produits et esquissés
dans l'organisme, « ne supprime-t-on pas alors tout ce qui
fait dans la réalité la différence d'un homme à un autre

homme, et par conséquent la vérité de la représentation de la vie[1] ? »

On renverse, il est vrai, cette explication quand on donne l'automatisme comme le terme de démarches conscientes prêtes à se suspendre dès qu'il serait réalisé. C'est vraisemblablement parce que l'automate, en l'homme, est encore hésitant que la conscience est requise[2]. Le caractère gagnerait en vertu à mesure que la conscience perdrait en clarté, et le caractère parfait résulterait d'une systématisation complète où l'esprit calme, tranquille, tout en soi n'aurait plus à différencier ses états ni à les exclure. Mais quand se termine cette organisation dont l'achèvement correspondrait à l'amortissement de la conscience? Elle n'a pas de limite. L'automatisme de nos habitudes n'est jamais complet; jamais ce système savant qui nous empêcherait de vouloir ne tient ses promesses. Dès lors, dans l'imperfection du mécanisme, la conscience est toujours requise, et toujours aussi la spontanéité. Au surplus, s'il est vrai que plus un groupe de mouvements est intégré, moins il soit requis que la conscience y préside et que le choix de la personne morale intervienne, il est tout aussi vrai que ces combinaisons sont autant d'excitations à vouloir ou à penser, puisqu'elles se transforment en des forces vivantes au contact desquelles le génie personnel s'anime. Ainsi, la conscience ne disparaît de ces synthèses que pour les mettre dans la dépendance de notre action et pour accroître notre autonomie. D'un autre côté, les âmes vouées au vice et qui s'y enfoncent de tout leur poids sont destinées à perdre de plus en plus le sentiment de leur être individuel; c'est qu'elles ont étendu démesurément en elles le domaine des forces impersonnelles et qu'en l'absence de tout point d'appui intérieur elles assistent, sans pouvoir se ressaisir, au progressif évanouissement de leur volonté.

Nous venons de faire une part dans la conscience à l'élément de virtualité, de puissance, et cette remarque nous permet

1. Cf. Brunetière, *Revue des Deux Mondes*, 1891.
2. Vue soutenue par M. Paulhan et par Spencer.

d'entendre qu'on ne puisse introduire dans l'interprétation
d'un caractère donné une réelle nécessité. Mais n'y aurait-il
pas ici une nécessité historique? Le caractère ne peut-il pas
être regardé comme un système fini où se projettent, en rang
marqué, des éléments indéterminables? Les combinaisons
actuelles ne seraient vraisemblablement que la mise en œuvre
de matériaux entassés. Elles sont imprévisibles, puisqu'elles
ne se déduisent pas à priori des données logiques; mais elles
ne laissent pas d'être soumises à une nécessité rigoureuse,
celle qui leur vient d'un passé capable de renaître en faisant
violemment irruption dans le présent. Le développement
des facultés natives expliquerait donc les accidents survenus
dans notre histoire, et l'on comprendra toute la valeur de
l'objection si l'on songe combien, dans les combinaisons
chimiques, les plus étonnantes différences de propriétés se
réduisent à de simples différences de quantité. Au surplus,
on tend de toute part à rehausser l'importance de ce qui est,
dans l'homme, naturel et donné. De même que la science
recherche les antécédents les plus reculés des phénomènes,
l'art aime à rattacher la volonté aux circonstances multiples
où on la voit évoluer; s'il imagine parfois des conflits entre
cette volonté et la nature, c'est pour emprunter une couleur
de vérité à l'analyse de ce qui fonde notre caractère personnel,
tout en le dépassant et le débordant. La psychologie, de son
côté, tend à se faire historique. Sans doute, elle s'est toujours
efforcée d'écarter le local et l'artificiel pour dégager le fond
de vérité contenu en un phénomène particulier; mais on
peut dire qu'elle a un plus vif souci de retrouver en tout la
nature humaine. Il faut ajouter que cette idée de nature,
abstraite au commencement du siècle, est devenue concrète
et vivante. Au lieu d'exprimer simplement les convenances
logiques qui servent de règle au développement de l'être
humain, la nature comporte un réel pouvoir de conservation
qui lui permet de fixer les perceptions fugitives de la race,
de résumer en un seul homme ces diverses manières de
penser et de sentir : c'est comme un type immortel que symbolisent d'éphémères apparitions. Dès lors, il y a dans les

caractères individuels quelque chose qui les dépasse infiniment, il y a de l'inconscient et de l'humain. Aussi, contrairement à l'ancienne psychologie qui reposait sur une théorie fermée de l'existence, on nous objectera que les êtres ont essentiellement des modes spécifiques d'agir et de pâtir et qu'ils évoluent à partir de leur nature.

Or, que penser de cette allégation? On verrait sans peine, croyons-nous, que l'hypothèse d'un enveloppement de la nature dans tout caractère individuel n'en compromet pas la spontanéité. D'abord, la conception de la nature à laquelle on vient de recourir n'est pas celle d'un plan logique qui déterminerait rigoureusement l'évolution de l'individu : c'est plutôt une conception nominaliste de l'humanité qui ne s'entendrait pas en dehors des efforts humains qu'elle résume ou des expériences personnelles dont elle offre la moyenne. Par suite, nous en bannissons à l'origine toute fatalité logique : chacun de nous peut imprimer sa marque sur cette forme plastique, et s'il est vrai qu'elle soit inconcevable en dehors de ce singulier pouvoir de rajeunissement que l'expérience porte avec elle, il est tout aussi vrai qu'elle change dans les détails, sinon dans les grandes lignes, puisque, ployable en tous sens, elle se modifie au contact des volontés personnelles, loin de les déterminer à priori. Le même mouvement qui la conserve peut aussi la transformer, et l'on trouverait une réaction constante de la volonté sur la nature. Mais individuellement, alléguera-t-on, il sera difficile de noter l'indice de réfraction personnelle et, la différence étant comme insaisissable, l'on devra conclure que les états de conscience se distribuent, en fait, selon la loi d'un mécanisme impersonnel. Il n'en est rien. D'abord, tout ce qui est réellement possible, réellement enveloppé par la nature, n'est pas toujours réalisé dans l'individu : bien des choses auraient pu être qui ne sont pas : il s'est donc agi le plus souvent de particulariser *ad libitum* les ressources naturelles, et ici, il n'y a pas de lois, pas de formules nécessaires dont on puisse user. Le caractère renferme à l'état latent des impulsions contradictoires dont l'équilibre infiniment instable peut se

rompre et se reformer au hasard des circonstances ; et comment les exprimer à priori, puisqu'elles se développent for-
tuitement dans notre histoire, comme en une projection fidèle
et indéfinie ? Par suite, chaque être n'est pas une simple
transformation d'un mode de l'être préexistant ; en réalité,
comme en apparence, il s'en distingue. Par suite encore,
le passage de la nature au caractère individuel ne s'explique
pas par le procès logique de la nature, mais par l'action d'un
principe distinct qui combine les détails en ensembles et qui
dispose ces arrangements, petit à petit, grâce à la série
ininterrompue de ses actes. Par suite, enfin, la doctrine de la
nécessité n'est vraie que pour un système de la connaissance
qui substitue les raisons logiques d'un acte à ses antécédents
psychologiques ; elle cesse de l'être si l'on suppose que les
éléments qui forment la base d'une conscience vivante sont
eux-mêmes aussi indéterminés que la vie, quitte à perdre
cette indétermination aux regards d'un entendement abstrait,
capable de les dépouiller de leurs circonstances historiques
pour leur appliquer des lois générales. Dans l'individu comme
déjà dans l'humanité, c'est donc la volonté qui donne un
sens à la nature et qui logiquement la précède. Aussi,
aura-t-elle un rôle légitime dans tout le cours de la vie personnelle et dans ces digressions qui, au dire de Pascal, en
composent la variété, car à ce que renferme de possibilités
latentes notre nature individuelle, ou à ce qui va s'y perdre
d'habitudes et d'instincts s'applique, en un ineffable commerce, cette volonté vivante : ainsi, aux dons qui ne cessent
de lui venir des profondeurs de la nature elle ne cessera de
répondre par une acceptation efficace qui les établit dans
l'être. Il ne dépend pas de nous d'être indistinctement ce que
nous voudrions : mais, d'une certaine manière, il n'est rien
en nous que nous n'ayons accepté ou voulu.

Il y a, il est vrai, dans le caractère d'autres ressorts. Il
faut faire une part aux forces « mécanisantes » de l'esprit
humain. Et poser le problème, c'est, semble-t-il, le résoudre,
puisque l'habitude, l'association des idées, l'instinct ont une
influence inévitable. « Pratiquez et vous croirez, disait Pascal ;

pliez la machine. » Sans doute, ce n'est pas simplement ainsi
que se forment les éléments essentiels de la nature humaine;
mais c'est bien ainsi qu'ils se déforment ou se corrompent.
Ce ne sont pas là les sources de l'activité personnelle, mais
ce sont bien là les forces d'altération et de grossissement[1]:
on verra bientôt comment elles se substituent à elle, l'émiet-
tent et l'éliminent. Disons, pour le moment, que la solidarité
morale est un fait réel, et qu'à côté de cette heureuse disposition à vivre et à produire, c'est une tendance opposée qui
s'accuse maintenant : la tendance persistante aux réactions
automatiques. « Nous sommes automates autant qu'esprit. »
Ceci, savons-nous, n'aurait encore rien de déconcertant :
ne peut-on pas diriger ce déterminisme dans le sens de nos
tendances ? Et de l'application de notre liberté à ce monde
d'habitudes organisées, n'avons-nous pas quelque profonde
conscience? Pourtant, nous ne tarderons pas à voir ce que la
passion et l'automatisme peuvent faire pour égarer l'esprit.
N'est-ce pas un point très finement remarqué et, en effet,
très remarquable que la pensée s'exerce à découvrir des
motifs de faire ce qu'on fait, d'assurer ce qu'on assure et de
s'en persuader. Il y a là un entraînement, un vertige : la
pensée est frappée d'abord, puis elle est gagnée, elle est
séduite, elle est conquise. Ceci est très important, car ceci
met en lumière le mode de séduction qu'exercent les forces
mécanisantes sur les forces vives de l'homme. La liberté est
soumise au même vertige. Mille engagements, mille com-
promissions l'assiègent, forcent le consentement. Les pratiques habituelles ont une part énorme. Vous avez été touché,
vivement ému; les passions s'excitent, vous voici engagé
dans une direction unique de l'action. Or, qu'est ceci? Un
consentement? Oui, sans doute; mais aussi une faiblesse et
une ivresse de la volonté qui se répète, éprise d'elle. Il y
a là une source de désordre et, si le mécanisme égare ou
pervertit nos tendances, une source d'impuissance. « Il suffit

---

1. Voir, dans la *Certitude morale* de M. Ollé-Laprune, la belle discus-
sion de la théorie du vertige mental et de son rôle dans la croyance.

de mentir une fois d'abord ; on est de bonne foi plus tard. »
C'est cette bonne foi tardive, cette sincérité qui ne provient
pas de la droiture des desseins, mais de l'entraînement seul,
c'est cette nécessité qui fait corps avec la liberté, venant de
ses défaillances ou de ses méprises, qui sont maintenant un
sujet d'effroi. Le mécanisme n'est plus extérieur à la liberté :
il s'y insinue grâce au germe de maladie et de torpeur que
celle-ci porte en elle. Et ce qui complique tout, c'est que la
volonté aime à user de ces forces, alors que ces forces se
tournent fatalement contre elle et absorbent peu à peu son
énergie languissante ; c'est qu'il n'est pas de concession, pas
d'abandon partiel de nos puissances individuelles qui ne
soient suivis d'un sentiment de calme que ne présente jamais
la résistance. Ainsi, nous écartons d'abord l'automatisme :
mais, de degrés en degrés, nous revenons à un équivalent de
l'automatisme. Au contact des forces mécanisantes l'activité
personnelle se transforme ; elle perd de son énergie et de sa
vertu. Le vertige moral est le signe de cette transformation.

Nous ne prétendons pas nier cette influence contagieuse
de l'imagination et de l'habitude sur la volonté de l'homme,
et nous savons, d'autre part, que les idées, si elles ne
résultent pas de l'activité mentale, la pervertissent et l'égarent.
Mais de cet usage de la volonté, qui en est proprement
l'abolition, il faut distinguer les états qui sont précédemment
visés et dans lesquels, à la suite d'un progrès qui ramasse
et assure cette volonté en elle-même, on ne remarquerait
qu'une atténuation des forces résistantes de la personnalité.
« Quand une fois l'esprit a vu où est la vérité, il faut, disait
Pascal, nous abreuver et nous teindre de cette créance. » Il
se forme alors de ces dispositions qui raffermissent notre être
moral, parce qu'elles opèrent insensiblement en l'homme
sans qu'il s'en doute. C'est une vraie transposition mentale
grâce à laquelle ce qui était extérieur à nous, changeant,
incertain, s'enfonce en nous, étend par degrés son occupation.
La volonté est entourée, investie : est-ce à dire qu'elle soit
supprimée ou même qu'elle languisse ? Non certes ; en elle,
autour d'elle, éparses partout, elle trouve ces idées vives qui

forment, après de lentes acquisitions, son fond intellectuel
et moral : c'est un langage muet qui ramène, malgré la variété
des circonstances, les mêmes vivantes paroles, qui ne s'arti-
cule pas, mais auquel elle fournit les formules attendues. Et
il y a plus, puisqu'elle sait plier tout ce mécanisme à son
usage, en y déposant un magique secret de préservation. Ces
habitudes fixes seront comme le contour précis, presque
physique, qui délimite à nos propres regards notre être
intime. Prêtes à s'exciter à l'improviste et, s'il le faut, à nous
défendre contre nous-mêmes, elles se liguent comme des
puissances agissantes pour raidir la volonté[1]. Ce sont des
forces de réserve qui s'ébranleront d'elles-mêmes et sur lesquelles nous pouvons compter au moment critique. Avons-
nous là un exemple de torpeur produite par l'influence des
forces mécanisantes? N'est-il pas constant, au contraire, que
la volonté indéterminée et vague s'est convertie en une
volonté figurée et animée, prête à l'action? que, si elle s'est
inclinée sous le poids toujours croissant de l'habitude, il n'y
a rien là pourtant qui corrompe ou qui déprime? que le
caractère vrai apparaît plutôt à cette facilité de réaction
résultant d'une merveilleuse promptitude dans l'accord de la
volonté, avec ses moyens d'expression?

Ainsi, bien loin que les défaillances du vouloir résultent
de l'exercice normal du vouloir ou d'un assentiment réi-
téré, elles proviennent simplement de l'empire d'une idée
qui supprime tout assentiment parce que, dès le principe,
elle réduit la volonté ou l'annule ; mais ni le mécanisme
n'est de l'essence de l'être moral, ni la volonté ne tend
à se transformer en mécanisme. Il arrive seulement que
l'imagination se substitue à elle quand, à défaut d'idées spontanées, elle offre un centre où aboutissent encore, détournées
de leur direction, nos préférences personnelles et nos répu-
gnances instinctives. C'est encore une illusion, si nous supposons l'activité personnelle disparue à mesure que se sup-

1. Taine lui-même en convient, incidemment, mais très énergique-
ment (Revue des Deux Mondes, année 1892).

prime la résistance. Nous imaginons alors que l'effort est le
seul indice de cette activité et nous la figurons toute dans le
choix et dans le labeur, comme incapable de se recomposer
en un état habituel et profond. Il y a pourtant une organisation de notre volonté de laquelle ressortit justement ce
qu'on nomme le caractère : mais un défaut d'attention nous
cache la vie profonde qu'elle revêt dans la conscience, et
nous prenons toujours pour elle les forces résistantes du moi.
Or, loin d'exprimer ce qui fait le fond et l'âme de la volonté,
la résistance signifie qu'en cette volonté les penchants premiers se raidissent, faute d'une organisation qui suffise. La
volonté organisée n'admet pas la résistance : il y a facilité et
promptitude dans l'action, parce qu'il y a désormais pénétration de nos puissances, réconciliation totale des penchants
profonds.

La double illusion que nous venons de signaler a eu précisément sa source dans une confusion produite entre des
termes bien distincts : l'*essence* générale d'humanité et la
nature individuelle. Elle disparaît dès qu'on rend à ces termes
leur signification psychologique. La nature n'est pas simplement un possible, elle est l'unité dynamique de nos
affections telles qu'on les atteindrait à l'état originel : aussi
l'analyse n'a-t-elle pas de peine à retrouver en elle une organisation croissante, au lieu d'un système fixe, une unité de
devenir, au lieu d'une notion. Pour la conscience, la nature
est irréductible à l'essence, comme la vie est irréductible à
la logique. Pourtant l'assimilation devait être bien tentante
pour une pensée que gouverne l'idée de vérité scientifique.
C'est donc l'application de cette idée qui nous paraît avoir
causé les doctrines mécanistes que nous avons écartées, et
nous les verrons se produire sous une autre forme, si, passant de l'ordre historique à l'ordre métaphysique, nous
recourons avec les Kantiens au même moyen d'explication.

Une connaissance certaine n'implique pas seulement que
les faits soient déterminés ; il faut encore qu'ils soient mesu-
rables. Il ne suffirait donc pas, au nom de la vérité scienti-

fique, d'établir le déterminisme absolu des faits moraux : il faut, pour parler avec Malebranche, évaluer l'ordre des perfections en langage de grandeur. Dans cette nouvelle conception des choses, qui embrasse une nouvelle conception du caractère, on pourrait décider, la force des éléments composants une fois connue, quelle serait, dans un cas donné, la résultante possible ; et Kant a trouvé pour le problème une forme rigoureuse en affirmant que cette résultante pourrait être calculée avec la même rigueur qu'un phénomène astronomique. Il donnait ainsi satisfaction aux exigences d'une explication abstraite qui tend à substituer partout l'inertie à la force, la mort à la vie. Mais, par une contradiction singulière, tout en employant la méthode de la science qui exclut l'individuel, Kant a poursuivi plus obstinément que tout autre l'expression de l'individuel ; et plus il se rapprochait de l'explication scientifique, convertissant les systèmes en séries, déployant l'histoire personnelle selon les lois impersonnelles du mécanisme, plus il maintenait à des hauteurs où la science n'atteint pas la force individuelle, inconnaissable, qui est la source de la vie et qui s'objective dans les phénomènes [1]. Cette contradiction d'ailleurs s'explique : comment exprimer le caractère d'après les lois de la pensée, sans le soumettre à un mécanisme inflexible ? Et il était impossible, d'un autre côté, de réserver le mystère de nos destinées sans recourir à un caractère intelligible qui échapperait par hypothèse à toute détermination de la pensée. Une telle conception entraînera pourtant des difficultés insurmontables ; on s'interrogera vainement sur le rapport de ces deux formes de l'existence, et il sera toujours permis de se demander s'il n'y a point une impossibilité absolue, pour ce moi qui est tout entier dans ses symboles, à admettre que c'est bien son histoire qui se déroule. Mais de tels excès eussent été évités, si l'on se fût borné à exprimer les destinées parti-

1. Voir à ce sujet une intéressante étude de M. Lanson sur la *Littérature et la Science* (*Revue Bleue*, 1892). Cette tentation de la science nous y a paru très finement notée.

culières telles qu'elles apparaissent à une conscience méditative, sans arrière-pensée d'explication scientifique, — bref, si
l'on se fût mis résolument en face de l'existence individuelle
en se refusant à l'immobiliser ou à la construire.

Il était d'ailleurs facile de dissiper ces confusions en soumettant à la critique cette construction elle-même. Supposer,
avec les Kantiens, un caractère sensible dont tous les éléments se commandent à priori, c'est faire table rase des réactions qu'ils ont suscitées dans la conscience. On a ainsi traité
ces dernières comme des symboles mécanistes de la réalité.
On a donc extrait l'élément commun de tous les cas particuliers, et annulé les unes par les autres les différences
accidentelles; instinctivement, on déterminera les phases
de la vie intérieure à la manière d'une trajectoire qu'on peut
toujours reconstruire, si l'on connaît le point de départ et la
vitesse du mobile; mais c'est en vain qu'on chercherait, au
sein de ce mécanisme, un vestige de la vie qu'il est censé
traduire dans l'espace et dans la durée. Ou bien on procèdera
tout autrement. Dans l'impuissance de donner la formule de
la transformation des faits de conscience en actes extérieurs,
on éliminera du champ de l'expérience interne toute idée de
variation. On se la représentera plus ou moins distinctement
comme une existence pleine ou continue, ce qui signifie
apparemment qu'après avoir vidé les faits et obtenu les individus à l'état d'abstraction, on suppose que c'est dans cette
généralité, et sans rien y ajouter d'eux-mêmes, qu'ils puisent
toute leur fécondité et tout leur art. Si l'on va au fond de
cette conception, on voit qu'elle ne diffère pas sensiblement
de la première, puisqu'elle repose sur une élimination hypo-
thétique de la spontanéité individuelle, et qu'elle n'arrive à
une apparente prévision des actes futurs qu'en prolongeant et
immobilisant le présent. Mais ici encore, ne donne-t-on pas
comme solution scientifique une réponse vraiment trop simplifiée? Ne se borne-t-on pas à dire que le caractère a toujours
été ce qu'il est, ou qu'il est actuellement tout ce qu'il sera? Et
le principe causal, auquel on recourt pour donner à cette
assertion une base plus solide, ne lui ajoute rien, sinon que

la liberté est impossible et que les changements que la conscience perçoit doivent être tenus pour des fictions. Ainsi,
dans tous les cas possibles, ce n'est pas au caractère qu'on
se heurte, c'est à la projection de ce caractère dans les formes
de l'entendement : la nature imparfaite de notre esprit le con-
damne à se servir de notions abstraites, de formules générales qui peuvent altérer ce qu'elles expriment, surtout quand
elles ont pris l'apparence de cadres nécessaires préexistant
à la perception intérieure. Mais convenons-en : le caractère
transformé par cet artifice logique ne fait plus partie de nous-
mêmes, soit que les états qui le composent, en se réfléchissant dans nos souvenirs, finissent par s'y cristalliser, soit
que, projetés dans l'espace et séparés désormais de toute activité vivante, ils se transforment peu à peu en réactions automatiques et tombent par là même sous la loi des nombres.
Ces longues séries d'états anonymes ne font que nous présenter le tracé de notre vie morale, et c'est bien vainement
que, soucieux de nous connaître, nous appliquerions une
investigation attentive à des actes qui résultent bien plus de
l'univers que de nous-mêmes. Le caractère n'est susceptible
de connaissance scientifique que s'il est replacé de l'ordre
de la vie, où il échappe à toute détermination, dans l'ordre
de la mécanique, où il n'est plus qu'un fantôme et qu'une
ombre.

Mais il nous sera facile de dénoncer, à l'aide d'un rapprochement, l'illusion qui abuse alors la conscience. On a souvent supposé que le vouloir est un simple résultat d'opérations intellectuelles qui ne se fonde sur aucune impulsion
instinctive, et c'est sous forme de jugements et d'enchaînement rigoureux d'idées, que l'on explique la marche de
l'acte volontaire, assimilé à un instinct calculateur. Cette conception, dont nous montrerons plus tard la fausseté, se
retrouve dans l'hypothèse d'un caractère mécaniquement
défini. On le construit, lui aussi, *in abstracto*, sous forme de
représentations qui coexistent dans la conscience et qui s'en-
chaînent dans notre conduite ; et l'on fait profession d'ignorer
cet instinct individuel qui est tout le caractère et qui renferme

dans ses répulsions ou ses préférences primitives, à l'état de
préformation, les attitudes variées, les résolutions et les
crises successives dont on refait après coup, si péniblement,
l'histoire. Pourtant, voilà la vue synthétique qu'il fallait opposer à une aussi pauvre construction ! Voilà ce que les peintres
de la nature humaine, tels que Shakespeare et Racine, n'ont
pas hésité à entreprendre, quand, au lieu de renouer le lien
extérieur et généalogique des actions, ils nous ont replacé au
centre des personnages, révélant d'un seul coup l'impulsion
ou l'image, l'obsession ou le désir persistant qui donnent une
signification à toute leur vie et qui font comprendre, comme
en une projection lumineuse venue d'un foyer intérieur, toute
leur histoire. Car, auparavant, on avait beau entasser les faits ;
la vue synthétique, la compréhension totale faisaient défaut.
On ne voyait que des détails qui se conditionnaient péniblement les uns les autres : l'ensemble échappait. C'est pourtant cette connaissance de l'intériorité des êtres que la révélation du caractère nous donnerait à la condition, bien
entendu, de l'aborder non du dehors, dans l'interprétation
approximative qu'en donnent les opérations intellectuelles,
mais du dedans, dans la synthèse primitive et comme dans
l'attitude familière qui le constitue. Le caractère n'est donc
pas une pensée qui délibère ou qui calcule, un groupement
d'instincts qui se seraient lentement juxtaposés. C'est une
tendance unique et irrésistible, un instinct individuel qui
n'arrive que plus tard à la connaissance de l'entendement et
qui lui demeurera toujours étranger. Chaque volonté naît et
meurt avec son caractère, c'est-à-dire avec sa structure spéciale, avec son architecture psychologique, et c'est là ce qui
commande ses attitudes et qui résume, comme en un groupement instantané, ces directions irréfléchies de la pensée et de
l'action où elle s'engagera plus tard.

Le formalisme kantien cesserait toutefois d'avoir une valeur
symbolique dans l'hypothèse où il traduirait le rapport de la
volonté personnelle avec l'ordre de l'univers. Le principe
des causes efficientes exprimerait alors en partie la loi des
personnes, puisqu'on pourrait concevoir la volonté comme se

développant en fonction de toutes les volontés qui ont été
ou qui seront, et celles-ci comme réglant, par quelque nécessité interne, la forme de leur progrès sur la loi totale des
choses. Au fond, cette nouvelle hypothèse ne fait qu'imaginer
le rapport des êtres sous la forme que revêt, dans un système
de la connaissance, une vérité partielle en relation avec une
vérité plus générale, et, en subordonnant les existences aux
essences, le mouvement concret des libertés aux relations
idéales de ces libertés, elle remet aux prises une explication
abstraite de l'univers avec la vive image que nous offre de
nous-mêmes la pensée intime. La liberté de l'inspiration personnelle y serait d'ailleurs réservée, puisque les deux termes
en rapport demeurent distincts, et qu'au surplus, chaque
liberté se réfléchit dans le système uniforme des lois naturelles,
ce système étant à son tour conçu comme capable, dans les
détails, de modifications et de progrès. Allèguera-t-on que le
mécanisme n'en gouverne pas moins les destinées particulières,
puisque c'est une série d'états déterminés invinciblement qui
forme la matière sur laquelle évolue chaque volonté ? Mais,
ou bien il faut enlever toute signification à cette dernière, ou
bien il faut expliquer pourquoi en elle, comme dans la nature,
les séries se convertissent en systèmes et les termes discontinus
en unités organiques. Or, si la volonté ne glisse pas simplement à la surface de ce déterminisme, c'est que, par un acte
émané d'elle et qui est proprement le caractère personnel,
elle passe de la dispersion, où il menaçait de la dissoudre, à
l'unité organique, où elle se réalise. Il faudra donc admettre
un moment où le déterminisme expire et où se marque l'avènement d'un nouveau règne : le caractère organisé et vivant
se superpose à un mécanisme interne qui n'eût pas réussi à
le produire, et réciproquement, ce mécanisme prend un sens,
puisqu'il est désormais l'interprète inconscient d'une spontanéité consciente. Par là se trouvent confirmées nos conclusions précédentes. Ce que nous appelions avec Kant le caractère sensible n'est qu'une forme vidée de toute existence
personnelle ; il n'est que la projection, hors de la conscience,
d'une volonté concrète qui se développe dans la conscience.

Telle est précisément l'idée que nous nous en faisions lorsque nous constations ses limites : la suspension du déterminisme, dans ces cas donnés, implique un écart entre le moi abstrait et le moi réel, entre le schème de la personnalité et sa représentation vivante.

Mais, tandis que les disciples de Kant maintiennent l'interprétation scientifique des phénomènes internes et les ramènent de force à une formule qui substitue partout le mécanisme à la vie, c'est inversement, en écartant de la composition d'un caractère l'idée de vérité scientifique, que l'art parvient à le représenter. Parmi les personnages qui nous intéressent, il en est peu qui répondent nettement, comme on le voudrait parfois après coup, à une formule, à un type, ou même à une question posée ; l'intérêt qu'ils ont à nos yeux viendrait plutôt de leur physionomie mobile et fuyante, et c'est bien jouer sur les mots que de supposer un caractère fixe qui ferait la vérité rationnelle de la vie. Une objection nous vient, sans doute, des procédés de l'art lui-même, puisque les œuvres réputées les plus vraies sont souvent celles où, de quelque façon, la notion de liberté est écartée ; au contraire, celles qui nous présentent un tableau de la volonté aux prises avec les choses et brisant avec le mécanisme qui menaçait de l'asservir, perdent en intérêt psychologique et humain ce qu'elles gagnent en intérêt dramatique. A vrai dire, il y a là une contradiction que réussirait à dissiper l'étude du sentiment esthétique. On verrait, en un mot, qu'elle résulte d'une confusion entre les effets immédiats de l'art et l'interprétation factice que nous en donnons ensuite. Ainsi, les caractères de Racine peuvent, pour une pensée philosophique, se résoudre en leurs antécédents physiologiques ; mais, si l'on y réfléchit bien, ce n'est pas ce rapport qui nous intéresse. Rattachés à une multiplicité de circonstances qui les infléchissent en tous sens et qui suspendent l'accomplissement total de leur nature, ces personnages s'éloignent à chaque instant de la formule que nous aimerions à leur assigner ; à chaque instant aussi, ils reçoivent de cette indétermination même quelque chose d'incertain qui nous enlève la tentation

de les fixer en les définissant, si bien que tout l'art de Racine
consiste à produire, avec un semblant de précision, des personnages indéfinissables, et, avec une apparence de déterminisme, une illusion de liberté. Ainsi, qu'il le veuille ou non,
l'auteur tragique, s'il entend nous offrir un caractère humai-
nement vrai, doit briser lui aussi avec cette idée de vérité
scientifique ; il doit replacer la volonté de ses héros dans des
circonstances, changeantes quelquefois à l'infini, qui lui permettront de se particulariser à son gré et d'évoluer : en aucun
cas, il ne nous permet d'assister à son déroulement logique.
C'est qu'il ferait alors œuvre de savant, non d'artiste : il
flatterait nos goûts de symétrie ; il ne produirait pas une
admirable image de la fécondité intérieure, il n'en rou-
vrirait pas inépuisablement les sources. Corneille, si souvent
tenté par l'idéal d'une volonté abstraite, la jette pourtant
dans une action matérielle qui lui permettra d'arriver à la
possession de soi ; et les poètes qui nous charment le plus
sont ceux qui nous présentent moins des résolutions prises
que des résolutions à prendre, des volontés hésitantes et
comme en travail. Libre à nous sans doute de construire
après coup ces caractères et d'expliquer clairement leur
histoire par la formule qu'ils ont confusément cherchée ;
mais il reste que cette recherche nous a plus vivement intéressés que l'explication, soit que l'inachevé nous ait offert
l'idée de notre liberté en acte, soit que, plus profondément,
la vie procède à l'inverse de la science et qu'il y ait une vérité
de plus dans cette absence d'explication.

En vain allèguerait-on que nous nous écartons ici des conditions de l'existence réelle pour chercher dans le rêve une
liberté que nous n'eussions trouvée tout éveillés. Car il faudrait démontrer que cette veille n'est pas un rêve à son tour
et que l'entendement, dominé, obsédé par son idée de vérité
abstraite, est encore en état de traduire le rapport des idées
aux actes qui les prolongent. Il faudrait encore expliquer
pourquoi l'accord avec la réalité donne seul une garantie
solide aux rapports établis à priori entre les phénomènes,
pourquoi il n'apparaît jamais que ce qui est arrivé une fois

fasse loi pour l'avenir. Si l'on n'y réussit pas, c'est qu'en
vérité il y a du possible à côté de l'être, autrement dit de
l'être inexprimable en langage de causalité, et la conscience
ne sera plus taxée d'illusion si elle vient à témoigner que
nul rapport de nécessité n'est établi entre les sentiments et
les actes. Or, c'est bien ce que nous éprouvons toutes les fois
qu'un artiste ingénieux nous permet d'entrer en nous-mêmes.
Nous sentons alors se fondre imperceptiblement ce déterminisme dont l'entendement et les sens nous avaient investis :
nous nous sentons devenir joyeux et libres. Parfois, dans la
douceur de l'intimité retrouvée, nous éprouvons que quelque
chose se produit qui modifie, qui transformera peut-être
notre être moral : tels ces sentiments qui nous pénètrent
peu à peu, qui changent peu à peu l'arrangement de nos
pensées, en leur donnant à notre insu une fraîcheur et une
délicatesse toutes nouvelles. Qui niera qu'il n'y ait là une
idée vivante fondue dans notre nature entière, et qui
doutera qu'un caractère assez instable pour varier selon
qu'une pensée profonde le pénètre ou le délaisse, soit exactement exprimable par les formules du mécanisme? Nous
dirons qu'entre ces termes il n'est pas d'équivalence possible,
puisque l'un ramène les idées relatives à l'individualité et au
moi, alors que l'autre les dissout dans une série de causes
dépourvues de signification personnelle. Nous dirons qu'il
est dans toute existence des moments où le caractère personnel, touché par une espèce de grâce intérieure, peut se
fondre et tenter de se recomposer, et que c'est une ébauche
de la liberté, sinon la liberté elle-même, que cette bienheureuse expérience d'un renouvellement possible, profondément
senti, ne fût-ce d'ailleurs qu'un instant, ne fût-ce qu'en
rêve. Nous ajouterons que c'est bien une révélation de l'être
vrai toutes les fois que l'art nous met en présence de formes
vivantes : car les constructions par lesquelles il provoque en
nous le sentiment esthétique expriment le rapport du possible à l'être, plus exactement que la science ne le ferait
armée de son idée de vérité abstraite, si bien qu'à la joie
que nous éprouvons alors à nous sentir en contact avec un

aspect ignoré de la nature humaine, se joint une imperceptible surprise de ce que nous trouvons exprimé ce qui nous paraissait inexprimable, et de ce que nous arrivons à concevoir sans effort ce que la science n'atteint ni ne cherche.

On voit qu'il en est de l'existence interne comme de la nature où les lois mécaniques, loin d'être les lois radicales, ne sont que les produits déjà complexes de lois plus fondamentales. Le caractère, tel qu'on l'entend communément, n'est qu'une loi dérivée, étrangère aux facteurs qui composent notre être psychique : mais, en lui-même, il est la forme originale et comme instinctive d'une activité vivante. Pourtant, il ne suffirait pas, pour établir ce dernier point, de dissiper l'illusion d'une nécessité qui s'introduit au cœur de la volonté et qui en trouble la source ; il faut encore montrer que cette forme particulière est irréductible, qu'elle correspond, en un mot, à une synthèse mentale, et de quelle nature est cette synthèse.

Or il semble que, sur ce point du moins, l'analyse empiriste doive nous être d'un réel secours, puisqu'elle incline à recomposer la perception avec le sentiment, l'effort avec l'émotion, l'extériorité avec des états internes : on n'aura donc, semble-t-il, qu'à pousser plus loin cette analyse pour retrouver, sous le cadre extérieur dont on revêt le caractère, les émotions originales qui le maintiennent au regard de la conscience réfléchie. La psychologie anglaise n'y a point manqué. Ce qui ressort des études de M. Bain et, malgré une opposition apparente, de celles de M. William James, c'est le dessein de considérer la volition en sa simplicité native, en dehors de toute forme préexistante ; et qu'avec l'un, on examine la matière d'impressions variées que tout acte volitionnel recouvre, ou qu'avec l'autre, on considère plutôt la forme que cet acte affecte dans la conscience, pour retrouver en lui l'action secrète d'une idée qui demeurerait affirmée, on voit toujours s'évanouir la distinction que Kant avait si péniblement maintenue entre la forme sensible de la volonté et la volonté pure. En un mot, Kant avait détaché le caractère de son contenu réel ; les empiristes cherchent comment il se rapprocherait du contenu dont on l'a violemment séparé, comment il arriverait à reprendre place dans la pure conscience. Maintenant, ce serait une conclusion que d'imaginer, au centre de ce système d'éléments psychiques, une volonté dont ils traduiraient les variations ; mais il est vrai aussi que les empiristes paraissent avoir méconnu l'activité de l'esprit dans cette synthèse nouvelle, quand ils se hâtent d'ajouter : « l'idée victorieuse est en chaque cas formée d'images, de sentiments qui sont afférents dans leur origine, et la première conclusion à laquelle on soit conduit est la confirmation de cette ancienne vue sensationniste que tous les matériaux de l'esprit sans exception sont dérivés de la sensibilité passive. » Ainsi, par une confusion de ce qui est en nous personnel ou intime avec ce qui, dans la sensation, nous émeut et nous affecte, la psychologie de l'empirisme, après avoir cherché le centre vrai du caractère au delà des cadres de la nécessité, dans une organisation profonde des états internes, en est venue à résoudre le problème qui s'était d'abord posé, par un appel de la sensibilité émotive et le rejet de toute activité mentale. Dans ce qui va suivre, nous n'aurons pas de peine à montrer que, si l'intime élément émotif se retrouve encore au sein du caractère, ce dernier est incomplètement défini lorsqu'on se borne à le décomposer en ses facteurs purement sensibles, lors même qu'on les recompose ensuite sur le type d'une pénétration réciproque. En un mot, il se glisse en lui un élément tout autre que la subjectivité absolue, un élément d'intelligence et de volonté. L'état de pure intimité est le plus bas degré de la vie personnelle : c'est le centre potentiel où nos facultés se ravivent. Que si l'on essaie de construire le caractère sans autre donnée, nous verrons se produire nécessairement l'une de ces deux alternatives : on s'efforcera de faire sortir volition et liberté de la vie sensationnelle, quitte à rétablir en cette dernière l'idée de développement continu, par l'intervention de l'imagination et de l'habitude qu'on suppose capables d'en souder les éléments dissociés ; ou bien, comme on l'a tenté plus récemment, on réunira ces éléments profonds en une synthèse mobile, qui sera le moi lui-même. Mais le moi, éliminé de la première doctrine, devient, dans la seconde, indéfinissable : n'est-ce pas qu'il est alors inintelligible, et qu'on essaie vainement de le comprendre après en avoir écarté l'idée d'organisation réfléchie qui le sauve en fait de son absurdité fondamentale? Ainsi, l'erreur inhérente à ces doctrines résulte d'une même illusion : l'élimination de la réflexion, la réduction du caractère en une forme destinée à traduire un ·état de sensibilité passive. Bref, on oublie que dans les profondeurs de la conscience tout phénomène est un acte et toute forme un pouvoir.

La solution de cette difficulté était pourtant d'ordre tout psychologique. Elle eût été suggérée par le partage, facile à effectuer, entre le caractère considéré dans sa forme spontanée, ou impulsive, et le caractère réfléchi. A son degré d'organisation élémentaire, le caractère nous présente la loi de notre causalité propre sous une forme bien incomplète. La synthèse qui le constitue et qui comprend des données radicalement distinctes, telles que le tempérament, l'humeur et la cœnesthésie, ne doit son apparente unité qu'à la nécessité d'agir et de produire du travail. La composition de ces forces est donc réglée par l'arrangement spontané qu'elles savent s'imposer quand, liguées et vivantes, elles s'ajustent aux circonstances ou réagissent contre elles. C'est dire qu'elles ne s'érigent pas encore en une synthèse véritablement humaine, et que chez les impulsifs, par exemple, elles se déroulent au hasard, ne se sauvant de la versatilité et du caprice que par une sorte de circonspection machinale qui résulte de la routine. Toute la question est de savoir si nous continuerons à être des impulsifs ou si, réfléchissant sur cet ensemble de tendances qui se composent entre elles empiriquement, nous arriverons à susciter, du sein de cet être émotif et sensible, l'idée de notre caractère. Alors seulement, nous pourrons vivre sous la loi de notre causalité propre ; car la réflexion, en pénétrant dans ces instincts, les transforme et les simplifie ; elle y apporte des rectifications nécessaires et une unification voulue ; elle les arrache à la versatilité du sentiment pour leur communiquer la cohésion et la suite régulière de la raison pratique : tout devient stable en devenant un. Nous avons alors véritablement un caractère intelligible, puisqu'il se confond avec l'idée réfléchie de notre nature et de notre action. Ce caractère est parfaitement distinct de notre réalité sensible, telle que la saisit la perception empirique ; ce n'est pas une forme toute faite qu'elle nous imposerait ; il se dégage plutôt au cours d'une vie méditative qui convertit la pratique en pensée, pour demander ensuite à cette pensée la règle efficace et individuelle de l'action. Le caractère, dans sa forme supérieure, fait ainsi retour à une causalité idéale qui se réalise et s'éprouve au contact d'une expérience personnelle. Il marque, pour l'individualité, le passage d'une distribution spontanée ou routinière des actes, à une organisation réfléchie.

Puisque le caractère, insuffisamment défini par la nécessité, est irréductible à un système d'éléments psychiques coordonnés par une fragile habitude de l'esprit, il reste uniquement à se demander s'il ne se confond pas avec une loi d'organisation individuelle. C'est, au fond, ce que l'on entend quand on suppose que les états composants s'érigent en une indivisible unité grâce aux liens d'une affinité réciproque qui les rattache. L'idée de relation est ici respectée, puisque ces fonctions multiples que l'organisme individuel recouvre, l'analyse psychologique peut les démêler, tout en suivant les variations de chacune d'elles. D'un autre côté, toute interprétation mécanique est écartée, le point où se rejoignent ces relations étant infiniment instable, échappant même par là à toute détermination géométrique, et puisque, aussi bien, il préexiste à l'effort d'abstraction que nous tentons pour le décomposer. Le caractère est donc comparable à une mélodie qui recouvre, dans la succession des sons composants, une loi de continuité esthétique complètement individuelle ; il est, en lui-même, l'unité d'une multitude, et le système de coordonnées auquel nous recourons pour le construire ne fait qu'indiquer, par un procédé grossier, les variations d'un état de conscience indivisible. Bref, l'individualité est d'abord requise ; puis, à chaque moment de cette histoire que nous tentons de revivre, c'est telle partie ou telle autre qui est plus nettement présente à notre esprit ; mais le caractère individuel est un phénomène total qu'on ne saurait décomposer en ses éléments. Libre à vous sans doute de considérer les séries en dehors du système qu'elles composent et de leur trouver un sens particulier, comme pour des vers qu'on lirait en dehors du rythme de tout le morceau ; mais en vain essaieriez-vous, avec ces harmonies partielles, de restituer l'harmonie totale, en vain tenteriez-vous d'égaler dans votre système de variations les variations mêmes de la volonté. Le caractère sera donc une loi individuelle : mais il faut bien se dire que la loi ne fait ici que traduire une synthèse mentale préalablement donnée. Aussi n'y a-t-il qu'un moyen de la connaître : c'est de s'en offrir la vue instantanée ; c'est d'en embrasser d'un seul regard les délicates relations, et de les revivre.

Il serait aisé de montrer que cette conception du caractère est impliquée dans toute définition qu'on pourrait en donner dans une théorie des lois. De ce point de vue, il convient d'abord d'écarter un sens : on ne saurait concevoir la loi individuelle comme un cas particulier d'une loi générale, on ne saurait dériver l'individualité de la variabilité des termes, ni supposer que les divers éléments dont cette loi règle les rapports varient seulement entre eux dans des limites définies, en fonction les uns des autres. Mais écarterait-on cette interprétation, si l'on ne soupçonnait quelque inexplicable raison qui distingue entre eux les êtres d'un même genre, sans qu'on ait à recourir à la loi générale qui les enveloppe ? On se refuse donc à voir dans l'individu un composé d'abstraits, et l'on se prépare en même temps à subordonner la loi elle-même à un nouveau principe d'explication. C'est ce qui ressort des tentatives ingénieuses qui se sont récemment produites. On dira, par exemple, que le caractère est un genre particulier, puisqu'il embrasse simplement les ressemblances des états propres à un seul individu [1] ; mais il restera à comprendre la

---

1. Dauriac, *Croyance et Réalité*. Voir aussi Renouvier et Paulhan.

raison secrète qui fixe ces ressemblances dans le temps et qui les groupe en une histoire unique. On recourra donc à l'habitude, principe de stabilité et de permanence; on lui demandera de dominer et de régler le développement de l'individu; on finira par la concevoir comme la loi individualisée dans un être déterminé, vivifiée dans une conscience vivante. Mais de proche en proche on restaure dans le réseau des lois mentales l'idée d'activité dynamique, on reconnaît que l'habitude ne se conçoit pas sans rien qui la suscite ou qui la maintienne. Au delà de l'habitude, comme au delà de la loi, on reconnaît un acte initial, tout autre en lui-même que l'habitude ou que la loi, et l'on se dit que, si le caractère est un système, les variations qu'il nous présente se rattachent, par des transitions souvent insensibles, à l'acte un et mobile dans lequel la volonté s'exprime. Telle est, telle apparaîtra mieux dans la suite la vérité qui nous paraît recouvrir la théorie des lois. Le phénoménisme ne saurait expliquer l'apparition du caractère, pas plus que la loi générale n'y eût vraisemblablement réussi. Mais en rétablissant l'idée d'organisation interne, et en faisant du caractère un système de relations donné à part de tout autre, il nous prépare à découvrir au sein de ce système, abstrait encore, l'acte individuel qui lui donne un sens.

Comment donc passer de la théorie des lois à la vérité plus haute qu'elle recouvre? Comment figurer la synthèse vivante qu'elle ne fait que traduire en langage abstrait? Nous savons que les phénomènes qui forment la vie intérieure ne sont que les variations d'une activité consciente; nous savons que cette activité est inédite, puisqu'on ne saurait la réduire, sans l'altérer, aux mouvements d'une tendance affective. Mais pour qu'elle soit vraiment réelle, il ne suffit pas que, mêlée à toute la vie, sans arriver à se saisir, elle soit partout et nulle part. La coordination des actes que la conscience découvre nous révèle, d'ailleurs, que la dispersion du vouloir n'est pas définitive, qu'il y a un point où ses rayons convergent et un foyer où ils s'exaltent. Cette activité où se ramasse l'inspiration qui anime tous nos actes, tout autre

par suite qu'un total ou qu'une idée, quelle en est donc la
nature ? C'est ce qu'indique un nom qui l'exprime telle
qu'elle est et, ce nous semble, tout entière : le nom de
cœur. Aristote, voyant dans l'individuel le fond et la substance même de l'être, avait pris soin d'établir que c'est le
propre de l'individu de n'être pas objet de science. Et pourquoi ? Parce que l'individu ne comporte pas de détermination générale, étant par nature si original ou, pour mieux
dire, si unique qu'il défie toute formule. Bien plus tard,
Bossuet reconnut dans ce fond reculé de l'âme le secret
conseil où les idées se forment et les résolutions se prennent,
et il y vit comme une inspiration individuelle capable de
gouverner la conduite, de juger aussi en dernier ressort de
la règle des mœurs. C'est sans doute ce qu'estimait encore
Pascal[1] lorsqu'il croyait que le cœur juge des principes, le
cœur, c'est-à-dire ici l'acte personnel de l'esprit adhérent,
avec lumière et amour, à ce qui dépasse pour la fonder toute
démonstration. Et quand Vauvenargues écrit : « Les grandes
pensées », c'est-à-dire celles où se manifeste avec le plus
d'éclat la nature humaine, « les grandes pensées viennent du
cœur », il signifie apparemment qu'il y a au fond de chacun
comme un art capable de concevoir ces hautes pensées et de
leur communiquer, selon son degré de vivacité première,
plus ou moins d'éclat. Ainsi le cœur aurait une sorte de
compréhension agile et fine, faite de souplesse et de force : il
serait l'intuition de ce qui ne se prouve pas, le pressentiment de ce qui est, le sentiment vif de ce qui doit être. Mais
il serait encore et par-dessus tout un certain pouvoir d'expansion par lequel se créent en nous, en même temps que des
résolutions, l'expression individuelle, libre, abondante de
ces résolutions. L'aimer est l'office du cœur. C'est même
parce que de tous les arts l'aimer est le plus personnel que
l'individualité qui a ses racines en lui ne saurait, selon la
pensée d'Aristote, devenir objet de science. C'est le fond et

1. Voir la IVe section de l'excellente édition de Pascal, de M. Brunsch-
wicg.

la substance du cœur et, en conséquence, de l'être moral, que cette énergie insaisissable, artiste, capable d'aimer, en qui, par un heureux tempérament, la lumière s'allie à la force.

Or, sans cette activité centrale où tendent de près ou de loin nos multiples décisions, ce qu'on nomme caractère ne serait pas. Le caractère le plus haut serait celui dont les détails, se subordonnant d'après une logique interne, réaliseraient une seule pensée finale. Et comment entendre ce concours, sinon à la manière d'un acte d'aimer qui se multiplie autant qu'il y a d'actes directs et intimes, tandis que les détails où il se divise s'ordonnent librement, selon la force dont il les doue? Nous sommes, en nous-mêmes, l'acte unique par lequel la volonté individuelle affirme à travers les accidents de tous ordres sa propre existence; et le caractère moral ne serait rien autre que le rapport de la volonté individuelle, ou du cœur, aux démarches qui la traduisent et aux données extérieures qui lui servent ou la contrarient. Conçu sous sa forme la plus haute, il n'est donc pas l'acte absolu par lequel la volonté proclame son existence; il exprime encore la manière dont cette volonté, transformée au contact de ses symboles, se lie par l'emploi qu'elle fait d'elle.

Si l'on sait voir au-delà des mots, on se convaincra de la distance qui sépare un tel état de l'état émotif auquel l'empirisme nous avait conduits; on reconnaîtra, de plus, que la pure analyse aurait ramené les mêmes conclusions. Demandez-vous, en effet, en quoi l'on distingue une particularité de votre caractère d'une de vos émotions, si l'on suppose, avec les phénoménistes, que le caractère résulte d'un mélange de relations qui subsistent, distinctes, au sein d'un état unique fondamental. Ce serait vainement que vous l'essaieriez, puisque l'émotion n'est aussi qu'un rapport confusément perçu entre des états psychiques multiples. Il faudrait pourtant expliquer la distinction que la conscience établit d'elle-même entre ces deux états. Direz-vous que le caractère implique la continuité de la vie intérieure, alors que l'émotion est instantanée? Mais faudra-t-il encore discerner ce

mode continu de penser ou de sentir d'un mode purement
affectif : ne sait-on pas que dans une conscience vivement
émue un état peut se produire, si durable et si profond, qu'il
devient une habitude de notre vie et que nous n'imaginons
plus une autre manière d'être comme possible pour nous? Ne
sait-on pas, d'un autre côté, que bien des volitions émanées
de notre caractère sont instantanées au même titre que nos
émotions? Vous verrez donc qu'il n'y a qu'un moyen de
séparer des termes dont les remarques précédentes ne feraient
plutôt qu'éliminer les différences : c'est de supposer que
chacun de ces états se réduit à un système d'éléments psychiques enveloppant ici l'idée irréfléchie de sentir, et là
l'idée irréfléchie d'agir. Ainsi vous expliquerez-vous que le
caractère s'atténue à mesure que croît la vie émotive, comme
s'il suffisait de s'abandonner au charme de sentir pour faire
s'émousser cette profonde conscience d'agir, âme de notre
volonté. Bref, il entrera toujours dans notre caractère un
facteur personnel, cette conscience de tendre ou d'agir
préexistant aux habitudes et les produisant. Quant à la transformation qu'elle fait subir aux lois psychologiques anté-
rieures, elle signifie que ces lois composent simplement la
matière de la conscience et que cette matière tend à s'ordonner, dans la personne, comme dans la forme éminente de
l'être. Ainsi se vérifient à l'analyse les résultats de la construction qui précède : *le caractère est la volonté concrète,
réfléchie dans les modes affectifs et représentatifs, et s'inflé-
chissant vers l'action.*

Si donc l'on pénétrait au-dessous de cette surface où les
choses extérieures se profilent sur l'âme sans réussir à la
pénétrer, on serait surpris d'y trouver la singularité d'une
action vivante. La forme impersonnelle dans laquelle nous
percevions nos états nous paraîtrait alors chose bien extraordinaire, si nous ne savions que l'idée d'un développement
continu est une des habitudes les plus invincibles de notre
pensée. C'est justement la vérité supérieure de l'art de rompre
avec cette idée pour nous replacer dans un état d'esprit où

nous sommes rendus à la souplesse initiale. Il n'y a donc,
croyons-nous, qu'un moyen exact de figurer l'activité vivante
de la personne : c'est de lier les actes de la vie morale en
séries originales, imprévues, c'est de montrer une réelle convergence de ces états en un système. Nous avons dû renoncer
par suite aux moyens d'expression mis en honneur par les
phénoménistes et par les kantiens, et nous venons de nous
faire une idée d'un tel système, en l'assimilant à ces états bien
connus de la conscience où, une idée nous pénétrant
et une vive émotion absorbant notre énergie, il en résulte, au
sein de la volonté, des dispositions profondes. Nous ajouterons maintenant que ces dispositions varient d'un individu
à un autre et que, dans le même individu, elles ne se présentent
que bien rarement sous forme identique ; le caractère, conclurons-nous, est un état transitif. Je me dispose, par exemple,
à passer d'un travail qui me rebute par sa rigueur, à une
lecture dont j'attends le délassement. Mes pensées actuelles
s'orientent donc en ce sens et, quoiqu'il n'y paraisse pas, je
perçois vaguement le mouvement nouveau qui les gagne. Je
le perçois même si bien que, si je renonce à lire mon auteur
et si la vision prévenante demeure sans effet, je me sens
envahi d'un inexplicable sentiment de gêne. Or, comment
comprendre ce désappointement, si l'on ne suppose que la
vision d'où il résulte s'était produite à la suite d'un état
déterminé, absolument distinct de celui qui précédait et de
celui qui allait suivre ? A chaque instant, nous découvririons
en nous des inflexions de cette nature, des transitions assez
définies pour nous permettre de passer sans surprise d'un
état de conscience à un autre, d'une volition à une autre. On
verrait aisément que le caractère est assimilable à ces états
de transition qui maintiennent au sein d'une conscience
changeante l'idée de la continuité. Car, si nous produisons
des actes sans en être surpris nous-mêmes et si ces actes
paraissent dérivés de notre personnalité, c'est que l'attitude
qu'ils recouvrent, bien loin d'être quelconque, est en quelque
sorte préformée dans notre conscience où elle s'ébauchait en
un mouvement habituel. Sans doute, la plupart de ces

inflexions générales ne seront point l'objet d'une connaissance réfléchie, car elles échapperont à l'observation intérieure, éclipsées bientôt par les états qu'elles devaient préparer ; mais elles ne laissent pas d'imprimer aux images internes de l'action une direction qui n'eût pas été la même sans elles ; elles ne laissent pas de leur communiquer cette indéfinissable puissance d'expression qui fait souvent comparer aux produits de l'art les actes émanés de la personne. Il est donc bien vrai que le caractère se réduit à un système de relations transitives ; mais il est également vrai que de telles relations sont les parties d'un mouvement total, les effets diversifiés d'une même tendance qui s'arrête ou qui se brise en se réfléchissant en nous ; il est surtout très vrai que nous percevons confusément ce mouvement concret de notre pensée, puisque nous adaptons instinctivement à son rythme le mouvement varié de nos autres pensées, et que nous concevons de la surprise, s'il ne se réalise pas.

Il s'en faut de beaucoup que les observations précédentes aient épuisé l'analyse du caractère personnel. S'il est vrai qu'une partie de ce caractère soit constitué par des images anticipées, nous avons cru qu'il resterait pourtant à chercher d'où proviennent ces images et pourquoi, dans un esprit, les unes s'organisent aux dépens des autres. C'est esquiver la difficulté que d'invoquer l'affinité naturelle de nos émotions, car celles-ci sont le plus souvent acquises, et dire qu'elles se suggèrent spontanément, c'est faire appel à quelque mystérieuse expérience où elles seraient comme préformées. Au surplus, on ne saurait attribuer cette propriété de rappel à nos émotions mêmes, puisque, pour peu qu'on les abandonne à elles, elles se jouent en combinaisons capricieuses, quand elles ne dépassent pas ce point d'arrêt à partir duquel elles changent de forme et même, comme nous l'avons montré, de nature. Il y avait donc une nécessité logique à les rattacher à une tendance prépondérante de notre volonté et à retrouver en elles autant de parties, séparées par abstraction, d'une unité organique. Mais de là justement des complications que les ressources de l'analyse psychologique ne démêlent pas. Car

cette disposition, soutenue de tout l'éclat des passions et des
adhésions vives de la volonté, devient le centre d'un arrangement mobile où la nature aurait autant de part que la discipline ; et quelle souplesse, quelle délicatesse, quelles inflexions,
par suite, dans cette disposition-mère ! On comprend donc la
variété presque infinie des caractères humains ; et l'on
comprend aussi qu'en chacun je ne sais quoi, d'essentiel
pourtant, se dérobe qui dévoilé, mis à jour, ne laisserait
subsister aucune feinte, mais qui échappera toujours à nos
prises parce qu'il requiert, pour être, du recueillement et
du mystère.

J'aimerais ici surtout à chercher. ce qu'on pourrait
nommer la courbe du caractère. C'est un point singulier
autour duquel ont oscillé, oscillent encore les éléments
composants. A la surface, sans doute, notre vie se poursuit
avec sa pente uniforme, et cette uniformité vous cache, à un
premier regard, toutes ces délicates relations. Mais insistez.
Cette simplicité de la surface recouvre une mobilité extrême,
et cette mobilité a un sens. Chacune de nos volitions élémentaires s'oriente en ce sens, ou y tend, ou même y arrive ;
chacune a sa courbe qui semble reproduire, à sa manière
originale, la même courbe et qui tend à passer au même
foyer. Qui connaîtrait ce point singulier, si variable en son
unité, connaîtrait l'homme : c'est le nœud où notre existence a ses plis et ses détours. Observez de plus près encore,
s'il est possible : là, maintenant, vous verriez un monde ayant
ses lois, ses variations précises, ses parties flottantes, son
arrangement progressif autour de son centre. Car, c'est une
singularité de la vie intérieure que tout n'y soit pas réglé et
disposé une fois pour toutes, mais que, tout étant réglé et
composé, il y ait pourtant mobilité dans l'arrangement et
dans la forme. Mais qu'il faut toucher délicatement à ces
choses ! C'est le privilège de la vraie éducation, de l'éducation de la personne par la personne, que d'interpréter, en
chaque cas, ces données et, la pénétration, une certaine divination aidant, de chercher à les accorder. Ainsi, il faudrait
d'abord démêler ce point singulier, l'indice individuel. Mais

cela n'est pas tout, ou même cela n'est rien. Comment traiter cette singularité vivante? Comment la réduire, sans la résoudre? Voyez plutôt. Les dispositions sérieuses se convertissent bien vite en tristesse ou en rigueur; le désir, après l'épreuve, devient soumission. L'amour, selon Pascal, rend magnifique et généreux : que d'âmes, aimables et douces, sont devenues par lui dures et sèches! En un mot, chaque émotion, dans le cas particulier de votre personne, aurait eu là sa plénitude; c'était son naturel point d'arrêt. Prolongez les lignes : elle se transforme, et une espèce de regret s'y joint; elle essaie de produire un retour, de revenir au point dépassé. Ou bien encore, nos idées sont contraintes; écartées de leur centre habituel d'action, il semble qu'elles aillent par formalité : tout se brouille, tout se gêne, il n'y a en nous rien que d'emprunté. Le phénomène opposé se produit aussi puisque souvent, au moment d'agir, chacun des éléments qui prendront part à l'action hésitent : bien des combinaisons sont possibles qui s'ébauchent en nous simultanément; confusément, nous sentons qu'une seule pourtant nous ira. La marche vers l'avenir, comme le retour au passé, sont caractérisés par cette convenance avec un point précis qui est ceci et non cela, et qu'il faut dans les deux cas retrouver ou rejoindre. Otez ce point singulier : vous supprimez cette unité des directions internes de l'action, vous supprimez aussi l'incertitude. Le caractère requiert donc cet arrangement personnel, cette intention personnelle quoique implicite, cette action concrète, variée, particulière à chaque individu, singulière enfin, qui se traduit par cette incertitude et dans cet ajustement. Si nous ne la percevons pas aussi bien que le centre de nos souvenirs, c'est que l'organisation du passé est fixe et solide, alors que l'organisation de notre présent change à chaque instant avec ce présent même, et que, disposée toujours vers le même foyer, elle reçoit de la complication des buts je ne sais quoi d'hésitant et d'incertain. Mais voilà justement pourquoi toute explication scientifique du caractère présente une difficulté insurmontable : elle supposera toujours que cette profonde conscience d'agir, qui en est l'âme, est complètement expliquée quand on l'a saisie dans ses relations objectives avec ses antécédents ou avec les circonstances extérieures, en un mot dans son déterminisme. Mais, par une suite forcée, on fera profession d'ignorer cette espèce d'artifice, ou d'art supérieur, qui ajoute tant de complications aux données de la nature et qui en varie si délicatement les expressions. Pourtant, toutes les fois qu'il nous arrive d'être replacés au sein de la réalité, nous voyons se renverser les axes d'une pareille explication. Ce qui nous intéresse alors, c'est moins les lois abstraites de notre développement fictif, que le tableau de nos acquisitions successives ; et la loi de ces transformations nous paraît liée aux transformations mêmes de la personne. En un mot, le caractère, à ce nouveau point de vue, est une forme concrète, degré vers l'existence en soi. Cette forme n'a pas la fluidité qui s'attache aux choses évanouies ; en elle, nous sentons un jet instantané de l'énergie intérieure. Elle se confond avec notre causalité propre. Elle ne s'offre pas à nous avec une sorte de détachement inexpressif : elle est vivante et parlante.

Hâtons-nous, d'ailleurs, d'ajouter que le caractère, tel que l'expérience le révèle, ne se laisse pas réduire à ce courant continu de volitions ou d'images actives qui en constitue le fond ; il s'y joint encore une disposition pratique déterminée par cette idée d'agir, dont nous parlions un peu plus haut et dont l'effet immédiat est de l'orienter, après une simplification rapide, vers des fins tout extérieures. Sous cet aspect superficiel et empirique, le caractère cesse d'être un arrangement spontané de nos états, une organisation progressive de la conscience, pour devenir un moyen de succès et un instrument de travail. Ici encore en un mot, un dédoublement s'impose. Si nous nous transportons au centre et comme au noyau du caractère, nous retrouvons évidemment cette disposition du cœur qui forme notre individualité, ce qui ne sait autre chose, au dire de Schopenhauer, que vouloir ou ne pas vouloir, être satisfait ou mécontent. A ce point de vue le caractère serait bien un produit organisé et comme une idée de la nature. Mais, pour produire le travail auquel notre condition sociale nous astreint, il devient, au lieu d'un centre de tendances par lesquelles s'affirmait l'originalité de notre être, un centre d'action et de réaction grâce auquel cet être poursuit péniblement la loi de son développement. C'est alors que se forme un rapport entre notre volonté profonde et les actes que nous impose notre destination pratique, si bien que le caractère n'est plus le miroir de la volonté, destiné à lui en renvoyer l'image, mais le *medium* de l'action. Il revêt ainsi l'aspect d'une forme intercalaire venant à chaque instant s'insérer entre les états de la conscience et les événements du monde extérieur qui font pression sur elle. Mais cette forme, en transposant nos états dans un registre tout pratique, en altère le plus souvent l'originalité, si bien que Kant avait raison de l'opposer à notre nature profonde et de lui refuser le droit d'en poursuivre l'expression. Il y a plus. Le dédoublement du caractère nous permet de signaler en lui la coexistence d'une disposition intime qui résume notre manière originale de penser et de sentir, et une attitude pratique qui nous permet de nous adapter aux circonstances et de réagir sur elles. Cet indice de réaction ne constitue pas le caractère dans son fond, mais il le circonscrit du dehors, et il implique une notion des plus simples, et des plus sommaires, du rapport qui relie notre individualité à la nature. Si bien que l'analyse démêlerait ici deux données bien différentes : d'abord, l'ensemble des forces et des faiblesses de notre personnalité formant le moi considéré comme une idée de la nature, et ensuite, le degré et la direction de notre puissance d'agir, degré et direction qui sont déterminés par l'action des choses sur nous. Si l'on regarde comme constituant en grande partie le caractère cette forme médiatrice qui s'intercale entre la conscience et l'action, on conviendra qu'il est bien loin d'exprimer toute notre individualité. Il n'en rend pas la valeur ; il en est plutôt la monnaie courante. Il correspond à un arrêt ou à une particularisation de notre être sous la pression des actes. Il est, à certains égards, une déformation naturelle.

Pourtant, si nous réussissions à enlever au caractère cette

qualité de règle étroite et stable qui en fait une norme individuelle de l'action, si nous parvenions à éliminer ce qu'il
renferme de continuité, de simplification outrée, de « manière »
résultant d'une sélection continuelle et d'une adaptation
incessante à des buts pratiques, nous retrouverions évidemment un caractère comme il en existe bien peu dans la réalité, puisqu'il ferait retour au libre développement de notre
volonté et qu'il nous la révèlerait dans sa spontanéité jaillissante. Si nous voulions nous faire l'idée d'un tel caractère, si éloigné de la pratique et si rapproché de l'essence
générale d'humanité, ce n'est pas au théâtre de Corneille
qu'il faudrait recourir, car ce théâtre nous présente des
volontés encore trop contractées dans le sens du travail, sim-
plifiées à l'excès, perdant en vérité humaine ce qu'elles gagnent
en intérêt dramatique et en disposition convenue. C'est plutôt
Racine qui nous suggèrerait cette idée par la disposition
infiniment souple et flottante de ses personnages ; ceux-ci, en
effet, se développent librement : ils se laissent vivre plutôt qu'ils
ne s'imposent un rôle ou ne se composent une attitude. Par
là, ils font retour au principe original qui constitue du dedans notre personnalité, plutôt qu'à la logique extérieure qui
la définit du dehors. Leur histoire nous révèle la nature
vraiment secrète de leur être qui laisse percer peu à peu sa
signification, au lieu de se manifester par le procédé extérieur
de la conduite et des actes. Aussi bien, sommes-nous en présence, non du caractère regardé comme une déformation
naturelle, mais de la *caractéristique* même de notre être
individuel, sorte de pensée initiale qui se dégage lentement.
C'est bien ce caractère immanent, susceptible d'une évolution
lente, qui nous ravit dans le serpentement des lignes de
Vinci et dans la continuité des analyses de Racine; c'est
celui-là même que nous nous retrouverions à notre grande
surprise, si la logique convenue de l'action ne projetait sur
le développement paisible de nos états une unité composée,
chef-d'œuvre de cet esprit moyen et méthodique qui préside
à l'enchaînement de nos actes et à la distribution de nos
habitudes. Faisons retour à la terminologie kantienne: nous

comprendrons que le caractère intelligible, le miroir de notre volonté, la caractéristique de notre personne, soit incommensurable avec le caractère empirique. Mais l'erreur de Kant a été de rejeter dans l'inconnaissable ce caractère profond, et de ne pas voir que, si la signification véritable de notre être plane bien au-dessus des contingences de la réalité, elle ne cesse toutefois de se préciser au cours de la vie, se laissant deviner par une pensée méditative qui s'attache moins à l'expliquer ou à la construire, qu'à la saisir et à la comprendre.

Pour nous résumer, nous dirons d'abord que le caractère recouvre une loi singulière de nos actions, et que cette loi traduit un « mouvement de pensées [1] » : elle est alors la résultante morale et réfléchie des forces individuelles coordonnées. Il importait donc de distinguer entre la volonté écoulée et la volonté qui s'écoule, entre le caractère considéré comme la moyenne des actes passés, et le caractère compris comme un état transitif. Dira-t-on que cette loi est artificielle? Comment donc la distinguer d'un caractère suggéré, et comment expliquer qu'il n'y ait rien en elle d'un penchant unique et perturbateur accidentellement introduit dans l'esprit? Dira-t-on qu'elle est naturelle, spontanée? Mais qui sait tout ce qu'il a fallu d'effort, de volonté soutenue et créatrice pour mettre au jour cette forme supérieure, qui est déjà l'indice de l'individualité? Dès lors, l'individu cesse d'être soumis à un type étranger à lui et qu'il aurait à reproduire du dehors : il est à lui-même son genre; le caractère nous a justement montré la loi se rapprochant du fait, l'essence tendant à rejoindre l'existence. Aussi bien, un examen attentif découvre-t-il toutes les difficultés du problème dans le sens à donner à ce rapport. Considère-t-on l'existence individuelle comme une essence logique à laquelle s'appliquent les règles communes de la vérité scientifique? On la construit alors sous forme d'un système que règle une loi de liaison néces-

---

1. Pascal, *Discours sur les passions de l'amour*.

saire, et on incline à ne voir dans le caractère qu'une série
de positions successives déterminable à priori ; mais on a dû
préalablement éliminer toutes les apparences formelles dont
nos impressions enveloppent le pur connaissable, toute intervention des individus qui suspendrait la loi immuable des
essences. Consent-on à voir dans le caractère une loi individuelle, et figure-t-on cette loi sous la forme d'une courbe
idéale qui rattache tous les événements de notre histoire ? On
évite l'illusion mécaniste, mais on se met dans l'impuissance soit d'entendre ce lieu géométrique de nos pensées,
soit d'en expliquer l'attache actuelle à notre nature. Enfin, le
sépare-t-on brusquement de la volonté qui en est l'âme,
pour l'immobiliser en un système fixe d'images et d'habitudes ? C'est qu'on le considère en dehors de la secrète vertu
qui l'anime, et l'on découvrirait aisément sous cette forme
figée les synthèses successives d'une volonté concrète. En un
mot, il peut nous arriver de traduire cette volonté organisée
recourant à l'idée du déterminisme, quand nous sentons un
contraste sans cesse croissant entre les formes qu'elle tend à
prendre et ce qu'elle est restée. Mais c'est encore la même
erreur qui nous abuse : nous oublions que ce déterminisme
est une forme où se projette notre liberté ; nous oublions surtout que cette disposition rigide n'a de sens qu'au regard
d'une pensée *incapable d'exprimer autrement la loi de la
transformation des faits de conscience en actes externes.* Pourtant, rien n'autorise la conscience à supposer pour cette
volonté des temps d'arrêt, car elle note des complications
dont le nombre indéfiniment croissant devrait l'avertir qu'elle
se trouve en présence, non de positions successives forcément
limitées, mais d'inépuisables synthèses mentales. Si donc
nous faisons à la continuité sa part en y voyant la loi,
extérieure encore, d'un être identique et changeant, nous la
rapportons comme à sa source à la spontanéité humaine. En
psychologie, comme en histoire, aucune des formes que
l'homme imagine et établit n'est immuable.

D'ailleurs, ces variations l'attestent : la personne s'ajoute
à la nature par une intervention imperceptible et continue.

Mais, tandis que des profondeurs de la nature, individuelle
déjà par son orientation, s'élèvent des séries organisées auxquelles la volonté consciente communiquera la stabilité, les
actes émanés de la volonté font retour à la nature pour y
vivre d'une vie que nous avons en partie voulue. C'est une
société, c'est un commerce qui rend la nature personnelle et
la personne naturelle, ou plutôt, sans cet échange il y aurait
en nous un fond de forces psychiques qui tendraient vainement à l'unité de la conscience et, d'un autre côté, un pouvoir spontané dont la fécondité ne dépasserait pas les bornes
des créations artificielles. Or, le caractère nous présente l'union
singulière de ce qui est reçu et de ce qui est voulu : il est le
point unique, peut-être, dans la vie de l'esprit où l'on verrait
les démarches de la personne se peindre dans les profondeurs
de la nature pour s'y étaler d'un mouvement continu. Est-
ce à dire qu'il soit la forme parfaite dans laquelle tend à se
reposer le mouvement du vouloir? Distinct du sentiment qui
n'avait pas encore d'individualité bien acquise, il correspond
à un degré remarquable d'organisation interne. Mais, s'il est,
en lui-même, une synthèse, il n'en recouvre pas moins l'accumulation de nécessités organiques ou le résidu de volitions
amorties, et il tend à se transformer en un mode d'organisation
où, après avoir été en lui et pour lui, il serait encore par lui.
En un mot, le dédoublement que nous avons eu tant de peine
à effectuer exprime une vérité acquise à la conscience. Pendant que le caractère dominé par l'idée instinctive d'agir
s'érige en une véritable mécanique d'images et déroule froi-
dement, comme un compteur automatique, la suite de ses prévisions, il n'est pas rare de saisir dans la continuité même
de nos volitions ou dans la soudaineté de nos inspirations,
une volonté autrement souple : c'est comme un personnage
qui se lève de lui-même devant la réflexion, se reforme, se
développe, agit : « tellement qu'on le hait ou qu'on l'aime,
et qu'ensuite on attend son retour comme celui d'un ami ou
d'un ennemi [1]. » C'est ce personnage intérieur que la con-

1. Taine, *Nouv. ess.*, 222.

science replace au sein du caractère, quand elle lui restitue une signification psychologique ; c'est lui qu'il faudrait voir se détacher et vivre pour en connaître la loi individuelle. C'est dire que le caractère est encore un compromis entre la loi de distribution des actes, qui demeure extérieure à l'individu, et la spontanéité intime. Il se subordonne donc à son tour à une forme supérieure dont il nous présentait, à vrai dire, l'expression momentanée, et il ne prend un sens vraiment psychologique que lorsque, détaché de cette idée d'agir qui commande extérieurement encore ses attitudes, il se replace dans la pure conscience et se rattache à l'individualité de l'homme.

CHAPITRE V

L'INDIVIDUALITÉ

Nous avons épuisé l'analyse du contenu de la conscience ; avons-nous épuisé celle de l'individualité ? Nos sentiments sont-ils à proprement parler nous-mêmes ? La série ininterrompue de nos actes entre-t-elle comme unique élément dans la constitution de notre être vrai ? Ne pouvons-nous pas nous sentir en eux et être pourtant autres qu'eux ? N'est-ce pas un fait susceptible de vérification immédiate qu'une affection et, dans un ordre voisin, une habitude morale renferment quelque chose d'absolument original, à savoir l'action d'un sujet qui s'abandonne ou qui résiste ? L'intimité de nos émotions, d'ailleurs, leur caractère à la fois précis et inexprimable n'impliquent-ils pas, comme antécédent nécessaire, la singularité de cette action ? Si l'étude du sentiment révèle ce que produit d'inédit cette tendance originale, celle du caractère nous permet de découvrir une subtile liaison de nos états, un arrangement insensible où se marque, après les premières indécisions, le progrès d'une existence singulière. Ces passions fondamentales, base de notre caractère émotif, ces « faits dominateurs » dont on retrouve la trace dans tous les évé-nements d'une vie, enfin ces idées directrices où se résume une expérience totale nous laissent entrevoir à quel point l'individualité s'organise, pensée initiale qui se dégage lentement. Nous sommes donc sujet pour la conscience avant que d'être objet pour cette même conscience ; et si nous avons

de la peine à nous découvrir comme tels, sous la forme que
revêtent nos propres affections, c'est que celles-ci sont encore,
en un sens, extérieures à nous et que le mode de représentation
qui leur convient ne saurait convenir au sujet lui-même.
La difficulté est donc moins d'affirmer l'existence d'un sujet
individuel que de le concevoir positivement. Une de mes idées
personnelles, ma vie totale ont pour nature de n'être pas
au sens strict du mot, mais d'être produites ; cette vérité,
l'analyse semble l'établir à demi quand elle découvre dans
chacun de nos états profond l'affirmation et comme l'acte du
moi qui s'y exprime. Seulement, de regarder cette action
comme un résidu auquel nous conduit infailliblement l'analyse de la vie intérieure, c'est s'exposer, comme l'ont si bien
montré les empiristes, à n'y voir qu'une donnée toute
semblable aux autres, le dernier terme et le résumé com-
préhensif de toutes les autres.

On comprendra maintenant pourquoi toute définition de
l'individualité met aux prises nécessairement l'empirisme et
l'intellectualisme. Le sujet individuel peut être conçu avec des
caractères de fixité et de permanence qui lui confèrent une
existence accomplie, et c'est ainsi que l'intellectualiste tend
à se le représenter. Mais l'empiriste le conçoit différemment.
Dans cette unité, il n'a pas de peine à découvrir une multiplicité radicale : il inclinera donc à y voir un produit complexe
de la nature, et c'est sous la forme de phénomènes artificiellement assemblés, finalement même comme une pluralité
d'atomes, qu'il se la représentera. Pourtant si vous cher-
chez l'idée fondamentale sur laquelle reposent ces conceptions
contradictoires, il vous sera permis de retrouver en elles la
même donnée : elles imitent, l'une et l'autre, les procédés de
l'entendement logique ; elles lui empruntent l'idée d'unité
substantielle, conçue dans la première doctrine comme indivisible, tandis que pour la seconde elle se fragmente en unités
irréductibles. Il en résulte donc qu'on est fondé à opposer à
ces deux points de vue les révélations de la conscience qui
saisit dans l'individualité une synthèse progressive, une forme
vivante capable de persévérer en elle tout en se modifiant. On

verrait aussi qu'empirisme et intellectualisme ne font qu'altérer ce premier fait : car, à partir de là, il était facile, pour qui-
conque appliquait à l'individualité un procédé d'abstraction,
de la concevoir comme une unité formelle et de l'ériger en substance ; comme aussi, en abstrayant, pour ainsi dire, le mouvement du mobile et en mettant la trajectoire à la place des
points animés qui l'avaient décrite, l'empiriste devait découvrir
dans la vie intérieure une succession d'atomes, une série de
points discontinus où s'exprime et s'épuise la mouvante énergie
de la personne. Pour dégager la vraie idée de l'individualité,
il y aurait, selon nous, un parti plus simple. Dès qu'on examine un phénomène faisant partie de notre propre expérience,
on voit qu'il est attribué à un système unique d'états, affirmé
de lui comme de sa cause ou de sa raison d'être. C'est sur la
valeur de ce jugement d'attribution qu'il conviendrait de
s'interroger. Est-il analytique ou synthétique ? Y a-t-il, dans
la réalité, des termes qui lui correspondent ? Et s'il établit entre
ces termes la vérité de liens vivants, est-ce de l'attribut au
sujet, n'est-ce pas plutôt du sujet à l'attribut, de l'individualité au caractère, que se succèdent alors les éléments de
la conscience ?

Plusieurs raisons semblent interdire ce changement de
méthode, en élevant d'abord des doutes sur la légitimité de
l'affirmation du sujet. Il est en effet des moments où cette affirmation se trouble : la rêverie nous en présente le lent évanouissement ; durant le sommeil, il n'y a plus de jugements, même
altérés, portés sur le moi lui-même. C'est une suspension normale du moi. Des raisons plus décisives sont tirées de ces cas
d'extrême désordre qui semblent ruiner de fond en comble
l'édifice fragile de la personnalité. Dans la folie, dans l'hypnose, le moi est mis hors de son centre, se perd de vue, se confond avec les visions de ses rêves, oublie jusqu'à la notion de
son être. Dédoublement provoqué ou naturel, empire d'une
idée fixe, tyrannie dissociatrice de la démence, tuméfaction de
l'égoïsme dans la folie, c'est toujours le sujet divisé d'avec
lui-même, et annihilé. Enfin, d'un tel état d'appauvrissement

et de désordre nous trouvons les plus redoutables exemples
dans ces maladies — vraies maladies de la personnalité —
où, sous la tyrannie des images et l'autonomie croissante des
passions, la volonté se relâche, l'unité intérieure se brise,
incapable de se reformer. Qu'en conclure dans le sujet qui
nous occupe? Puisque l'entendement nous trompe quelquefois, remarquait Descartes, il peut bien nous tromper
toujours, même quand il nous offre des semblants de vérité.
Le même doute se présente à l'égard de l'affirmation du
moi ; dans cet effacement graduel de l'unité intérieure, où
donc trouver le point fixe, inébranlable, qui se réfléchit dans
nos états mobiles et que symbolise le discours, le « punctum
saliens » de l'individualité? Si l'on tient à le concevoir sous la
forme d'un moi abstrait, supérieur à ses propres modes,
comment concilier de telles déviations avec son unité prétendue ? Pour un peu, c'est le langage seul, œuvre et produit de
l'entendement, qui maintiendrait encore ici une unité artificielle ; le moi ne serait plus un élément réel de l'existence mentale, mais comme une fiction de la logique verbale qui essaie
vainement de l'enserrer. On le voit : le problème du sujet individuel n'aurait pas à se poser, et de l'expérience intérieure on
pourrait presque, dès maintenant, tirer une formule de négation ; mais nous prétendons qu'un examen attentif des cas défavorables nous fait entrer plus avant dans la notion vraie du
sujet et nous permet de donner, en même temps que la clé
de ces difficultés, la formule, déjà pressentie, de l'existence
individuelle.

Il est d'abord à remarquer qu'à travers tous les désordres
une même affirmation se continue, celle de l'existence, et
de l'existence personnelle : « je suis ». On pourrait donc prétendre que dans son fond ultime le sujet n'est pas altéré,
puisqu'il ne cesse d'affirmer de lui-même tous les accidents
survenus : aussi pourrait-on toujours dire « je suis », même en
se donnant les qualificatifs les plus impropres ; l'erreur porterait sur l'attribut variable et accidentel. En lui-même, le sujet
est « comme une statue sur les bords du fleuve du temps[1] »,

1. Amiel.

le témoin immobile de quelque mystère qu'il n'a pas voulu
et qu'il n'arrive pas à comprendre. Dans l'état actuel de
nos recherches, nous ne saurions reprendre cette solution ; elle suppose, ce qui est en cause, l'existence d'un
sujet pur. De plus, on concilierait aisément la vérité de cette
affirmation avec les désordres réels du moi fondamental ; au
sentiment confus d'une vie qui se prolonge, l'entendement
applique son idée de l'être ou de la substance ; et c'est encore
dans les abstractions logiques que, par une curieuse réfraction mentale, nous croyons retrouver l'intégrité d'un être
dont la conscience nous présente à bon droit la dissolution.

On pourrait encore, il est vrai, recourir à l'hypothèse d'un
dédoublement de la notion de personnalité, dédoublement
que justifient, en quelque sorte, l'expérience sociale et la conscience. Ce dédoublement s'effectue à chacune des fois où
nous essayons d'expliquer un de nos actes avec quelque
clarté ; nous recourons alors à un artifice qui l'isole du milieu
mental où il s'est développé, et nous nous efforçons de le
comprendre à l'aide de considérations générales qui n'ont pas
servi à le produire. En ce sens, nous regardons notre propre
histoire comme détachée de nous. Voulons-nous expliquer
un des événements qui la composent ? Nous invoquons les
raisons intelligibles qui nous permettent de l'entendre au lieu
des convenances intimes qui lui ont permis d'être ; il nous
apparaît bientôt comme un des points de jonction où viennent
se couper capricieusement les phénomènes de notre passé, et
rien ne manque à son explication que *nous* qui l'avons produite.
Chaque fois cependant qu'une émotion vive nous rend à nous-
mêmes, nous sommes ramenés aux conditions vraies de l'être
réel. Nous commençons à soupçonner que nos actes ne sont
en réalité que la manifestation dans le temps du caractère
moral, de la personnalité même de chacun. Cette personnalité,
nous la retrouvons, comme aux premiers jours, dans les réactions naïves qu'elle suscite ; le sens du moi, un moment
perdu, s'éveille. On comprend donc que le moi puisse être
conçu de deux façons; du dehors (et c'est de là que nous
le considérons le plus souvent nous-mêmes), il nous paraît

comme une succession d'actes ayant une histoire et, en
un sens, une nécessité ; du dedans, où nous pouvons
nous reporter si nous savons briser avec l'illusion mécaniste, il nous apparaît comme une donnée intime, présente
et supérieure à la fois à notre existence historique. On
comprend de plus qu'une légère rupture dans le tissu intérieur déterminant le désaccord formel d'une partie de nous-
mêmes avec les aspirations profondes de l'autre, entraîne
après elle ces jugements erronés où le sens de notre nature
est comme perdu, tandis que la conscience éclairée par une
lueur vacillante n'arrive pas à découvrir, encore moins à
redresser, le vice d'ajustement qui l'abuse. A cette doctrine
d'un dédoublement des puissances du moi, des théories psychologiques récentes semblent encore donner raison. On a
parlé d'un sens du corps capable de défaillances et d'excitations ; on n'ignore pas que la folie se produit à la suite de
lésions cérébrales presque toujours caractérisées et que, dans
un ordre tout voisin, les phénomènes d'hypnose résultent
d'un état cataleptique, compliqué de l'anesthésie des fonctions normales. Les passions absorbantes, les désordres des
voluptueux pourraient aussi provenir d'une autonomie des
centres ganglionnaires rendus indépendants de l'influence de
la volonté ; et cette indépendance, les récentes doctrines sur
l'absence de connexion dynamique consciente entre le monde
interne et le monde externe[1] semblent encore l'accuser.
Aussi, pour peu qu'il y ait excès ou désordre dans ce sens
délicat de l'organisme, on comprend l'apparition de troubles
de surface auxquels le moi profond n'aurait plus de part. La
réalité du sujet est sauvegardée : la conscience naïve,
même alors, dit « moi » ; la conscience critique lui donne
raison.

Cette interprétation est-elle fondée ? Y a-t-il un dédoublement effectif du moi : un moi formé de notre existence historique, et un moi profond, inaltéré, le moi vrai de l'individualité ?

1. W. James. *Critique philosophique.*

Il le semble, puisque des volitions persistantes peuvent se produire auxquelles ne répond aucun effet extérieur, et qu'alors notre volonté nous apparaît comme impuissante et paralysée. Parfois encore des actes surgissent de l'organisme, à la façon des mouvements réflexes, sans l'aveu de la conscience. Ces désordres seraient donc liés à une impuissance du moi auquel échapperait son histoire, sous l'influence inexpliquée de l'organisme et de l'habitude ; l'aliénation serait la suite de cette impuissance ou, si l'on veut, du dédoublement grâce auquel une moitié de nous-mêmes cesse d'exercer sur l'autre une maîtrise normale.

Pourtant, des cas se présentent que ne saurait expliquer un simple dédoublement : tels ces désordres mis en lumière par des analyses récentes [1], où les puissances personnelles tendent à s'extérioriser pour vivre d'une vie autonome. C'est là une vraie décomposition du moi ; car, non seulement il se soustrait brusquement à l'ensemble organisé des actions qui le dominaient, mais encore, il se refond, en quelque sorte, dans son entier. L'examen des cas de cette nature montrerait, croyons-nous, qu'il y a de vraies maladies du moi consistant dans une désorganisation réelle des éléments qui en composent l'unité. Qu'une idée s'élève despotique et simple, dans une âme où la volonté faiblit ; qu'elle s'attache à elle d'une prise subite : elle détermine un arrangement des états intimes au même titre qu'une idée normale, en se fixant, produirait une émotion ou une passion. Seulement, la synthèse émotionnelle est par essence libre et humaine ; en s'y engageant, notre individualité ne semble pas abdiquer, puisqu'elle colore de sa nuance les mobiles états où elle se reflète. Au contraire, l'idée fixe bannit de sa synthèse les puissances rebelles de l'individualité. Le moi se désassimile. A l'état de pénétration et d'unité succède alors un désordre caractérisé par la multiplication des centres de la vie intérieure. Pour être rejetées

1. **Pierre Janet**, *L'automatisme psychologique* (Paris, F. Alcan), Voir notamment le chapitre intitulé *les anesthésies et les existences psychologiques simultanées* (p. 271-306).

d'une synthèse dominante, les puissances individuelles n'ab-
diquent pas ; car, à cause même de son caractère arbitraire,
et aussi, parce que la pression salutaire des événements
sociaux est désormais incapable de la maintenir, la synthèse
qui caractérise la folie, renfermée dans le peu qu'elle donne,
ratifiée par rien d'extérieur, ne saurait imposer son autonomie.
Aussi se dérobe-t-elle à chaque instant ; et, à chaque instant,
pendant même qu'elle occupe le champ de la conscience, une
autre idée, quelquefois un souvenir de la vie normale, produisent une combinaison toute différente qui accroît à son tour
le désordre initial, parce qu'elle ne tarde pas à fournir à la
première synthèse des éléments inassimilables. Quelquefois
même, de tous les plis de l'âme semblent jaillir des impulsions contradictoires, des incohérences, comme si le moi,
multiplié en un instant, se fragmentait en autant d'unités qu'il
y a d'états nouveaux. Mais, dans tous les cas possibles, on
retrouve un moi fragmentaire, simplement divisé d'avec lui-
même dans les exemples ordinaires, déchiré à chaque instant
et comme en chaque endroit, dans les exemples de désordre
plus profond : c'est-à-dire une pluralité de conscience à la
place d'une unité de conscience. — Nous nous faisons difficilement l'idée de tels désordres. Pourtant, ils ne sont pas si
anormaux que la vie ordinaire n'en présente des images. C'est
ainsi que durant les rêves, une impression unique suscite des
combinaisons d'images bientôt effacées par d'autres et une
succession d'états d'autant plus rapide qu'ici, comme dans la
folie, ils n'ont aucune relation précise avec le monde extérieur. Parfois même, quand les passions parlent, nous nous
sentons brusquement séparés de nous : si nous avions alors
le loisir ou la clairvoyance requis pour nous analyser, nous
verrions les forces sensibles nous échapper peu à peu, se
constituer en puissances autonomes, tandis que la volonté se
plonge et s'endort dans le doux rêve qui l'enveloppe. Mais
ces exemples n'expriment pas exactement le phénomène de la
folie, parce qu'ils impliquent l'unité virtuelle d'une volonté
toujours capable de se ressaisir. Il resterait à comprendre ce
qu'est la décomposition mentale que nous venons de décrire,

et à se demander comment l'idée fixe de la folie persiste
alors même que l'intelligence s'est, en quelque sorte, recom-
posée. A l'origine de cette désorganisation on découvrirait,
pensons-nous, un état maladif de l'individualité résultant de
causes physiologiques et morales tout ensemble, une diathèse
de l'organisme intérieur que nous essaierons de caractériser
un peu plus loin. Pour le moment, contentons-nous de remarquer que le dédoublement des deux aspects du moi n'explique
pas tous les phénomènes morbides. Notre analyse tend, au
contraire, à établir que les déviations survenues dans l'histoire
extérieure de l'individualité, telles que l'habitude exclusive, la
passion absorbante, la folie, ont leur source dans un désordre
initial et intérieur. Il serait faux de prétendre que ces
désordres résultent d'une déformation fortuite de l'histoire
externe et d'un manque d'équilibre entre elle et l'individualité ; il n'est pas un désordre superficiel qui ne traduise un
désordre intime. A cet égard c'est dans le moi seul, dans
ses déviations et dans son évolution, qu'il faut placer la source
unique de notre vie et l'explication suprême de notre histoire.
— Mais comment concilier cette conclusion avec l'idée d'un
sujet pur, persistant dans son unité? En faisant de ce sujet le
principe de tous les désordres survenus, ne l'altérons-nous
pas profondément? Pouvons-nous encore parler d'un moi
unique, simple, sans donner raison aux doctrines de l'expérience contre l'ancienne psychologie? L'examen attentif de
quelques vérités acquises à la psychologie expérimentale
nous permettra de répondre.

On sait comment cette psychologie explique les cas extrêmement curieux de désagrégation mentale et d'existence
psychologique simultanée ; c'est en ramenant cette dernière
classe de désordres, les plus profonds en apparence, au phénomène de la désagrégation. Elle tend à distinguer dans
l'esprit une vie purement affective des sensations seules,
phénomènes conscients mais non attribués à une personnalité,
et une vie perceptive des sensations réunies, systématisées et
rattachées à une personnalité. Or, dans la plupart de nos

états conscients, un certain nombre de sensations composantes sont rejetées sur le plan de la vie affective il se produit un rétrécissement partiel du champ de la conscience claire. On comprend donc qu'on puisse désormais séparer deux groupes de phénomènes : les phénomènes réunis dans la perception personnelle et ceux qui ne sont pas synthétisés par la perception, mais dont nous avons quelque obscure conscience. On comprend également que ces phénomènes désagrégés puissent s'opposer comme deux pouvoirs distincts, et que, dans les personnages étudiés par M. Janet[1], le groupe simplement affectif aille jusqu'à prendre un semblant d'autonomie.

Mais ce qu'on nous paraît avoir moins remarqué, c'est qu'une telle loi trouve son application dans la vie normale, qu'elle révèle à ce titre le procédé même de l'existence individuelle. — Que la vie subconsciente de nos sensations puisse devenir à sa manière un principe d'impulsion sui generis, qu'elle manifeste sa présence par des actes marqués de sa personnalité dérivée, le cas cité par M. Janet le prouve, puisque l'on voit un personnage secondaire se manifester par l'écriture automatique, répondre même quand on l'interroge. Mais cet exemple ne fait, croyons-nous, qu'accuser des cas ordinaires fréquents à l'état normal. Pendant que mon esprit se fixe sur un objet très sérieux, poursuit la solution d'un problème de psychologie, quelque refrain de chanson aimée pour sa note mélancolique revient à mon souvenir et à mes lèvres. Je le chante intérieurement ; insensiblement j'en redis les paroles. Est-ce pur automatisme ? Non, puisque d'une manière fort subtile, mais qui ne m'échappe pas entièrement, elle réagit sur mes impressions conscientes. Pourtant je continue ma recherche. Ma vie semble donc se dérouler sur deux plans parallèles : d'une part je réfléchis, le sachant et le voulant, et en même temps une vague rêverie se poursuit qui me berce par son rythme intérieur. — Veut-on voir maintenant le moi secondaire (*secundary self*) se détacher, se produire ? Dans le repos qui précède le sommeil, il

---

1. Voir l'*Automatisme, psychologique* p. 313 et sq.

nous arrive de voir s'élever des profondeurs de la vie affective des
impressions qui s'étaient évanouies durant la veille ; c'est
l'écho de voix entendues, le souvenir de quelque vive jouissance. Ce souvenir est vague d'abord, inconsistant ; puis,
c'est une vision : il a toute la fraîcheur d'une impression
retrouvée. Il y a donc comme une absorption de notre existence actuelle dans cette habitude qui la remonte de couche
en couche. Sans doute, par un acte de volonté, nous pourrions dissiper cette pensée rêveuse ; nous le sentons vaguement ; cependant elle se continue, centre momentané d'une
vie nouvelle. Parfois encore, dans la veille de la volonté, quand
nous nous proposons d'écarter de nos souvenirs et de notre
cœur une pensée qui nous a blessés, il arrive que cette pensée ne disparaît pas ; nous la sentons se reformer silencieuse-
ment dans les dessous de la vie consciente. Il suffirait, à de
tels moments, de l'intervention d'un opérateur très puissant
ou de quelque magie de la nature pour que, l'éclat de cette
profonde émotion arrivant à se fixer, un moi nouveau surgît
dans la conscience inactive. C'est dire que, par delà le
champ de la réflexion, des synthèses se produisent, envahis-
santes quelquefois, surtout quand le moi de la personnalité
normale ne maintient plus sa vérité. Les maladies morales,
caractérisées par un relâchement de la volonté, seraient ainsi
de la même nature que les cas anormaux de désagrégation
mentale ; elles résulteraient de l'autonomie que tendent à
prendre par delà le moi les synthèses de nos images, les
inspirations de nos habitudes, et jusqu'aux centres nerveux
désireux de vivre d'une vie propre. Dès lors, à chaque instant, en dehors du champ de vision de la conscience, on
pourrait voir se former un foyer virtuel où quelques-unes de
nos sensations convergent par la seule vertu des synthèses
déjà produites ; les passions, comme la folie, proviendraient
de l'indépendance que prennent ces centres d'activité inso-
lites, tandis que la pensée claire ne sait ou ne peut résister à
leur irruption. Quoiqu'il en soit, dans tous ces cas que nous
avons groupés à dessein, il n'y a pas deux moi qui
s'excluraient à tour de rôle ; le moi secondaire est ainsi

nommé par un artifice verbal, et certainement il ne se met
en relief que grâce au mot spécial qui l'isole : nous le créons
en le nommant. La vérité est que ce moi n'est qu'une synthèse mobile de nos impressions affective ; si nous la sentons
après coup, c'est qu'elle gardait avec notre conscience quelque
vague et ineffable relation ; si, dans les cas d'extrême désordre,
elle semble produire des actes inconnus du sujet lui-même,
quoique consciemment ordonnés, c'est encore par une communication de l'activité personnelle et grâce à quelque reflet
de la lumière pâlissante qui en était dérivée.

Appellerons-nous activité personnelle, ou traiterons-nous
comme une fausse apparence cette multiplication du moi ?
On n'a peut-être pas assez remarqué la réfraction mentale qui
se produit ici et qui n'a d'égales, croyons-nous, que les illusions les plus consistantes de la perception extérieure. C'est
qu'elle implique d'abord un phénomène de morcellement
que notre habitude de vivre en dehors de nous ne nous permet pas de découvrir aisément. On le sait : à mesure que
nous nous éloignons de ce qui est en nous actif et libre,
nos états de conscience tendent à vivre d'une vie propre et
ils se grouperont, désormais, au hasard des représentations
fixes qu'un opérateur aura suggérées ou que provoque la
pression de la nature. Or, à mesure que le moi revient à
son état naturel et qu'au sein de cette poussière psychique
s'efface l'indice de son action, l'axe de l'explication habituelle se renverse ; désormais, c'est à ce groupe fortuit
d'impressions, c'est aux états dominateurs qui l'envahissent
que la conscience abusée accordera la dignité d'une existence
distincte. L'activité du moi est néanmoins toujours présente,
présente aussi la personne : mais, à ce moment de son histoire, elle est en quelque sorte refoulée par cette poussée
d'images, et l'espèce de sommeil qui en ralentit le cours
ne lui permet plus d'opposer sa vive et agissante énergie
aux groupements capricieux qui se jouent à la surface.
Cependant, notre attention accaparée par ces apparences
leur donne en les fixant un semblant de réalité, et cette
vraisemblance se change pour elle en certitude lorsque,

à défaut d'une énergie personnelle dont elle ne saisit plus
les effets, c'est aux combinaisons qui l'occupent mo.1entané-
ment qu'elle rattache l'initiative dynamique. Il y a sans
doute des difficultés à comprendre cette nouvelle attribution,
mais ces difficultés s'évanouissent si l'on remarque, avec la
psychologie de l'empirisme, que des mouvements se produisent alors dans des parties distinctes du corps, et qu'il est
facile d'associer le sentiment confus de cette énergie, dépensée
quelque part, avec le fantôme interne. Avec ces éléments
multiples, nous construisons comme une image symbolique
de l'activité personnelle, et, en attribuant à cette image une
initiative que nous sentions vaguement mais qui n'avait,
pour bien dire, plus de lieu, nous réalisons par duperie
grossière un moi dans le moi. Il serait donc inutile d'imaginer ici des centres multiples d'activité, il y a simplement
relâchement et torpeur d'une seule activité. Taine a signalé
un phénomène de même genre lorsqu'il a établi que tout
fantôme interne renferme une conception affirmative. Nous
avons seulement montré d'où lui vient cette force d'affirmation qui peut surprendre la conscience au point de renverser
ses jugements ordinaires ; nous avons montré que les désordres qui s'accusent alors, tiennent au passage brusque de
l'état personnel à l'état naturel et libre ; et si, par sugges-
tion ou dressage, nous allons jusqu'à invoquer une puissance
distincte pour expliquer cette succession d'états, ne craignons pas de voir en ceci *l'effet de fonctions représentatives
qui fixent des apparences et qui réalisent des mirages.* Ce qu'on
appelle multiplicité du moi correspond à un état où, précisément, le moi n'est plus.

D'ailleurs, à l'instant même où elle se produit, cette fausse
attribution tend à se résoudre puisque, si nous recourons à
des exemples précis, nous la voyons se limiter d'elle-même.
Le personnage subconscient de l'état de veille parle à la troisième personne du moi normal qu'il connaît bien, et l'appelle
l'autre. Mais l'on a observé aussi le même phénomène à
l'état somnambulique ; la somnambule observée par M. Pitres
se rappelle les événements de son état de veille sans se les

attribuer ; parlant de la personne éveillée, elle en parlera comme d'une personne étrangère. Nous remarquerions ici les phénomènes d'objectivation que nous venons de signaler ; mais nous verrions en même temps un jugement de relation persistant au sein des changements survenus et rapprochant invinciblement le moi apparent du moi normal. Qu'on se demande, en effet, comment se produit la scission qui maintient en présence de l'état de veille l'état actuel, et comment s'établit ce rapport d'exclusion. Dans cette délicate détermination, le caractère individuel serait, croyons-nous, la marque suffisante et nécessaire. En se représentant l'existence de l'état de veille, la somnambule n'y retrouve ni les sentiments, ni les pensées de la vie somnambulique : aussi l'exclut-elle, en quelque sorte, de cette dernière et la tient-elle en réserve. Son caractère vrai est donc un signe limitatif en deçà duquel les synthèses nouvelles se disposent sans réussir à l'entamer. Or, c'est ce fait profond que le langage interprète en le faussant toutefois : une partie de nous-mêmes, le signe de notre être, la forme de notre substance, demeure impénétrable aux facteurs conscients qui l'assaillent, et, du sein de ce désordre, le mot dont nous la désignons quand nous l'appelons l'*autre*, traduit ce curieux pouvoir d'immutabilité et de résistance. Ce qui est véritablement, c'est cette chose tout autre, en effet, que la confusion immédiate d'états qui ne peuvent se rapporter à elle, parce qu'ils n'en sont pas encore des parties intégrantes ; c'est l'organisation profonde de nos états dans la conscience. Finalement, en accusant ainsi les termes, on trouverait, au lieu de deux formes du moi obtenues par réfraction, le sentiment immédiat d'un *changement brusque*, une véritable surprise provoquée par la transition trop rapide d'une attitude à une autre attitude de la conscience. N'est-il pas vrai, à tout prendre, que le second état concorde avec l'ébauche d'une nouvelle forme d'existence ? Parfois même, ne paraît-il pas marquer en une personne sérieuse et expérimentée un retour de la forme enfantine ? Or, cette apparition d'une forme nouvelle sans un contenu déterminé qui lui soit propre, sans beaucoup de

souvenirs ni d'expériences pour la définir, n'échappe pas à
la conscience au sein de laquelle se profile pourtant l'image
de l'existence actuelle. Ce sont là comme deux perceptions
qui n'arrivent pas à se fusionner, qui s'extériorisent plutôt,
— la conscience qui les enveloppe étant accaparée par l'état
nouveau, tandis que le souvenir de l'état normal se frange et
flotte dans des couches plus profondes. Il ne reste plus qu'à
demander au langage le concours des mots pour réaliser
sous forme de termes opposés le double courant qui se dessine
alors dans la conscience ; *il ne reste plus qu'à exclure brusquement des états qui auraient sans doute réussi à se rejoindre
et à se pénétrer.* Mais, si nous introduisons ainsi de force
les formes grammaticales dans notre appréciation des phénomènes internes, rien ne prouve que ces phénomènes se
déterminent d'après ces lois ; tout nous porterait plutôt à
croire que ces difficultés n'ont de sens que si l'on se maintient au point de vue des apparences, et pour une perception
qui s'en donne le spectacle. Au sein de la conscience, on
découvre des successions d'états que le langage érige gratuitement en contradictions.

Mais cette première illusion en recouvre une seconde qu'il
sera plus difficile d'isoler, puisqu'elle fait corps avec le jugement de l'identité personnelle. Il est visible que ce jugement
est impliqué dans toutes les variations mentales que nous
venons de signaler, puisque ces variations se produisent dès
qu'une modification survient dans ce jugement lui-même. Si
je dis, par exemple, que je suis moi-même et un instant
après quelque autre, il est très vrai que la perception intérieure me montre cette succession rapide d'états qui semblent
s'exclure, et il doit en être ainsi en vertu des lois qui régissent le développement des sentiments dans la vie consciente.
C'est qu'il en est de tels états comme de ces idées qui se
posent à la surface du moi et qui déterminent en lui un courant opposé à la marche ordinaire de nos pensées. Il arrive
souvent que ces idées nous pénètrent, assimilées par les
forces personnelles qu'elles ont réussi à charmer ; convertie
en la vie continue du sentiment, leur marche est comparable

à celle de nos habitudes qui ne sont, si on les examine au fond et non plus dans leur développement externe, qu'un enveloppement d'états concrets dans une synthèse particulière. Le désordre initial a fait place à une harmonie profonde : la maladie ne venait que d'une désunion survenue brusquement entre des états jusque-là unis, ou de l'apparition déconcertante d'une idée qui n'arrivait pas à nous pénétrer. D'un autre côté, il suffit, pour produire un jugement d'identité, de ce développement continu de nos idées ou, pour parler avec Hume, de cette transition aisée qu'elles occasionnent ; et bientôt, nous confondrons la forme arbitraire de leur succession avec la vie individuelle qui s'y déploie comme une matière changeante. Notre moi réel est évidemment celui qui se développe ainsi et qui change, mais, au regard de la représentation, ce qui ne saurait se modifier, c'est le moi conventionnel dont nous maintenons péniblement l'idée au sein de modifications empiriques de toute nature. Il n'est pas rare, par suite, qu'en prenant pour une opposition réelle et foncière ce qui n'est qu'un jeu d'optique, la conscience abusée s'imagine assister à sa propre altération ; elle oppose une manière d'être toute nouvelle, celle que le devenir psychologique ramène, à une forme d'existence absolument fictive, mais qu'elle tenait pour parfaite, sans trouver de l'une à l'autre un développement continu.

C'est alors qu'il nous serait donné d'assister à l'évocation d'un personnage intérieur qui se lève de lui-même devant l'imagination inattentive, qui se reforme, se développe, agit, qui se profile en dégradé sur notre conscience claire, et dont l'évolution lente gouverne tout le reste. Qu'on juge des rêveries dont ce personnage réel, qui est nous, est l'abrégé et l'issue, des méditations qui s'y condensent, du songe intérieur qui le réalise peu à peu, et l'on comprendra que notre individualité vienne souvent, par delà les formes de l'activité motrice, le rejoindre et se perdre en lui. Pour parler encore avec Taine, le silence, la monotonie extérieure ne font que le dissimuler, pendant qu'il se développe ; mais c'est sûrement ainsi, dans cette élaboration secrète, que se façonne notre invisible personnalité. La vérité est que notre conscience contradictoire est, encore ici, le lieu d'un travail contraire et simultané qui en secret nous réalise parmi les pensées et les images pures, en même temps qu'il nous projette extérieurement dans les formes construites de la représentation. Mais il n'est pas rare de voir se rompre un équilibre si précaire et s'accomplir une dissociation qui a du moins à nos yeux l'avantage de nous rendre à nous-mêmes : c'est justement quand le moi formel de la pensée abstraite touche au plus haut de son unité qu'il est le plus sujet à ces ruptures brusques et inexplicables qui le font entrer en conflit avec le moi de l'individualité, dont il avait usurpé la place.

A vrai dire, il n'en sera plus ainsi quand nous aurons assimilé nos récentes perceptions aux plus anciennes ; nous serons alors dans un état voisin de celui où nous met la perception extérieure, dès qu'elle réussit à fondre en une représentation unique les sensations tactiles et les sensations visuelles. Supposons pourtant qu'à la suite d'une maladie des nerfs du toucher, l'adaptation cesse de se produire entre ces deux sortes de sensations : nous pourrons concevoir quelque incompréhensible antinomie entre les données de la vue et les données du tact, une opposition entre deux classes d'objets que nous découvre chacun de ces sens. Nous érigerons en loi des choses un jeu de notre perception ; nous parlerons d'une absurdité radicale dans la disposition du monde et nous oublierons qu'il s'agit simplement d'un vice d'ajustement dans nos impressions. Il est si vrai que la perception intérieure nous présente le même artifice que nous cessons de nous étonner des plus grands changements produits en nous, dès que cesse de s'affirmer la notion convenue de l'individualité. Aussi le rêve, où la mémoire en suspens ne ramène plus cette idée précise et qui n'est que la conscience immédiate des changements survenus dans le moi, ne s'accompagne-t-il que très rarement du sentiment pénible d'une opposition, et l'état d'hypnose ne paraît-elle pas le comporter, puisque la conscience y est mise insensiblement dans une condition favorable au seul développement des impressions

suggérées. Ce qu'opère la suspension du souvenir, c'est le
charme de l'art de le produire à son tour, quand il nous
fait passer par une série de positions successives pour nous
conduire de notre état normal à celu ju'il voulait provoquer. Nous percevons bien confusément, en tous ces cas,
une série d'oppositions entre l'existence
véritable et celle qui nous est suggérée,
mais comme nous avons l'illusion d'un
développement continu, nous maintenons
que nul changement ne s'opère. C'est
*qu'il suffit de changer sans secousse pour
se juger identique* et, inversement, *on juge
que l'identité se perd dès qu'une transition
échappe.* Les altérations de la personnalité
se réduisent à de faux jugements sur
l'identité.

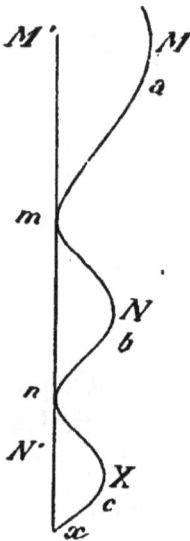

C'est donc par un procédé d'exclusion
simplement logique que se comprendraient
maintenant les erreurs de la perception
interne. Nous sommes en présence d'une
activité mentale évoluant, qu'il nous sera
permis de représenter sous la forme d'une ligne courbe MNX.
La conscience pourrait sans doute suivre et retracer les
sinuosités de cette vie profonde, mais elle est tour-
mentée du désir de tout simplifier, de tout résoudre. A la
seule vue de ce qu'il y a de constant dans nos états, elle
produira donc une image de l'existence intérieure et elle
écartera soigneusement tout élément différentiel inhérent
à la réalité. Cette image, nous la représentons par la
ligne droite M'N'. Nos états seront soumis, par suite, à une
double évaluation, selon qu'ils sont replacés dans leur condition primitive, ou qu'ils sont rapportés à la représentation
artificielle qui nous sert ordinairement à les juger. Par là,
nous créons, sans nous en apercevoir, des rapports d'exclusion
que la nature des choses ne comporte pas ; nous nous pré-
parons à établir une opposition entre deux événements d'une
même histoire. Sans doute, il n'est pas rare de voir coïncider,

FIG. 1.

aux points *m*, *n*, *x*, les deux courants que l'analyse psychologique sépare, et il ne saurait alors se produire aucune des
erreurs d'attribution que nous avons signalées. Mais il peut
se faire aussi que cette séparation s'effectue d'elle-même et que,
pour les points les plus reculés *a*, *b*, *c* où se repose notre
activité mouvante, il soit impossible de les ajuster à l'image
simplifiée qui exprime conventionnellement pour nous notre
vivante identité. Cette image, nous la maintenons pourtant,
abusés par les stabilités trompeuses que l'entendement lui
communique; d'un autre côté, si les états *a*, *b*, *c* font encore
appel à des facteurs essentiels de notre individualité, ils
s'éloignent néanmoins de la définition convenue ou de
l'image constante que nous aimons à en produire, et dans
l'impossibilité de joindre ces extrémités, il ne nous reste plus
qu'à les exclure. Mais l'hypothèse initiale ne tarde pas à se
tourner contre nous. Il se trouve, en effet, que ces derniers
états sont souvent plus riches en harmonies intérieures que
la pâle image d'une identité que nous nous acharnons à
maintenir; nous les réalisons, nous leur prêtons une existence toute semblable, et nous ne tardons pas à supposer à
l'autre pôle de la vie consciente autant de puissances cachées,
parfois incommunicables, souvent rivales. Nous ne voyons
pas que nous sommes dupes de la même illusion qui maintient à l'autre extrémité l'image d'une identité factice; nous
ne voyons pas que cette multiplicité mentale résulte d'un
artifice préalable qui morcelle et exclut les états comme des
concepts, sous l'inventaire d'oppositions artificielles. Il est
vrai pourtant que cette erreur d'attribution ne se fût point
établie si l'on n'eût d'abord conçu l'individualité comme un
moi fermé, constitué tout entier par l'acte qui l'affirme dans
l'intelligence abstraite. En précisant ainsi les contours et en
arrêtant les lignes, *on s'exposait à écarter comme une incon-
séquence toute direction nouvelle de l'action et à rejeter dans
un ordre subconscient des effets pourtant dérivés de notre
activité, mais sans enchaînement perceptible avec l'image
immobile qui s'en était produite.* En d'autres termes, il n'y
aurait pas eu d'exclusion sans cette première et hâtive unité

qui l'a rendue nécessaire, et il n'y aurait pas de scission entre les parties d'une même existence si l'on imaginait autrement le rapport du moi réel avec l'image qui le refoule insensiblement.

Il conviendrait peut-être de ne plus parler des maladies du moi, mais simplement des erreurs de la perception interne. Ces erreurs se produisent uniquement dans le monde des apparences, dans l'ordre de la représentation. Abandonnons-nous ce terrain à nos adversaires et nous interrogeons-nous sur ce qui correspond à de tels prestiges? Les anomalies deviennent des états, des manières d'être inhérentes au sujet individuel. En un mot, dans la conscience, il n'y a pas de contradictions, il y a des termes successifs ; c'est erreur de langage et illusion d'optique, si l'on érige la succession en opposition. Mais, par là même, nous sommes conduits à modifier la conception ordinaire de l'individualité. Une activité psychologique est toujours capable d'évoluer avant que l'idée formelle d'individualité vienne s'y joindre, et quand cette idée s'y est jointe, l'activité peut encore se retirer en deçà. Je puis donc m'apparaître tout autre que je ne suis, et l'unité mobile qui me compose peut dépasser infiniment ce qui m'en apparaît. Il y a là une variété irréductible à l'unité du « je pense » ; il y a du flottant, de l'indéfini, je ne sais quoi de pareil aux données irrationnelles qui pénètrent parfois dans les synthèses mentales auxquelles nous maintenons le titre de vérité. Ici surtout, il nous paraîtrait que quelque chose est voué à l'inconscience, quelque chose qui résiste à l'effort tenté pour le conquérir. En un mot, l'inconscience, l'*altérité* sont au même titre que la conscience et l'identité le privilège de l'âme. Il devait être, par suite, très tentant pour la conscience réfléchie de convertir en un morcellement du moi ce qui n'est qu'hésitation ou incertitude survenues dans notre histoire psychologique ; de ces oscillations de notre individualité entre des formes qui la sollicitent, elle fait, avec le secours de l'imagination, il est vrai, des formes antagonistes. Il en est d'elle, en tous points, comme de ces miroirs qui grossissent et retiennent les objets posés devant eux, même quand ils ont disparu, et qui essaient vainement d'en combiner l'image avec celle des objets avoisinants.

On le voit donc : nous sommes ici simplement en présence d'un phénomène de réfraction mentale qui tend à faire prédominer le mirage sur la réalité consciente et à multiplier en nous les jeux d'un optique décevante. Nul doute que la folie ne fasse retour, dans certains cas, à une erreur persistante de la perception intérieure. Expliquons-nous. Toutes les fois que nous réussissons à saisir le moi à l'état naturel, comme chez l'enfant, nous sommes surpris de le voir improviser ses actes et les créer librement : mais ses créations ne cessent d'être en rapport avec la poussée de la vie en lui et hors de lui. Impuissant à coordonner ses impressions, il se laisse aller le plus souvent à un délire d'une absurdité naïve qui atteste du moins son aptitude essentielle au rêve et au jeu. Le moi de la folie — si l'on peut appeler ainsi un système invariable d'états — ne se présente jamais avec de pareilles dispositions. Il coordonne et construit, du point de vue d'une idée fixe qui fait écran sur le reste de sa vie et qui maintient toutes ses pensées dans une sphère étroite de gravitation : le fou, a-t-on dit, spécule toujours. Aussi, tandis que la folie, retranchée du mouvement fécond de la vie, se répète désespérément, le moi affectif se transforme et se renouvelle. Il participe ainsi à l'évolution des sentiments qui forment son contenu, et il varie avec eux. Un sentiment qui se reproduirait sans changer se convertirait du même coup en obsession et en manie : le moi ferait alors retour à la pensée toute construite de la folie et à son absorbante contemplation. On a scientifiquement établi ce contraste en montrant que le délire des maniaques et des mélancoliques est convergent, centripète ; le sujet ne met jamais en cause que lui-même et ses propres fautes, autant dire, d'après notre théorie générale, qu'il se maintient dans une étroite subjectivité. Au contraire, le délire de la joie, comparable à l'idéation expansive de l'enfance, est divergent, centrifuge, rattachant à la joie la représentation de sa cause

objective, ouvrant au moi libéré les perspectives du monde
extérieur; et de là, dans le moi, ce ravissement et cette
ivresse. L'expérience interne nous permet ainsi de saisir,
dans un phénomène de grossissement, ce travail double et
simultané dont notre conscience est le lieu. Tandis que le moi
de l'individualité se développe librement, grâce à l'excitation
de nos puissances natives, une sorte de moi abstrait tend à
se former à l'autre pôle de la conscience, suscité par l'intervention des facultés constructives de l'âme. Il peut même
s'ériger en unité formelle, et faire prédominer le schéma sur la
vie: en tout cas, il se ferme de plus en plus à ce qui n'est pas
son plaisir et son délire. La vie consciente se partage désormais entre deux courants qui ne se rencontrent que pour se
contrarier: l'un poursuit tranquillement son cours vers la
réalité; il ne cesse d'être, malgré les apparences, fécond et
libre; l'autre s'achemine vers les explications formelles, paro-
diant à sa manière le procédé d'un entendement qui s'immobilise dans ses constructions.

L'examen des maladies de la personnalité donne la clé du
problème que nous nous étions posé: y a-t-il un sujet individuel? Le phénomène essentiel de la vie intérieure nous est
ainsi présenté sous la forme de l'unité concrète du moi. Nous
sommes d'abord en nous-mêmes des sentiments qui se
poussent, qui s'excitent, qui se pénètrent. Qu'un des sentiments longtemps assimilés disparaisse; il y a désagrégation
partielle, crise due précisément au trouble de tous les autres.
Au contraire, qu'un sentiment nouveau intervienne, il se produit de deux choses l'une: hésitation et suspension de l'âme,
ou acceptation; en ce dernier cas, l'état nouveau s'insinue:
l'unité un moment brisée se reforme. On comprend par là
ce phénomène étrange que parfois nous ne puissions vouloir
ce que nous désirerions: c'est que les puissances organisées
du moi nous résistent; devant l'idée qui ne nous plaît que
nominalement, elles maintiennent compacte leur unité. Qui
les charmera? On a dit du consentement qu'il est l'acceptation d'une idée par toute l'âme; rien de plus vrai: nous con-
sentons quand une idée prend place au sein des puissances

charmées de notre individualité. Sans doute, l'unité du moi
est réelle, mais elle doit recevoir une définition bien différente de celle que l'observation superficielle lui assignait.

Or, c'est dans ce cadre d'explication que les désordres de
la vie morale nous ont paru devoir entrer. Un arrangement
imprévu du devenir intérieur, une attitude nouvelle qu'il
tend à prendre, entraînent l'oubli parfois total de ce que
nous étions ; quelquefois, l'attitude se fixant, comme dans
l'hypnose, nous pouvons nous trouver en présence d'un rôle
joué, d'une histoire qui commence. C'est alors un aspect
qui cache l'autre. Mais, outre que l'invention individuelle
trouve sa place même ici, il est à croire que rien ne disparaît de ce qui nous est essentiel. Nos sentiments subsistent,
confondus dans la sphère indistincte d'une vie qui n'arrive
que par fragments à la connaissance totale. Une analyse
assez subtile pour les isoler les découvrirait encore, à peu
près comme nous découvrons, à la suite de quelque émotion
vive, une vibration particulière qui s'attache à nos moindres
pensées ; mais la réflexion ordinaire ne les atteint pas. Il est
toujours bien vrai que nous sommes présents, sinon visibles
à nous-mêmes. Il est toujours bien vrai que le moi est une
unité concrète, une unité croissante d'intégration. Quant
aux relâchements survenus dans l'unité intérieure et qui forment la variété des maladies psychologiques et morales, ce
sont des faits au même titre que les progrès qu'on y signale.
La seule explication qu'on puisse légitimement en donner,
c'est d'y constater l'écrasement de la conscience individuelle
sous un système d'images immobiles qui viennent brusquement en intercepter le cours.

Si nous avons réussi à faire comprendre notre pensée,
c'est sur la valeur des jugements d'attribution au moi, que
nous nous sommes interrogés. L'attribution au moi résulte
d'un jugement synthétique, puisque l'activité mentale peut
toujours évoluer avant que l'idée d'individualité vienne s'y
joindre. C'en est fait, par suite, des attributions incorrectes
qui rattachent hâtivement à des fantômes de moi les multi-

ples essais d'une activité capricieuse. L'individualité vive et
consciente est le terme de cette évolution; tous nos états y
prétendent, bien peu y tendent, ou y parviennent. Il nous
reste pourtant à trancher une question essentielle. Le jugement d'attribution au sujet est synthétique; correspond-il
à une synthèse réelle? Le sujet résulte-t-il simplement d'une
réflexion savante sur des concepts, ou bien est-il un terme
nouveau dans la hiérarchie des formes de la conscience? Et
l'attribution de nos états à cette forme nouvelle est-elle, au
lieu d'un artifice logique qui semble à la rigueur pouvoir
l'exprimer, le procédé même de l'énergie personnelle qui se
constitue en sujet indépendant, après s'être simplement
affirmée comme attribut? En un mot, la conscience s'érige-
t-elle finalement en sujet réel, et passe-t-elle à l'acte de la
personne?

Les efforts de notre analyse tendent à faire rentrer dans le
tissu du moi des éléments historiques arbitrairement séparés
et à ressaisir, par delà ces oppositions, le procès de son être
constitutif. Mais, sans une transformation plus haute, l'unité
dynamique qu'on vient de décrire ne saurait être un sujet.
Confondue encore avec son progrès, elle n'arrive pas à s'en
détacher; elle devient, en quelque sorte, tout entière, et
l'impossibilité où nous sommes de l'analyser tient uniquement à l'impossibité où elle est elle-même de se penser. La
difficulté est alors d'expliquer le jugement que nous nous
acharnons à porter sur nous. Dira-t-on que ce que nous
désignons du nom de moi est cette unité vivante directement
perçue et sentie? Mais il est faux que nous percevions cette
unité, puisque dans l'hypothèse d'un moi indistinct, il n'y
a pas d'unité au vrai sens du mot; et dans la mesure où nous
affirmons notre vérité, nous recourons à une forme de l'être
supérieure à l'unité empirique que nous avons décrite. Alléguera-t-on, avec Kant, que l'entendement fournit l'idée
d'unité, et que cette idée, en s'amalgamant avec les données
de la conscience, rend possible cette affirmation. Mais il ne
nous est pas permis d'ignorer que l'entendement ne porte
en lui que la notion de la généralité: comment donc l'idée de

l'être en se combinant avec un devenir indéterminé produirait-elle l'affirmation concrète: *je suis*. L'expérience en fait
foi. Une impression considérée dans le milieu vivant où elle
se développe est parfaitement inexprimable, et le moi concret, si on le regarde dans son intimité, demeure impénétrable à la pensée. On peut donc toujours se demander si
nous ne sommes pas dupes d'un mirage quand nous affirmons la réalité d'un sujet unique, ou si le devenir intégré
que nous prenons pour le moi ne requiert pas l'action d'un
sujet tout autre, auquel il aurait emprunté la forme qui le
réalise. En vain objectera-t-on que cette forme est verbale,
qu'elle sert tout au plus à désigner le caractère d'intimité
propre au sujet. Qu'on montre alors en quoi cette vie subjective n'est pas de la nature du rêve, et surtout qu'on fonde
en raison le témoignage intérieur qui nous oblige à voir en
elle autre chose qu'un fragment d'un ordre total. D'un
autre côté, c'est dans un terme supérieur à elle que notre
nature empirique parvient à la conscience de ses anomalies,
et s'élève ainsi jusqu'à l'affirmation de ce qui est en nous
l'être véritable. Et enfin, il est bien visible que le moi concret ne renferme pas les éléments d'une explication adéquate
des formes de la conscience, puisqu'il ne s'explique pas lui-
même. Ou bien donc, il faut renoncer à parler d'un sujet
réel, et notre jugement d'attribution sera une forme sans
matière, ou bien ce jugement correspond à une évolution de
la conscience qui tend à se dépasser elle-même pour se reposer dans la liberté, comme dans son être véritable.

Or, l'analyse de nos états les plus profonds nous mettrait
en mesure de conclure en faveur de la dernière hypothèse.
C'est à bon droit qu'on restreint la liberté aux moments de
crise. Mais il faudrait d'abord remarquer qu'il n'y aurait pas
de crise morale sans une évolution de nos états dans la conscience, sans une action simultanée qu'on y distingue. Le
conflit du devoir et de la passion nous offre l'idée de cette
dualité, puisqu'il recouvre, comme toutes les crises possibles, une opposition entre des habitudes qui essaient de se
produire et des tendances fondamentales qui les excluent. Le

sentiment d'effort que nous éprouvons alors ne serait autre chose, comme nous nous réservons de le prouver, que la résistance ou la persistance du processus de notre activité interne soudainement interrompu dans son progrès. Réduite à elle-même, cette latente activité se développerait donc avec les incertitudes des choses vivantes, mais sans cette opposition qui la trouble et sans cette brusque interprétation qui en change la conduite. On pourrait dire, il est vrai, que l'opposition dont il s'agit ici résulte moins du conflit de deux formes irréductibles, que de la rencontre fortuite de deux courants depuis longtemps formés dans les profondeurs de la vie consciente. Ainsi, un plaisir dont nous avons l'expérience tente-t-il de se reformer en nous ? Aussitôt, de l'expérience inverse d'une secrète joie que nous avons trouvée au sacrifice, résulte comme un désir opposé, et il n'y aurait pas de crise morale sans le brusque passage d'un plaisir qui se renouvelle à une conscience qui se retrouve. Mais cette hypothèse explique-t-elle l'essentiel ? Il ne s'agit plus ici d'une opposition quelconque : l'opposition se produit entre un moi qui se fait et un moi qui est ou qui juge du premier, parce que, véritablement, il doit être ; qu'on nous explique autrement comment un progrès se détache du fond de la conscience et juge d'un autre progrès ; qu'on nous explique surtout comment en ce mobile tableau d'existences qui se font et se défont le progrès idéal parvient à exclure tous les autres, parfois sans le secours des riches associations qui les renforcent ? Il semble donc qu'il y ait deux espèces de sujets : l'une définitive, qui forme le moi en s'affirmant elle-même et en s'ajoutant, pour ainsi dire, à elle-même, l'autre provisoire, celle du moi concret qui, multiple en lui-même, emprunte son unité à l'acte simple par lequel le premier l'affirme. Sans doute, nous sommes portés à les figurer sous forme d'unités indivisibles. Mais, en regardant de plus près, on verra que cette multiplicité d'états sert de matière à l'acte simple de l'esprit par lequel il les unit. Et il est incontestable que cette affirmation est le sujet individuel lui-même et ne dérive point, par exemple, d'une opération de l'entendement généralisa-

teur, car c'est elle qui donne une signification à tout le
reste.

On s'étonnerait moins de la présence en notre individualité d'un élément de cette nature, si l'on voulait bien remarquer qu'il n'est pas de résolution qui ne l'implique, tout en
paraissant d'abord l'exclure. — Cette exclusion d'ailleurs ne
peut être mise en doute : on ne saurait trouver dans les couches profondes de l'âme de pensées toute formées : il n'y a
pas de choses ou de substances, il y a un progrès ; il n'y a
pas de faits nettement circonscrits, il y a un devenir et des
états d'âme. De cette loi psychologique, la volition nous
donne une vérification toute nouvelle. Quand je me
résous à accomplir un acte où se trouve engagée ma destinée morale, ce n'est pas par une action mécanique, en
quelque sorte, et extérieure que je le produis. Il procède.
Tandis que les couches superficielles du moi demeurent indifférentes, j'ébauche, pour moi seul, dans l'intimité de mon être, la situation qui se prépare. Je la sens
même s'avancer, se produire insensiblement ; parfois, le sentiment que quelque chose de nouveau s'opère devient plus
pressant ; c'est un vague état d'âme, forcément indéfinissable,
et accompagné d'une secrète inquiétude qui nous fait intervenir dans sa marche, hâter et quelquefois déformer son
devenir. Sans cette évolution obscure du moi, il n'y aurait
pas de crise morale ; en ce sens, les plus importantes de nos
résolutions émanent, semble-t-il, du processus de notre activité individuelle qui se continue à notre insu, à tous les instants
de la durée. Pourtant, la résolution produite, s'il nous arrive
de nous la représenter, nous faisons table rase du travail subtil qui la prépare ; nous la détachons des impressions dont elle
est la somme vivante. Au lieu de nous la représenter comme
le point extrême (A) d'un courant ondulé et mobile que formeraient les sentiments B, C, D, nous la rapportons à je
ne sais quel processus impersonnel et logique, formé de
termes qui n'arrivent pas à l'égaler, et finalement, pour
combler cette disproportion entre les antécédents de la
résolution et la résolution même, nous recourons à une vo-

lonté qui opère comme du dehors. Nous disons alors que
nous avons librement voulu ; mais le moi que nous invoquons n'est qu'un terme vide destiné à clore une explication
mécanique des choses de l'âme. La vérité est que ce que nous
expliquons ainsi en un langage mécanique résulte d'un progrès dynamique qui répugne à nos habitudes de penser, et
que la volonté pure est l'équivalent, parfaitement insuffisant, d'antécédents réels que nous
feignons d'ignorer. La vérité est que toute
résolution est une réussite, comme le point vers
lequel nous achemine peu à peu l'évolution
de nos sentiments, à un moment donné de
notre histoire [1]. — Nous accorderons qu'il en
est certainement ainsi dans la plupart des cas ;
mais nous remarquerons que si cette explication
était définitive, notre analyse nous aurait
donné les résultats directement opposés à ceux
que nous en attendions.

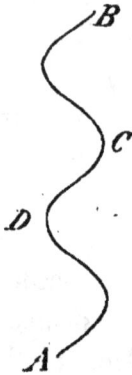

Fig. 2.

Que l'on se donne pourtant la peine de penser à quelque
crise morale précise. Y trouve-t-on uniquement ce *progrès*
qui la prépare de longue main? La résolution émane-t-elle
de l'évolution antérieure comme un dénouement naturel?
Il serait permis d'en douter, puisqu'un dénouement ajoute
toujours quelque chose à l'idée que nous avions de nous-
mêmes ; c'est donc que, d'une manière réelle, quoique souvent inassignable, nous sommes intervenus. Veut-on restreindre la portée de cette intervention. Il arrive alors de deux
choses l'une: ou bien, on verra dans la résolution le lent
envahissement de l'âme par une pensée qui la pénètre, et
l'assentiment qu'elle donne à l'état nouveau où elle se trouve
placée ; mais alors, on distingue implicitement du processus
de notre activité le *fiat* qui l'accepte ou qui l'annule, et l'on
rétablit l'ancienne distinction entre une volonté qui se déve-

_____

1. C'est le point de vue très ingénieux, mais peut-être discutable,
qu'ont développé récemment M. Bergson, *Les données immédiates de la conscience*, et M. Gourd, *Le phénomène*.

loppe à la manière de la nature et l'acceptation, de cette
volonté par elle-même, entre un moi concret, qui évolue,
et un moi pur, qui pense et affirme. Ou bien, si l'on persiste à voir dans la résolution le dénouement naturel des
lois dynamiques de la conscience, ce qu'il devient alors impossible d'expliquer, c'est cette résolution même. Car, l'état
vague qui dans les cas de délibération importante précède
les fermes desseins n'est pas de ceux qui y conduisent ; considéré en lui-même, il n'est plutôt que la forme confuse qui
les ébauche, et placer la personnalité dans cet état vague,
ou même dans cette confusion d'états qui aspirent à être,
c'est la réaliser dans ce qui en est seulement l'espoir. Alléguera-t-on qu'en s'excitant, en quelque sorte, il produira la
résolution comme de soi ? Mais pourquoi donc tiendrait-il
ainsi à se déformer ou à se dépasser lui-même ? Il n'y a pas
de raisons pour que le devenir intégré s'immobilise dans la
netteté d'un dessein, puisque, dans la pénétration des états
qui le composent, notre être concret est comme rendu à lui-
même, tout en soi, nullement distrait par l'application des
mots. Or, il n'est pas de résolution qui n'ait justement pour
fin de séparer les puissances du moi, car il n'en est pas qui
ne fixe une série mobile d'états profonds et qui ne l'oppose
avec quelque autre. On pourrait donc se demander en vertu
de quelle dialectique l'être individuel passe de l'état de paix
où le confine le développement confus de son rêve à celui
d'opposion et de distinction, et de l'homogénéité de l'être
virtuel aux hétérogénéités de l'existence. Et si, malgré tout,
on persiste à voir dans ces dernières des réussites, qu'on
explique alors pourquoi la conscience établit des différences
si tranchées entre devenir et vouloir, se développer et se résoudre ! On arriverait pratiquement aux mêmes conclusions,
si l'on considérait ces cas de curieuse impuissance où l'on
voudrait vouloir et où l'on ne peut pas vouloir. L'analyse
découvrirait ici une combinaison de nos états profonds
orientés dans le sens de la résolution, et l'impuissance où
ils sont de la produire d'eux-mêmes ; l'absence de résolution tiendrait uniquement à ce que, au lieu d'intervenir direc-

tement, nous attendons de la voir s'élever du sein même de
nos désirs, alors précisément que ces derniers n'ont en eux ni
la force ni la qualité requises pour la produire. Ainsi, réduite
à l'évolution de nos sentiments dans la conscience, notre vie
serait comparable à un rêve qui se prolonge à notre insu ; elle
ne se distinguerait pas sensiblement de celle de l'animal à
qui la difficulté de choisir, de s'arrêter de lui-même, c'est-
à-dire de se résoudre, demeure totalement inconnue, et l'on
devrait en chercher le type, loin d'une résolution incompréhensible, dans ces moments d'extrême distraction où nous
flottons au gré de nos pensées, avec la vague et douce conscience intime que nous n'avons plus à les diriger. Pourtant
nous voulons ; et, s'il est vrai qu'une résolution pour être
vraiment nôtre doit émaner de nous-mêmes et, pour cela, se
détacher du fond du moi comme sous l'effet d'une poussée
intérieure qui n'est que la vie de nos états dans la conscience, il est encore plus vrai qu'elle ne saurait se produire
en dehors de l'action absolument libre par laquelle nous
l'affirmons. La détermination est, en définitive, le prolongement de cet acte indépendant, en lui-même, des conditions
empiriques et naturelles. On demande ce qu'elle ajoute à la
vie de nos états, et l'on oublie qu'elle est séparée d'eux de
toute la distance de l'être au devenir, du moi intelligible au
moi concret.

A vrai dire, il ne serait pas difficile de découvrir la source
de cette confusion, si l'on voulait bien recourir à notre hypothèse fondamentale. L'entendement, désireux de tout unifier,
se représente la pensée vivante comme une forme homogène,
comme un courant intérieur indéfiniment prolongé, au sein
duquel le langage seul réussit à introduire des distinctions.
Aussi, le plus souvent, amalgamons-nous ces deux notions
d'une existence continue, requise par nos habitudes de penser,
et d'un développement synthétique impliqué dans toute
expérience. Nous supposons alors une conscience continue et
mobile au sein de laquelle coexistent des états multiples et
divers, sorte de tout homogène qui reçoit sa coloration
changeante des sentiments qui s'y développent. L'unité, dès

lors, est le fond, la multiplicité, la surface. Mais nous poussons plus loin l'illusion qui nous abuse. Comment concilier l'individualité, la liberté avec ce procès de nos passions grandissantes, ou avec leur progressif évanouissement ? Dans un milieu où il n'y aurait place que pour un développement continu, comprendra-t-on l'avènement d'un acte qui peut quelquefois en changer le dessein et en modifier le sens ? Non sans doute, et nous ne craignons pas de voir dans la libre individualité de l'homme le point extrême d'une évolution qui la préparait à notre insu : si bien qu'un acte libre, par ses attaches directes à cet état préformé, en paraît, pour ainsi dire, dérivé et tend à s'y évanouir. Mais, dans cette explication, nous sommes encore dominés par une fausse idée de l'homogène, et nous finissons par confondre les mobiles arrangements du moi avec la forme indistincte où il évolue[1]. Il n'est pas jusqu'à cette évolution, poursuivie sur un rythme uniforme, qui ne ramène incessamment l'idée de continuité et qui n'ait pour effet d'atténuer bien à tort les différences perçues au cours de la succession. Bref, c'est en une matière homogène que s'évanouissent de proche en proche, en même temps que l'individualité, les états distincts qui la réalisent. Qu'on songe pourtant à ce qui se passe en nous, quand nous réalisons l'idée d'une heure ; « il nous faut compter maintenant, maintenant, maintenant indéfiniment[2] ». Mais ce qu'on ne paraît pas avoir remarqué, c'est que chacun de ces *maintenant* est un acte du sujet ; c'est que l'idée de continuité bannit l'idée de durée, la durée étant formée d'actes successifs qui se distinguent et, le plus souvent, s'opposent. Dira-t-on que si la durée nous apparaît sous cette forme discrète, la cause en est simplement que nos actes successifs d'aperception sont discrets, et que nous ne percevons jamais en nos états profonds un jet uniforme de l'activité intérieure ? Pourtant, si recourant à cette dernière hypothèse, vous

---

1. A cette confusion, n'ont échappé, croyons-nous, ni M. W. James, ni M. Bergson.
1. Voir M. W. James, *loc. cit.*

supposez un état continu où viendraient s'absorber toutes
vos forces, une émotion profonde qui accapare tous vos sentiments, il en sera fait de toute perception de la durée ; c'est
que vous n'avez plus les moyens habituels de la réaliser :
aussi, direz-vous que cette heure qui a pourtant rempli un
état unique s'est écoulée aussi rapidement qu'une seconde, et
même, en lui assignant cette mesure, vous tromperez-vous
encore, car il n'y a pas eu, il ne saurait y avoir de jugement porté sur la durée, en l'absence *des perceptions de différences* qui la réalisent. Que si, même alors, il vous arrive
d'avoir le vague sentiment d'un temps écoulé, c'est que vous
comparez les deux états auxquels l'attention vous ramène et
qu'à la vue du changement survenu en vous au moment où
le second se produit, vous jugez qu'un temps a dû s'écouler
qui a servi à le produire. Il est donc faux de prétendre que
la perception de la durée se réduise à celle de la vie continue
de nos états dans la conscience, et que la continuité soit la
loi de la vie individuelle. Si le temps est une vue de l'entendement et une forme originale, il faut savoir que cette idée
trouve son accomplissement dans la vie et comme l'*action
différenciée* qui s'y projette, et c'est ce que nous avons supposé en introduisant dans la réalisation de la durée l'idée de
relations vivantes et d'oppositions successives. En un mot, la
continuité est la forme d'une pensée évanouie et dispersée
dans son rêve ; l'unité de la vie intérieure est, comme on l'a
dit, l'unité d'une multitude, et le moi qui veille, par opposition au moi qui rêve, paraît avoir pour loi de vouloir et de
produire des différences.

C'est au fond une analyse du *possible* et du *continu* que nous
venons d'esquisser. Entre le possible et l'être nous n'avons
pu trouver de rapport analytique. L'état d'âme ne produit pas
la résolution par voie de génération ; il ne fait pas le vouloir,
ni sur un point précis, la volition ; il nous met simplement en
mesure de vouloir : telles ces végétations de pensée qui, dans
l'intelligence dont elles sont comme les dessous, rendent possible une idée claire. La résolution nous a montré la tendance
du possible à se dépasser et son impuissance à y atteindre.

Cette merveille que la nature n'accomplit pas, la liberté, plus puissante que la nature, l'accomplira. En fait, nous dépassons le possible, nous sommes. Bien plus, à chaque instant, nous ajoutons au possible les qualifications précises de l'existence : nous ne cessons de passer du possible à l'être par un acte de volonté pure. Ce n'est ni la nature ni la logique qui expriment le sujet individuel : c'est la liberté.

Il résulte de ces considérations que la vraie individualité n'est pas le moi le plus profond, le plus personnel au sens ordinaire du mot ; c'est une personnalité épurée qui est, en même temps, au-dessus et au dehors de nous. De nos jours on parle volontiers de vie intime, de vie subjective : une psychologie s'est produite qui a pour tâche d'en noter les nuances, d'en saisir les complications, quand elle ne dit pas qu'elles sont insaisissables. Les subtiles résonances font illusion : on croit toucher en elles aux données premières de la conscience, alors qu'on s'arrête à ce qu'il y a dans la vie intérieure de nuances délicates et fugitives. Le fugitif n'est pas l'intime : une sensation qui ébranle délicieusement notre être, une émotion qui fait résonner des fibres secrètes, en soulevant un monde mobile de souvenirs, une pensée pénétrante et vive ne sont encore que des groupements de surface où ne se reflète que de loin l'absolu de la personne. Pourtant, nous les prenons pour nous-mêmes ; à les éprouver, nous croyons retrouver le sens perdu de notre existence naïve ; nous savons gré, à qui nous permet de nous découvrir sous ce jour, d'avoir su démêler dans son image de la vie les rapports changeants qui en font la complexité et la vérité. Nous nous trompons pourtant, car le monde mobile où il nous introduit, objet de la conscience empirique, est encore celui de nos rêves, et, si l'on a pu dire que la rêverie est un élément réel dans la composition de la vie, il faut encore ajouter qu'il reste à cette dernière de trouver dans un acte de liberté pure son achèvement et sa vérité. Mais nous corrigeons cette erreur à ces rares moments où la conscience morale a l'occasion de revendiquer ses droits sur toute l'âme : nous voyons alors, avec une netteté tragique et une clairvoyance soudaine, que l'individualité enveloppe un acte moral ; nous comprenons que s'il nous était donné de remonter au delà des complications réelles du sentiment, pour le saisir dans sa source, nous serions étonnés de nous trouver aussi simples [1]. La vraie idée du monde intérieur se forme alors en nous. Ce qui nous paraît intime par excellence, c'est ce fond reculé de l'âme où n'atteignent ni les rêveries, ni les minuties du sentiment, et qui est pure action intellectuelle et morale. Ce moi est aussi distinct du moi concret que l'entendement l'est des sens. Il est pour nous-mêmes l'acte unique que la multiplicité de nos émotions symbolise : seules, les pensées toute simples d'obligation et de repentir l'expriment immédiatement.

Dans la vie intérieure, la seule unité possible est une unité morale ; c'est la forme maîtresse qui transparaît dans le mouvement de la vie et qui se réalise dans son histoire. Ne cherchons pas l'individualité dans l'ordre de la nature ; par essence elle est extra-naturelle et extra-logique.

Nous venons de nous demander si l'essence de l'individualité réside dans une synthèse d'attributs aussi riche qu'on la suppose ; et nous avons dû, pour cela, rechercher les conditions d'un jugement d'attribution familier au sens commun. Mais, comme ce dernier nous incline à simplifier les conditions, nous en venons à éliminer de notre représentation de la vie tout élément différentiel, nous recourons spontanément à une image objective. Il était donc permis de se demander si cette image d'un sujet abstrait s'accorde avec l'existence individuelle, ou si elle n'irait pas jusqu'à l'exclure. Car, c'est après avoir confondu le sujet réel avec son symbole, c'est après l'avoir supposé soumis aux lois d'un développement logique que la psychologie de l'empirisme a pu mettre ses adversaires en mesure d'opter entre une négation catégorique du moi et l'affirmation d'un principe

1. Voir, à ce propos, à titre de vérification psychologique, les analyses si directes renfermées dans l'ouvrage de M. Strowski, *Saint François de Sales* (livre IV, chap. IV et V).

dont elle venait de montrer la foncière absurdité. Mais, en
cela, elle ne faisait que céder, comme les spiritualistes, à une
illusion d'optique: elle supposait que l'individualité est suffisamment exprimée par l'image qui en est artificiellement
produite, quitte à opposer à cette conception, des anomalies
qui n'avaient pris un sens que par elle. Nous nous sommes
efforcés de rompre avec cette illusion. Si ce n'est plus une
abstraction de la science et de la réflexion qui compose la
personne, une large place sera faite désormais en elle aux
simultanéités contradictoires, et l'on ne craindra plus de trouver, à l'origine du moi, les accidents et la fluctuation de la
vie. Ces accidents entreront même dans une explication finale ;
en dehors d'une réflexion prévenue, ils composent les phases
normales de notre histoire : nous ne sommes pas donnés primitivement et d'un seul coup ; nous nous faisons au jour le
jour. On comprendrait aussi que, livré à sa naturelle mobilité, le moi pût engendrer des désordres qui se révèlent par la
réalisation successive des contraires et par l'affirmation inco-
hérente des possibilités de toute nature. Ce n'est encore là
pourtant qu'une première puissance du moi, puisque si vous
la considérez en elle-même, elle vous apparaîtra comme une
multiplicité pure, incapable d'effectuer sa propre synthèse ;
d'un autre côté, ces obscures vicissitudes ne peuvent être comprises que si elles se réfléchissent dans un sujet capable de
les juger, et l'on ne parlerait plus de désordres, si l'on
n'avait l'idée d'une appropriation des phénomènes à un sujet
normal. Le jugement d'attribution dont nous avons analysé
les éléments recouvre donc un procès réel : le sujet — non
la puissance, mais l'activité vive et éveillée — est le terme
conscient de cette évolution ; il se dégage péniblement parfois,
parfois avec de brusques retours, de ces tentatives et de ces
efforts : *il est le terme supérieur que tend à constituer une
conscience dynamique*. La résolution correspond désormais à
la copule dans le discours : elle marque le rapport synthétique du sujet réel à ses actes, comme l'indécision, qui accompagne le désir, marque le rapport inverse d'un attribut à un
sujet qui a cessé de le dominer. Reste à savoir en quoi le sujet

individuel consiste véritablement. Dans le chapitre qui va suivre, nous ne le considérerons plus dans son rapport avec les phénomènes, mais en lui-même. Pour le moment, il nous suffira d'avoir montré ses affinités avec la liberté, en même temps que sa lente préparation dans une conscience concrète, conçue comme un génie personnel. Vivre, et dans une acception plus haute du mot, vouloir, c'est composer notre être d'actes émanés de nous. Dès lors, il n'est pas de mouvement de la vie personnelle qui ne soit à priori inexplicable, puisque nulle de ces synthèses n'est logiquement donnée, puisque, encore, chacune de ces synthèses implique une contradiction avec le principe logique de l'identité universelle. On ne pourra donc plus prétendre que la vie individuelle soit simplement en accord avec une existence possible dont nous prendrions insensiblement conscience et dont nous accepterions la nécessité. D'autre part, il est impossible d'affirmer que nous n'ajoutions rien à l'essence indéterminée d'homme, impossible d'accepter comme quantité négligeable la vie, l'action, la bonne volonté. L'existence individuelle n'est donc pas donnée dans l'être possible, ni avec l'essence indéterminée ; elle s'y ajoute d'elle-même ; elle ne procède pas par analyse, elle se développe par synthèse ; elle n'est pas simplement, elle est libre.

Il semble donc qu'il y ait dualité dans les formes de la conscience, et que le jugement d'attribution exprime en même temps que la synthèse de ces deux termes le passage incessant de l'un à l'autre. Au sein de la sphère indistincte qui l'enferme à l'origine dans l'harmonie d'une demi-conscience, le moi concret tend à produire les variations de l'existence ; il est ainsi pensée mobile et vivante, il est devenir. Ces hétérogénéités, pour peu d'ailleurs que l'entendement les souligne, se convertissent en des termes opposés ; elles s'excluent logiquement. C'est l'ère transitoire des désordres intérieurs, des passions et de la folie. Mais, comme on a montré que notre individualité n'a pas de contenu inconditionné, de telles oppositions ne réussissent pas à cacher l'unité profonde qui tend à se constituer : elles ne sont que les degrés inférieurs

de notre existence ; elles trouvent à un degré supérieur leur
harmonie. Ce serait d'ailleurs ne pas comprendre la vie intérieure que d'interpréter ces transformations en recourant à la
loi d'un développement continu ; dans le développement réel,
au contraire, c'est presque ce qu'on verrait de plus extraordinaire cette fécondité, ces impressions si diverses, ces oppositions et, pour tout dire, tant d'aspects si différents. Et la
résolution même en fait foi : elle marque le passage d'un moi
qui s'écoule au moi qui reste, l'action incompréhensible d'un
moi qui est la conscience et la vérité de l'autre. Que ce soit
là maintenant cette représentation toute puissante « qui se pose
avant toutes les représentations, pour elles, contre elles, pour
elle-même et contre elle-même [1] » ; que ce soit plutôt l'unité
centrale où se redressent comme en un foyer intérieur les
apparitions mobiles de la conscience, toujours est-il que voilà
le terme vers lequel tendait en nous l'obscur mouvement de
la vie, et qu'une fois produite, notre individualité est sans
doute constituée pour l'éternité. Il ne faut donc pas s'étonner
si dans le mécanisme qui marque l'empire de la nature sur
nos tendances, comme dans cet ordre supérieur qui n'a pas
encore d'individualité bien tracée et où tout parle d'éléments
en fusion, nous avons pu démêler la pensée délicate, fuyante,
qui nous anime : nous assistons à la formation lente du sujet
individuel au sein de formes qui semblaient d'abord l'exclure ;
nous le voyons communiquer peu à peu l'attribut de la réalité aux éléments dispersés de la conscience.

1. Renouvier. *Deuxième essai de Critique générale.*

CHAPITRE VI

LA LIBERTÉ INTÉRIEURE

L'idée d'un déterminisme psychologique — la seule qui nous intéresse présentement — a souvent été confondue avec celle d'un destin intérieur. Cela veut dire que les phénomènes moraux a, b, c, d, e,... se disposent en un système qui est nécessairement tout ce qu'il *devait* être ; en second lieu, qu'un phénomène composant M, considéré dans l'avenir, résulte nécessairement de la mise en œuvre des éléments donnés dans la série actuelle. Or, il est permis de démêler dans une telle conception, en même temps que cette notion de nécessité logique qui en est, à vrai dire, la forme une donnée toute psychique qui en sera la matière, et qui n'est autre que la décroissance ou l'évanouissement graduel de l'activité mentale, la lente dégradation de l'initiative personnelle. Si donc, jusque dans cette hypothèse, rien n'empêche, comme l'a voulu Kant, d'admettre la liberté par un acte de foi morale, il serait plus juste de remarquer d'abord que le déterminisme, du moins dans le for intérieur, s'offre à nous avec un tel mélange d'éléments hétérogènes qu'il sollicite la critique. En analysant ce concept nous montrerons l'équivoque qu'il renferme ; nous montrerons que sa force fait sa faiblesse, puisqu'il résulte de l'intervention de l'idée logique de nécessité introduite par l'entendement constructeur dans l'expression des phénomènes conscients et que, s'il a une valeur au regard des la représentation, on ne saurait pourtant l'ériger en loi des choses [1].

Bien que la loi de la nécessité doive s'appliquer aux démarches logiques des esprits, plutôt qu'à la production des états vraiment personnels, nous ne laissons pas d'avoir par instants le sentiment d'une détermination interne : il en est ainsi toutes les fois que des séries d'images motrices se produisent, auxquelles nous ne pouvons obéir sans avoir la conscience de tomber dans l'automatisme. Nous entendons bien que ce déterminisme présente des points de contact avec nos émotions et nos volontés, et qu'il tire de cette source profonde son origine historique ; c'est même ce que nous pensons quand nous le distinguons du mouvement impersonnel de la nature et quand nous l'appelons, malgré tout, nôtre. Néanmoins, par une confusion qui n'est point rare dans la vie mentale et que nous aurons encore l'occasion de signaler, nous le mettons sous la dépendance des choses et voyons en lui l'effet d'une force extérieure à nous. Il est pourtant inutile d'imaginer cette extension illégitime de la force et du mouvement dans la conscience elle-même, car si l'on sépare l'idée logique de nécessité de celle de détermination psychologique, on en vient à reconnaître que nous ne jugeons de cette dernière que par analogie avec ce qui se produit en nous. L'habitude nous en offre un exemple : nos états peuvent quelquefois se séparer de la volonté réfléchie et se pousser, en quelque sorte, les uns les autres : à la libre causation se substitue alors un rappel automatique qui détermine, dans les couches inférieures du moi, des effets accoutumés. Nous avons ainsi conscience, non de relations nécessitantes, mais de relations inclinantes et déterminantes, non d'un mécanisme qui dirigerait nos états comme du dehors, mais d'une loi de distribution à laquelle est désormais soumise notre activité languissante. En un mot, nous constatons l'écrasement de la conscience individuelle plutôt

1. Retour à la vue profonde de Schopenhauer, dans *le Monde comme volonté et représentation*. La personne qui est, pour nous, une idée du monde serait soumise à cette loi antithétique.

que nous ne percevons, dans cet écrasement, l'application d'un
déterminisme rigoureux. Si maintenant, poussant plus loin
nos recherches, nous découvrons dans cette forme insolite
de l'action une activité latente, nous serons surtout frappés
des conditions nouvelles auxquelles notre activité est brusquement soumise. Nous l'opposerons presque infailliblement
à cette activité en éveil dont nous éprouvons les effets dans
nos actes libres : nous verrons bientôt en elle une puissance
antagoniste. Il ne nous restera plus qu'à la placer dans la
catégorie de la nécessité, comme nous plaçons sous l'idée de
dehors celles de nos sensations qu'accompagne une représentation spatiale, comme nous plaçons sous l'idée de passé ceux
de nos états qu'un affaiblissement progressif détache de noūs
peu à peu. Enfin, conclurons-nous hâtivement, cette force,
dont la conscience était impuissante à découvrir la provenance,
résulte de la force nécessitante dont nous douons les choses. Mais
nous oublions que cette force à son tour est problématique,
et qu'elle correspond à une donnée dont la physique moderne
tend à se passer. A la théorie de la transformation des forces
en mouvements, on devrait, si l'on en croit un physicien
ingénieux, substituer une théorie thermodynamique qui
laisserait intacte la question métaphysique de la nature de
l'énergie, et qui, en limitant nos recherches à l'étude des
relations entre divers groupes de mouvements, nous inter-
dirait l'accès de cet état plus complexe qui est la force elle-
même. Comment donc se représenter cette force, sinon comme
une sorte d'état psychique, comme un amortissement de
l'action que nous sentons en nous-mêmes, c'est-à-dire
par analogie avec ces états où nous ne percevons plus
qu'une activité mourante. Vous n'éprouverez, dès lors,
aucune surprise si, en vous comme hors de vous, il vous
paraît impossible de réduire en rapports analytiques ces événements d'un nouvel ordre et s'ils répugnent aux conditions
formelles que la science leur impose : car, par une extension
illégitime des données de votre propre conscience, vous supposez au-dessous du mécanisme un état hétérogène, une
qualité de la force, et c'est sous la forme d'une énergie languis-

sante, perçue en vous, que vous l'imaginez encore. Dès lors, ce qui est réel dans le déterminisme interne, c'est toujours l'activité qui transluit bien au delà de son enveloppe logique ; ce qui est artificiel, c'est l'application des lois de la nécessité à cet état faible de la conscience. Bref, le mécanisme est l'exigence logique d'une méthode parfaite à laquelle répugne la réalité consciente : c'est une forme d'explication, le moule d'une loi, plutôt qu'une loi des choses.

On comprendra maintenant que le déterminisme psychologique résulte, en partie, de l'artifice qui introduit au sein de la personnalité les formes logiques de la nécessité. Par un calcul inconscient, nous substituons aux complications croissantes de la vie intérieure les conditions dont elles seraient, dans un système formel, l'invariable synthèse : nous traduisons, ici encore, la conscience par l'entendement. Mais, comme le phénomène de la vie personnelle est sui generis, cette tentative ne tarde pas à se tourner contre nous ; car, après une suite de transformations insensibles, nous finissons par voir en lui un système de points fixes dont les situations seraient déterminées a priori par des trajectoires, au lieu de cette unité croissante d'intégration que l'analyse nous avait permis d'y découvrir. Le monde mobile de nos sentiments est alors assimilé à un système mécaniste de la nature où les êtres résultent de la convergence des lois nécessaires et où ces lois, par la variété même des points qui les joignent, forment la variété des phénomènes dans l'univers. Or, c'est à une conception de cet ordre qu'ont abouti de tout temps les efforts tentés pour construire le déterminisme psychologique. Spinoza établit une identité fondamentale entre la vie prétendue individuelle et le déroulement nécessaire des phénomènes dans la nature ; mais, en immobilisant dans l'absolu la série des modes qui composent une âme particulière, il remplace les rapports successifs qui paraissent la gouverner par des rapports purement logiques, et par là il la figure à la manière des notions géométriques où l'esprit perçoit une multitude de conséquences comme en un moment unique et en une forme indivisée. Ce n'est pas sur un autre patron

que Kant construisait le monde de la conscience, lorsqu'il
prétendait qu'une analyse assez pénétrante saurait prédire les
actions futures avec une rigueur mathématique : n'était-ce
pas supposer que les événements de ma vie sont les éléments
logiquement ordonnés d'une seule notion qui saurait, arrivée
à la conscience de soi, découvrir dans une aperception unique
ce qu'elle a été, ce qu'elle est et même ce qu'elle sera ? Mais,
pour parler justement, cette distinction entre les moments de
la durée n'aurait même pas à se produire ; pour Kant, comme
pour Spinoza, comme pour tout déterministe, l'être successif
et changeant est une illusion ; la réalité de l'existence se confond avec sa vérité : elle est équivalente à une notion pure,
éternellement présente à elle-même. Le déterministe ne fait
ainsi que développer des relations qui s'enchevêtrent les unes
dans les autres, mais son explication présuppose une opération préalable qui ramasse au sein d'un concept et qui unit
par un lien de nécessité logique les détails que l'expérience
disperse et distingue. Toute la question était donc de savoir
si la conscience procède comme l'entendement. Or, l'expérience même en fait foi : l'opération qui restaure ainsi l'unité
de notre être sous forme de relations algébriques emboîtées
dans un concept ne donnerait qu'une lointaine idée de la vie
personnelle. Ainsi qu'aime à le remarquer un romancier
hardi [1], il en est de la vie de la personnalité comme de ces
états profonds où nos pensées se confondent de plus en plus
et se résument en un seul cri murmurant toujours les mêmes
paroles : elle s'érige, au sein des vicissitudes et des variations,
en une vivante unité. Mais, tandis que la marche de l'existence individuelle la porte naturellement à une unité d'autant
plus riche qu'elle se compose de déterminations qualitatives
plus variées et plus précises ; tandis que se produit sous la
forme d'un état habituel et profond une individualité qui
recueille de tous les points de la conscience nos puissances
disséminées ; c'est, inversement, à la forme vide de l'unité
que s'appliquent les explications du déterministe : après

1. G. Eliot.

l'avoir appauvrie en retranchant une à une les diverses complications qu'elle renfermait et sans lesquelles elle n'est rien,
c'est pourtant dans cette unité formelle qu'il continue à chercher
la raison de ces complications, alors qu'elle en reproduit seulement le vestige ou, plus simplement, la place. Loin donc que
le moi se réduise à un enchevêtrement de termes nécessairement conditionnés au sein d'une notion, c'est inversement
qu'il procède : l'unité qu'il forme ne cesse de croître en
richesse, en autonomie, et c'est de cet enrichissement, dans
lequel réside la vie personnelle, que l'unité de la notion ne
nous fournit point l'image. On pourra donc développer les relations qu'elle renferme, figurer cette nécessité logique sous la
forme d'une nécessité historique, on ne fera que recourir
alors à un dernier jeu d'abstraction, et l'on s'éloignera de la
réalité vivante jusqu'à l'assimiler, non plus à un concept qui
demeurait après tout ramassé en soi, mais à une série de
termes, extérieurs désormais les uns aux autres, maintenus
par un artifice fragile de la représentation.

C'est inversement une transposition de même ordre qu'on
fait subir au concept de liberté intérieure, et peut-être trou-
verait-on dans cette erreur fondamentale la source de l'illusion que nous venons de signaler. On définit ordinairement
la liberté le pouvoir de produire un acte que l'intelligence avait
reconnu comme possible concurremment avec d'autres. Ainsi,
on réunit en elle deux éléments qui devraient à la rigueur être
séparés : l'un d'origine mentale et proprement intellectuel,
l'alternative ou le choix ; l'autre emprunté à la nature et
introduit de force au sein de l'esprit, la causalité efficiente.
C'est même cette idée d'efficacité qui, à la suite des analyses
de l'école éclectique, tend à primer, si bien que la liberté
paraît entièrement définie par la puissance, et qu'il semble
que notre choix dépende de notre pouvoir considéré d'ailleurs
comme distinct, loin de le diriger ou de le produire. Or, il
est bien évident que l'idée de liberté n'implique pas l'adjonc-
tion de la causalité efficiente entendue en ce sens de motion
physique. L'histoire même en fait foi. Sans parler de Male-

branche qui ne craignait pas d'enlever à notre liberté l'initiative dynamique, Bossuet, comme Descartes, voyait dans
le consentement l'essence d'une liberté qui se trouvait ainsi
complètement définie par l'action intellectuelle : car le pouvoir, si l'on entend par ce mot ce qui assure le succès
physique du choix, s'ajoute au consentement et en dérive,
loin de le produire, et c'est l'intelligence réfléchie, non une
puissance indéfinie, qui opère ce qu'il y a de plus intime
dans la liberté, à savoir le choix et l'*agir* même[1]. Il était
réservé à des auteurs contemporains de préparer, par un
retour à ces vues, une conception nouvelle de la liberté et de
dissiper la contradiction que l'éclectisme avait laissé subsister.
Soit, en effet, qu'on accorde aux idées le pouvoir de subsister
en elles-mêmes[2] et de susciter l'action qui les réalise; soit
encore que dans l'idée de liberté on découvre le précieux
privilège d'engendrer une liberté réelle et qu'on définisse
cette dernière une idée qui se produit et se propage elle-
même[3], on s'accorde sur un point essentiel : la négation d'une
volonté considérée comme une cause mécanique, et l'affirmation d'une spontanéité mentale qui trouve dans le choix son
expression immédiate. A ces vues nouvelles s'est ajouté l'ap-
point d'une vérification psychologique décisive. L'objet du
consentement nous apparaît toujours dans une idée, remarque
M. William James, et ce qui le caractérise comme voulu,
c'est qu'une telle idée devient victorieuse des idées contraires,
bannit les négations et demeure affirmée. Cette idée victorieuse
est, en chaque cas, formée d'images, de sentiments qui sont
afférents dans leur origine; mais le sentiment de spontanéité
mentale ne prend pas place parmi eux, puisqu'il les domine
tous et arrête un choix : la liberté sera donc psychologiquement définie, non plus la vie obscure de nos états dans la
conscience, ni le sentiment de l'effort où se réfléterait, en
quelque sorte, sa causalité, mais l'action purement intel-

1. Voir, à ce sujet, les profondes analyses de M. Blondel, dans *l'Action.*
2. Théorie de la pensée ou volonté automotive, dans M. Renouvier.
3. Fouillée, *La liberté et le déterminisme* (Paris, F. Alcan).

lectuelle par laquelle un choix, une fois produit, reste affirmé. Mais laissons de côté l'histoire. La conscience n'attache pas la fortune de nos actes libres à leur succès physique ; car elle en découvre la source au dedans et comme au cœur de nous-mêmes, dans une résolution librement produite ; d'un autre côté, elle n'appelle pas toujours libres ceux de nos actes qui nous ont le plus coûté, et il est par suite insoutenable qu'elle établisse un rapport absolument fixe entre ce caractère qu'elle leur accorde ou leur retire à son gré et la puissance efficace d'où ils semblent émaner. Au contraire, c'est une représentation intellectuelle qui fait ici l'actualité de l'existence et la physionomie originale de la liberté. Se fixe-t-elle sur un groupe d'idées au détriment des termes avoisinants ? Aussitôt, comme si les relations naturelles étaient brisées et si une nouveauté d'être résultait de la seule application de la pensée, un moi se forme dans le moi, et l'on sait qu'il prend souvent assez de relief pour chasser du sein de la conscience jusqu'au souvenir du moi qu'il remplace[1]. La résolution n'est probablement qu'une idée qui se découpe sur le canevas uni de la vie mentale et qui s'en détache bientôt, grâce à l'action intellectuelle qui l'accentue en y appuyant fortement. C'est, sans doute, une question de savoir comment une idée peut s'affirmer au sein de l'esprit, et comment elle suscite l'action qui la réalise ; mais c'est une question que nous n'avons pas encore à poser : il nous suffira pour le moment de dire que la liberté ne procède pas comme une force de la nature, ou plutôt nous dirons que c'est le contraire qui est vrai. Il nous restera simplement à comprendre à quel signe, dans cette hypothèse, nous reconnaissons les actes libres ; mais, comme notre conscience se laisse souvent abuser dans la désignation qu'elle en donne, il ne nous paraît pas superflu de poursuivre d'abord cette illusion de l'efficacité jusqu'en sa source, l'idée de l'effort.

« C'est la conscience immédiate que nous avons de l'effort nécessaire pour déployer nos forces soit pour agir, soit pour

1. Voir le chapitre précédent de l'*Individualité*.

résister à une autre force, qui nous donne cette conscience
interne de puissance et de causation par rapport au monde
matériel et qui nous pousse à croire que lorsque nous voyons
des objets matériels passer du repos à l'action…, c'est en raison
de quelque effort semblable au nôtre, mais non accompagné
de notre conscience. » A n'en point douter, l'effort est le
plus significatif des phénomènes : si la conscience s'y joint,
il éclaire les profondeurs de notre être, il nous révèle ce
qu'elles renferment de puissance causatrice. Pourquoi donc
faut-il qu'un tel privilège soit contradictoire? On ne saurait,
croyons-nous, affirmer l'idée de l'effort au sens de puissance
et de causation, puisque cette hypothèse est inséparable de
celle d'une production de force, d'énergie physique. Or,
indépendamment des difficultés que présenterait ce phénomène créateur, comment donc accorder l'existence immaté-
rielle qu'on se plaît à reconnaître à l'esprit et cette faculté
d'engendrer la force physique? En fait, la confusion se produit. Nous supposons en l'action du vouloir quelque mystérieuse influence ; nous nous la représentons comme le passage de quelque chose en quelque chose, comme un transfert
de force et de mouvement. Par un artifice subtil de l'imagination, nous nous figurons l'effet préexistant au sein de la
cause et attendant quelque modification de cette dernière
pour se dérouler jusque dans les ondes nerveuses. Mais par
là même, nous établissons une identité réelle entre deux
termes qui s'excluent : nous étendons l'esprit, nous soumettons le vouloir aux lois des forces, nous en imaginons
l'histoire sous la figure d'une ligne indéfinie dont les points
seraient fournis par la résistance des muscles, le froissement
des organes [1]. L'effort devient alors une révélation : il est le
langage naïf que parle en nos organes une liberté matérielle.
Ce n'est là, avons-nous vu, qu'une fiction ; pourtant la conscience, même avertie, ne cesse d'en être dupe, et si elle
renonce à signifier la liberté par l'effort physique, c'est pour
recourir à un compromis entre l'effort et l'initiative indivi-

1. Voir ch. II.

duelle. Même dans ces rares moments où le sentiment d'une irréparable faute tendrait à nous rendre à nous-mêmes, il ne nous suffit pas d'accepter la liberté pure comme un facteur essentiel et suffisant de notre action : nous essayons de trans-- former cette intuition et d'en produire une évaluation artifi- cielle. Malgré nous, pour peu que nous cherchions les raisons profondes qui ont présidé à notre conduite, nous parlons des degrés de la responsabilité : nous tendons naïvement à les cal- culer comme nous le ferions des modifications survenues dans une grandeur. Qu'implique ce calcul intérieur, sinon qu'à l'instant précis où nous le formons, nous convertissons notre liberté en chose : nous la fixons par l'artifice de l'entende- ment qui essaie de la comprendre. Nous pouvons alors nous demander jusqu'à quel degré elle s'élève, et nous oublions qu'en la traitant en quantité appréciable, nous la soumettons à la loi du déterminisme, nous la faisons s'évanouir. Il est bien vrai, maintenant, qu'une pareille évaluation est de mise dans ces actes qui résultent moins de la volonté de l'homme que de ses habitudes et de ses passions. Par le point où ils s'identifient avec les choses, ces phénomènes n'échappent plus à la loi des nombres ; nous notons alors et exprimons, sous une forme peut-être encore trop précise, l'envahissement de notre être par le mécanisme, sa lente transformation en nature ; et ce n'est qu'indirectement, par ce détour, que nous parvenons à mesurer notre liberté. Ainsi, toute tentative d'évaluer le degré de notre mérite, c'est-à-dire, comme nous l'avons montré, de notre libre vouloir, échoue nécessaire- ment ; elle aboutit au calcul assez grossier des forces qui nous nécessitent et qui déjà ne sont plus nous. Nous disons alors que nous sommes, par exemple, aux deux tiers libres, par suite incomplètement responsables ; mais le génie de la géométrie, joint ici à notre amour-propre, fait subir à la liberté la plus complète altération qui se puisse : nous étions libres, et complètement, aux regards de la conscience, puisque nous sentons qu'une faute a été commise. Une seule chose révèle alors la présence de l'invisible ouvrière : c'est juste- ment ce sentiment intime de notre responsabilité auquel

se joint l'idée de notre faiblesse devant la puissance infinie
de la nature. Ce sentiment suffit : toute traduction mécaniste est inutile.

C'est pourtant à ce moment précis qu'intervient, pensons-
nous, l'illusion d'un effort moral immédiatement saisissable.
Comme nous croyons éprouver l'intensité de nos résolutions,
nous ramenons peu à peu en elles l'idée de grandeur et de degré,
puisque la liberté que nous leur accordons varie à nos yeux
en raison directe des efforts qu'elles nous coûtent. Il ne nous
paraît pas cependant que l'effort, même pris dans cette acception morale, puisse exprimer l'essence de la liberté. On le comprendra sans peine si l'on veut bien remarquer que la liberté
réside dans l'affirmation d'une idée et que l'activité sensible,
dont nous aimons à la douer, résulte, non plus de cette
action intellectuelle, mais des mouvements afférents qui se
mettent en jeu à son occasion. Or, c'est de la rencontre de ces
deux courants que dérive uniquement le sentiment de l'effort.
On sait qu'une idée nouvelle, pour peu que notre attention
lui donne de la consistance, n'est pas toujours accueillie par
toute l'âme : le plus souvent même, le cours de nos pensées en
est troublé ; aussi résistent-elles, lentes à modifier leur attitude
habituelle, paresseuses à suivre la marche nouvelle que la nouvelle idée leur imprime ; partant, elles oscillent entre l'idée
dont l'intelligence affirme soudainement la vérité et le mouvement qu'elles décrivaient de tout temps peut-être dans notre
conscience. Le sentiment de l'effort mental que nous éprouvons
alors résulte sans doute de la persistance avec laquelle nous
affirmons la vérité, mais surtout de l'interruption brusque du
mouvement déjà communiqué à nos pensées, qui ne laissent
pas de s'orienter encore dans le sens donné, malgré l'idée
interruptrice. A tout prendre, il en va de même de l'effort
moral. Dès qu'une idée — non plus seulement spéculative,
mais pratique — s'affirme intérieurement, quelques-uns de
nos sentiments en sont aussitôt charmés : mais, pour peu
que nous ayons vécu en dehors de son action, il est en
nous des habitudes qui résistent ; elles ont alors quelque
chose de la langueur et de l'irritation qui nous saisissent

quand on nous tire brusquement d'un sommeil sans rêve ou
d'une réflexion prolongée : elles sont déconcertées. Bref, au
mouvement prévenant qui les gagne de proche en proche et qui
tente de les disposer en combinaisons imprévues, elles opposent une résistance sourde, renforcée par l'action des centres
nerveux eux-mêmes dont elles ont fini par faire des instru-
ments. C'est qu'elles ont déjà au sein du moi une vie profonde, un commencement d'autonomie ; c'est encore qu'elles
maintiennent leurs droits à être. Pourtant, cette résistance qu'elles opposent à l'action intellectuelle, nous la
convertissons bientôt en effort moral : nous nous représentons une force de même nature agissant en sens contraire :
nous animons cette liberté spirituelle et la mettons effectivement aux prises avec les séries organisées de nos passions ;
insensiblement, nous l'érigeons en une force dont la tension
se mesure à la résistance ou aux défaillances de ces dernières.
Mais, une telle confusion ne se fût point produite si l'on
n'eût d'abord incliné à traduire la résistance en effort, si l'on
n'eût cherché dans l'alanguissement de nos états l'effet de
notre initiative dynamique, dans l'accroissement de leur
vigueur, au contraire, le signe d'une défection intérieure. La
vérité est que notre liberté réside dans le privilège de choisir
une combinaison nouvelle et de la maintenir malgré l'opposition d'éléments qui ont déjà leur vie et leurs habitudes particulières ; la vérité est qu'il n'y a point de relation assignable
entre le vouloir et l'effort, le choix et la résistance.

Qu'on nous permette de recourir à une démonstration
indirecte pour fortifier cette conclusion. Dans l'hypothèse,
selon nous insoutenable, d'une action transitive de la liberté,
nous devrions mesurer les degrés de cette dernière à la quantité de nos efforts. Supposons donc que dans un conflit aigu
entre une passion sensuelle et le devoir, notre adhésion au
devoir étant d'ailleurs aussi ferme qu'il est possible, les
courants afférents aient tout d'un coup reçu l'ordre d'aller
deux fois plus vite : la passion redouble. Si l'idée du devoir
est maintenue, le sentiment de la résistance redouble aussi,
puisque la contrainte est maintenant double et que deux fois

plus d'éléments vivants viennent se briser contre le « non possumus » de la volonté. Pourtant personne ne dira que la liberté ait redoublé, comme l'exigerait l'hypothèse d'une liberté transitive ; elle s'est plutôt maintenue constante : l'affirmation d'une idée, à laquelle nous l'avions réduite, s'est poursuivie ; elle n'a pas abdiqué. Il y a eu double résistance dans les centres et les courants, par suite sentiment d'un effort double ; il ne laisse pas d'y avoir unité et simplicité d'une même action dans l'âme. Dans l'hypothèse inverse d'une décroissance graduelle de la résistance, on ne saurait d'ailleurs parler d'une diminution parallèle de la liberté. Qu'on se rapporte à l'exemple précédent : grâce à une thérapeutique morale capable d'opposer des habitudes à des habitudes, les courants afférents se ralentissent, se suspendent : il y aura donc diminution, finalement même suspension de la résistance. A mesure que la résistance se réduit, notre liberté triomphe des passions qui la captivaient jadis ; elle en triomphera désormais par la seule affirmation de l'idée contraire, comme en se jouant. A-t-elle disparu, du moment que les notations précises de l'effort moral ont cessé de la souligner ? Qui le prétendrait ? En éliminant toute idée d'effort, cet état de naturelle et de bienheureuse aisance correspond à la liberté idéale, et c'est sans doute le propre caractère de la liberté divine où, des profondeurs de l'amour, un consentement éternel s'opère, éternellement suivi de succès, en une facilité qui bannit toute résistance. Il est donc bien vrai que l'effort n'est pas l'essence de la liberté, puisqu'elle ne redouble pas quand il redouble, et qu'elle ne disparaît pas quand il s'évanouit. La liberté est pure action intellectuelle et morale : l'effort signifie que bien des choses sont encore en nous réfractaires à cette action ; il mesure simplement la résistance qu'elles lui opposent.

Mais cette action spirituelle qui constitue la liberté et dont l'effort n'exprime pas immédiatement l'essence, est précisément ce qui intéresse le moraliste. Certes, elle n'est pas si spéciale que la pensée pure ne nous en offre déjà l'image dans l'affirmation de ses principes et dans la vie qui organise au sein de l'intelligence les idées les plus opposées ; seulement, cette spontanéité mentale diffère de la liberté du tout au tout, car nous devinons en cette dernière quelque profonde raison qui la différencie des démarches même spontanées de l'intelligence. Il n'en est pas moins vrai qu'une vie toute semblable signalerait à la conscience attentive l'apparition de la liberté. Il arrive souvent qu'en l'absence de toute passion résistante et, par suite, de tout effort, quelque chose de libre s'opère : nous l'éprouvons confusément quand la contemplation, quand la méditation de l'âme appliquée à une idée en ramène l'image intérieure. Dans cette perfection de la vie spirituelle si bien décrite par les mystiques, une intimité se produit entre les éléments concrets de notre individualité et l'idée dont nous voudrions vivre : car, si nous savons ou pouvons la maintenir aux regards de la conscience, elle ne tarde pas à opérer à la manière d'un charme : elle pénètre nos autres idées, elle les oriente doucement dans un sens qui les eût déconcertées d'abord, elle les gagne de proche en proche. Cette action secrète, nous sommes tentés de la nier, parce qu'elle n'intéresse point directement le corps, peut-être aussi parce qu'elle n'est suivie de nul effort ; nous la nierions même et la rejetterions comme un mythe psychologique, si un bien-être infini n'en signalait la présence, si plus tard nous ne nous trouvions raffermis et comme renouvelés dans nos engagements avec le dehors. C'est donc qu'entre l'instant où notre méditation commence et celui où elle a pris fin, quelque chose s'est fait, soit qu'en ramenant la même idée elle en ait varié les lignes pour l'adapter à nos états, soit que plus simplement elle en ait multiplié les points de contact avec nous-mêmes. Nous comprendrions mieux qu'il en fût ainsi, si nous songions que la délibération, si importante pour le succès de l'acte libre, n'est autre chose qu'une attitude méditative : nous nous mettons librement dans un état d'attente favorable au développement des idées contraires ; tandis qu'elles se profilent en nous, nous essayons, par un calcul rapide, de les ajuster à notre fond et d'apprécier par les contre-coups qu'elles y suscitent les points d'attache qu'elles pourraient bien avoir avec nous-mêmes. Seulement,

la plupart de nos délibérations sont des méditations écour-
tées : nous n'en tenons nul compte ; tandis que dans les
hauteurs de la pensée une vie libre s'ébauche, les mêmes
motifs ramenant les mêmes actions lui opposent, dans les
sphères inférieures, un automatisme pratique. — Il ne faut
pas chercher ailleurs la raison des difficultés qu'en éprouve
à saisir l'activité idéale que toute liberté implique. Pour un
peu, abusés par un type faux d'activité transitive, nous
dirions que ces étonnantes démarches se sont produites sans
nous ; et nous ne reculons pas devant une négation de cette
liberté, toutes les fois que nous recourons aux notations
infidèles de l'effort. Mais, notre erreur ne tarde pas à se tourner contre nous. Il n'est pas rare que devant une volition
avortée nous essayions pourtant d'organiser la résistance :
nous nous épuisons à triompher des forces rebelles de notre
individualité, à les attaquer de front, sans nourrir assez
l'attaque. Mais nos défaites nous montrent bientôt la fausseté d'une telle tactique et le caractère conventionnel du
principe qui l'inspire. Il y aurait de plus décisifs progrès si,
au lieu de nous acharner uniquement à réduire ces puissances, nous nous appliquions encore à enrichir la qualité
de notre âme, à la modifier intérieurement par l'affirmation
réitérée de quelque idée solide. Ne craignons pas de suspendre l'acte libre à l'action intellectuelle, puisque c'est dans
la vie méditative seule que l'analyse découvre le secret de
la liberté.

Nous n'aurons plus la tentation de soumettre l'acte libre
à la loi d'une causalité mécanique, et par là seront écartées
les difficultés que le déterministe soulevait grâce à cette première confusion. D'un autre côté, l'idée de détermination
nécessaire perd toute signification dès qu'on l'applique aux
actes émanés du moi : nous substituons alors les lois du con-
ditionnement logique aux lois de la finalité consciente qui
permettent au moi de s'affirmer librement et aux états du
moi de réaliser par une adaptation lente l'idée qu'il affirme.
Aussi nous croirions-nous en droit de conclure, sur ces points

essentiels, en faveur de la liberté intérieure, si la précédente analyse, après en avoir défini l'essence, n'avait encore à en examiner le développement, et si, en passant de la psychologie statique à l'histoire, elle ne devait se trouver aux prises avec des difficultés inattendues.

La pure action intellectuelle, en laquelle réside notre liberté, ne saurait être représentée, parce qu'elle est une « chose simple » ; mais si on la considère dans son exercice, non plus seulement dans son essence, on trouve qu'elle se produit progressivement et qu'elle évolue dans la durée. Elle est, mais aussi elle devient, et elle remplit la conscience de ses variations. De ce progrès, de cette mobilité dans le temps il y aura donc désormais représentation ou image. C'est d'ailleurs ce que nous expérimentons quand la réflexion saisit au sein de l'unité de l'être la perpétuelle diversité des états qui la composent et quand, de cette vie multiple et diverse, le caractère individuel nous présente une expression, en figurant, sous sa forme toute construite, un mouvement de la volonté dans le temps, une succession, une série qui se déroule. Ainsi, de la liberté prise en soi, nulle image n'est possible ; mais une telle liberté échapperait, croyons-nous, aux conditions de l'existence et serait, par suite, contradictoire, si on ne la supposait recueillie dans l'unité ineffable du vouloir. La vraie liberté requiert une variété de résolutions distinctes, et voilà comment l'habitude et la mémoire sont sans cesse mêlées à la volonté dont elles recueillent, pour les lui offrir à nouveau, les éphémères transformations. Voilà aussi comment nous avons sans cesse dans l'esprit une image de la vie intérieure, — les épreuves variées que nous faisons de notre énergie intime ne s'évanouissant pas avec les impressions qui les provoquent, mais rentrant plutôt dans cette représentation qui en conserve les vestiges. C'est une expérience incessante et une vie continue. Aussi, unissons-nous à nos résolutions actuelles la vision confuse d'un passé qui se reprend sans cesse à vivre, et, dans chaque démarche nouvelle de la liberté, retrouvons-nous la vivante image et l'histoire de cette liberté. Une résolution, si elle est véritablement libre, traduit, par delà son objet immédiat, toute l'âme.

Il nous sera maintenant permis de demander si c'est vraiment la liberté que cette opération secrète par laquelle s'affirme et, en quelque sorte, s'objective une de nos idées? Cette action, dans la mesure où elle se produit en dehors de toute condition empirique déterminée, n'est-elle pas précisément incompatible avec l'existence? Comme le Dieu qu'un philosophe contemporain prétend élever au-dessus des déterminations de la pensée, la liberté idéale cesserait d'être. Comment d'ailleurs expliquer cette causalité de la raison à laquelle elle nous ramène? Sera-ce qu'elle prend son point d'appui en elle-même? Mais la pureté toute formelle de son essence, où n'entre nul accident, nulle modalité contingente, peut-elle donc fournir les éléments de son action? Sera-ce qu'elle fabrique elle-même la forme et la matière de ses déterminations? Mais serait-elle encore une personne, la pure volonté en dehors de laquelle il n'y aurait ni motifs, ni points d'appui? L'étude des formes de la conscience nous l'a d'ailleurs montré: la vie morale ne présente pas d'exemples d'une résolution unique, inébranlablement soutenue de toute la force des passions: elle va par reprises; elle est tissée de décisions successives qui traduisent souvent en langage de conscience les termes d'une fatalité sensible, et le caractère est une combinaison précieuse de coutume, ou de nature, et de liberté. Au surplus, l'idée d'un devenir intérieur, inséparable de la conception de l'homme moral, implique les retours sur soi et les tâtonnements hors de soi: notre vie doit être comparée à une histoire qui ne se sait pas et dont la formule se fait au jour le jour. Or, dans cette recherche de soi, ne faut-il pas des expressions nécessaires symboliques? Le déterminisme, si l'on entend par là la liaison logique des événements dispersés, ne sera-t-il pas la matière de cette histoire fragmentée et brisée qui est la personne humaine? Nous serons donc en droit de modifier sur ce point encore l'idée commune de liberté, et de substituer à la notion d'une spontanéité absolue une combinaison nouvelle où la nécessité elle-même entrerait comme élément.

Nous remarquerons d'abord que nous avons quelque vague idée de cette combinaison : nous sommes, chacun en particulier, le témoin d'une vie que nous n'avons point faite, puisque nous découvrons en elle ce que les catégories de la solidarité y ont introduit d'inévitable nécessité ; et, dans un sens plus profond, nous assurons qu'elle est nôtre puisque, la conscience morale possède quelque ineffable intelligence de l'unité de notre être, malgré l'artifice logique qui tend à la séparer : c'est dans ce double point de vue, d'apparence contradictoire, que réside l'intérêt de la destinée. Il faudrait même renoncer à le comprendre, si l'expérience interne, en nous offrant des phénomènes analogues, ne nous en suggérait l'explication. La perception extérieure, qui nous permet de déplacer nos sensations dans les perspectives mouvantes de l'étendue, résulte de l'action inconsciente par laquelle la forme de l'espace réagit sur les éléments de la vie sensible. Mais, il en est de même de la perception du passé qui caractérise le souvenir : nos impressions passées revivent pourtant de quelque manière confuse au sein de notre présent, et même, dans la mesure où elles sont partie intégrante de notre conscience actuelle, la réflexion les saisit comme des données intimes. D'où vient donc que nous les distinguions encore de ce présent qu'elles servent à former ? D'où vient que nous les situons hors de nous, que nous les rangions parfois en un ordre tout extérieur, comme des choses qui ne sont plus nôtres ? C'est que, tout en les sentant comme des états déjà sentis, la conscience est pourtant impuissante à les protéger contre l'envahissement de l'entendement : elle les livre à ses calculs ; il leur ajoute la forme du temps qui les objective en les détachant de la conscience, comme précédemment la forme de l'espace détachait de nous nos sensations. En un mot, il en est du souvenir comme de l'invisible élément émotif qui est à l'origine de notre perception des choses : c'est une donnée intime dont l'objectivité s'opère par un artifice de transposition. Ou plutôt, perception du

passé et perception du dehors impliquent, chacune en son
ordre, un acte indivisible de notre conscience : nous en pro-
jetons ensuite l'unité dans l'espace et dans la durée. C'est à une
réfraction toute semblable qu'est soumise notre vie individuelle. C'est qu'elle ne se passe pas simplement à se vivre,
si l'on peut ainsi parler. Dans la mesure où elle se sait, elle
devient un fait de représentation : elle s'offre alors à nous
historiquement, sous forme de déterminisme. Mais cette traduction symbolique d'une liberté intérieure résulte sans
doute d'une précipitation de la pensée qui s'efforce d'expliquer l'inexplicable, et l'histoire ainsi construite ne fait qu'exprimer en langage d'espace et de temps ce qui échappe, en
soi, aux lois de l'étendue et de la durée. Alléguera-t-on qu'il
nous arrive souvent d'être réellement déterminés par le passé,
et qu'à ce titre notre existence historique produit de la représentation peut réagir sur notre réalité profonde, au point d'en
commander les destinées ? Nous répondrons d'abord que
nous n'entendons pas nier cette réciprocité d'action ; nous
remarquerons seulement que le passé, conçu comme une
ligne rigide qui tend à se prolonger nécessairement, n'existe
qu'au regard de la perception interne. Ce n'est pas ce passé
qui agit sur nous en retour ; c'en est la vivante image. Nous
accorderons sans peine qu'une telle évocation s'effectue sous
forme impersonnelle, comme un déterminisme qui travaille-
rait sourdement au sein de nos habitudes ; mais, à chaque
instant aussi, cette image potentielle se colore des nuances
de notre présent, si bien qu'elle est infiniment plus libre
et plus actuelle que nous n'étions d'abord tentés de le croire.
Bref, si nous parvenions à dissiper l'illusion de la continuité qui soude notre présent à notre passé, nous verrions d'un côté une forme vide émanée de l'entendement
et appliquée à l'explication de ce que nous avons été, et
sous cette traduction rigide de choses vivantes nous perce-
vrions une organisation secrète, une libre tendance à nous
produire nous-mêmes. Le déterminisme aurait avec la spontanéité le même rapport qui, selon Leibniz, rattache le
mouvement à la force ; il serait un symbole, une explication.

Mais rien n'empêche plus de faire, comme le voulait Kant, coïncider ces deux termes : si les raisons essentielles et, qu'on nous passe le mot, ontologiques de chaque acte libre résident dans les profondeurs d'une spontanéité dont nous avons le sentiment confus, — à peu près comme la perception extérieure implique d'abord un groupe fragile d'impressions —, l'angle de vision sous lequel cet acte nous apparaît n'en est pas moins donné par le mécanisme. Mais cette condition d'optique intérieure ne doit pas en cacher les sources profondes : la couleur que j'aperçois à distance ne laisse pas d'être en moi malgré l'intervention de l'espace qui l'en isole ; la spontanéité de mes actes a une valeur, en dehors de l'histoire nécessairement impersonnelle où je la projette.

C'est pourtant à ce moment précis, grâce à cette combinaison heureuse du spontané et du nécessaire, que se produit la liberté de l'homme. Qu'on nous permette, pour fixer les idées, de recourir encore à une analogie. Un ordre nouveau commence pour nos pensées dès que l'esprit ajoute aux deux premières dimensions de l'espace la vue en profondeur. Pour une sensibilité incapable de figurer ce troisième élément les choses perçues se disposeraient vraisemblablement sur un plan continu où elles perdraient la mobilité de leurs rapports. Cette hypothèse, quelque étrange qu'elle paraisse, est partiellement réalisée dans la mécanique qui se borne à étudier les lois du déplacement d'un point par rapport à un point fixe, et dans la géométrie qui traduit la profondeur des figures dans la langue des surfaces et des plans : aussi a-t-on eu raison de voir, après Platon, dans le monde des géomètres, l'ombre ou le fantôme du monde réel. C'est dire qu'à l'apparition de cette troisième dimension tout est changé dans notre représentation, sinon dans notre science du monde. Pourtant, si les éléments qui en forment la matière n'ont pas varié, puisque ce sont toujours nos sensations, et si le cadre seul où elles se répandent s'est modifié, voici que les symboles, en s'ajoutant aux données concrètes, peuvent en transformer la figure et en changer le dessein. Non seulement le monde des corps que nos yeux contemplent, mais encore le monde de nos pensées ne seraient les mêmes si le sens de la perspective n'avait accru la mobilité des rapports dans l'un, le nombre et la variété des combinaisons dans l'autre. En un mot, la distinction de nos pensées s'accroît dans la mesure où nous embrassons hors de nous des détails plus variés et plus précis, et la même illusion qui dispose les objets des sens en une perspective mouvante fait aussi, en partie, la perspective de nos idées. — Or, comme notre représentation de l'espace, la nécessité n'est qu'un symbole : mais la spontanéité qui s'y projette se transforme à son contact. La multiplicité de nos impressions est confuse, indéterminable, et en s'y appliquant la volonté ne tarderait pas à s'y perdre, faute de trouver en elles une organisation suffisante : il n'en est plus ainsi dès que le déterminisme, en ramenant l'idée de liaison nécessaire, lui présente l'image d'une parfaite stabilité. Ce mécanisme réagit sur le moi aveugle, aux états imprévisibles : artificiel et faux, si on le considère comme la forme accomplie de notre être, il est un instrument de clarté, de vérité. A mesure que nous étendons notre histoire comme une chaîne qui dépasse et qui explique notre présent, nous en retrouvons le sens : nous ne sommes plus une énigme pour nous-mêmes. Ces états solidaires, ces habitudes morales heureusement ajustées sont les fortes assises de notre individualité ; nous le sentons, et nous sentons aussi qu'une secrète vertu les anime : celle qui révèle l'action, qui décèle la présence de la personne. Bref, le moi devient intelligible dans la mesure où la distinction s'introduit dans ses états confondus : il pénètre la loi de ses démarches, il s'élève à la conscience de son pouvoir, et c'est cette conscience qui le détermine : « j'agis sous l'idée de moi-même et de ma causalité propre. » Si l'on ne redoutait de recourir à une formule d'aspect hégélien, on dirait qu'il n'y a de liberté possible que parallèlement au déterminisme, puisque la succession, la solidarité, la détermination réciproque de nos états dans une même conscience rendent aussi possible, au sein du moi, la distinction des idées au lieu de leur confusion, la veille au lieu du rêve. Si la pensée sort de son sommeil et devient à ce titre capable de se saisir, nul doute que ce ne soit sous l'influence et comme à l'appel de la *multiplicité déterminée* que lui offre l'expérience, et par suite de l'ordre qu'elle introduit dans ses desseins. Le déterminisme n'est pas un frère ennemi : il est aussi nécessaire à la liberté que la liberté elle-même.

Ce n'est donc pas dans la suspension des lois de l'intelligence qu'on cherchera le secret de l'acte libre ; au contraire, on dira que la lumière, plus que la force, est requise pour la vraie liberté. Aussi serait-il inutile de l'établir en la réalisant une fois pour toutes dans le moi, et en supposant que le moi exclut le déterminisme, puisqu'il exclut toute idée de division et de relation : car ce moi ramassé dans le peu qu'il donne, réduit à la combinaison mouvante de ses impressions, s'il parvenait à se recueillir en son intimité pure, qu'est-ce autre chose qu'il saisirait qu'une inconsistance essentielle ? Alléguera-t-on que cette expérience recèlerait sous forme de possibles les éléments de notre histoire ? Mais on a remarqué à bon droit que cette indétermination radicale, en posant le moi en dehors de toute expérience, engendrerait la folie et le caprice, non la liberté : tant il est vrai que la suppression complète des termes de relation anéantit la possibilité de la liberté, en détruisant les conditions fondamentales de l'acte libre. Mais l'absurdité de ces conclusions paraîtrait mieux si, poussant jusqu'au bout l'hypothèse qui leur a donné naissance, on finissait par découvrir qu'elle implique au fond une confusion entre l'intention et le désir, entre la volonté humaine et la volonté animale. On pourrait, en effet, prétendre que l'intention ne présuppose pas des conditions intellectuelles déterminées, mais simplement des images de sensations agréables ou pénibles, et des efforts moteurs pour réaliser les premières tout en échappant aux secondes. C'est ce que pensait un écrivain ingénieux[1] quand il imaginait que l'animal qui se représente sa proie n'a pas besoin, pour avoir l'intention de la saisir et pour commencer

1. Cf. Guyau. *La genèse de l'idée de temps* (Paris, F. Alcan).

les efforts moteurs nécessaires, de penser l'espace ni la direction. S'il en était toujours ainsi, on ne verrait pas en quoi
l'intention se distingue d'un simple désir réalisé progressivement. En vain ajouterait-on qu'elle implique, en même
temps qu'un besoin initial, la conscience des efforts requis
pour le satisfaire : l'innervation motrice n'est pas une ligne
de démarcation qui suffise, puisqu'elle est justement impliquée dans ceux de nos besoins qui ramènent l'opposition du
voulu et du possédé. Il serait plus vrai de dire que nous
sommes alors en présence de phénomènes irréductibles. Le
désir se confond avec la vie continue du sentiment et du
rêve, tandis que l'intention requiert l'opposition d'un passé
qui s'achève et d'un avenir qui commencera par elle ; et il
ne s'en produirait pas, comme nous le voyons pour l'animal
et l'enfant, sans l'organisation complète des formes de
l'espace et de la durée. Si donc le désir se ramène à un état
de sensibilité pure qu'expliquent la vie et l'organisation
spontanée des images, l'intention requiert une opération
intellectuelle qui distingue le passé et l'avenir : car c'est le
moi dominant le temps, tenant le passé sous son regard,
posant l'avenir. Inversement, supprimez ce rapport d'antécédent à conséquent : le présent aussitôt se confond avec le
passé et du sein du passé, comme d'un possible en travail,
lève peu à peu, sans intervention surnaturelle, ce qui sera.
Mais, du même coup, l'intention s'absorbe dans le désir, et
le mot dont on s'obstine à la désigner pour l'en distinguer
n'est plus qu'une duperie. Que si l'on se refuse à une confusion de termes qui recouvre au fond une confusion d'idées,
on doit accorder, en même temps que l'existence de la liberté,
celle des conditions intellectuelles qu'elle requiert. La libre
volonté nous introduit ainsi dans un ordre supérieur à la
spontanéité, puisque nous ne percevions avant elle que la
vie continue et, pour bien dire, naturelle des états profonds.
Se résoudre, au contraire, c'est se reconquérir sur le temps
et commencer. Mais, si la liberté morale est un triomphe sur
la nécessité, elle ne saurait se produire sans l'accomplissement des lois intellectuelles, et ce lui est encore une espèce

de grandeur qu'en disposant les idées parmi lesquelles elle choisira et en l'excitant à rentrer en elle, la multiplicité déterminée qui semblait devoir l'exclure, prépare son règne.

La délibération ne sera plus dès lors un obstacle à la liberté. On donne la résolution comme une action impersonnelle quand on la fait résulter du jeu des motifs et de la libre intervention d'une volonté abstraite. La psychologie de l'empirisme n'aura pas de peine à montrer que la délibération explique après coup l'acte libre, mais que celui-ci est issu, sans un tel artifice, d'un courant qui le préparait au fond du moi : la liberté se produit à un moment donné, parce qu'elle vivait déjà dans une conscience diffuse. Nous accorderons d'abord que la délibération est une démarche significative, non efficiente : elle dénote, elle prépare des changements dans la volonté; elle n'en crée pas. Nous dirons ensuite qu'elle figure au regard de la pensée une situation personnelle dans l'existence. La préparation d'un acte libre se résout en une imperceptible méditation où l'idéal prend corps et s'affirme. Vous méditez donc; mais, pendant que cette attitude se produit, vous la fixez à vos propres regards, vous la simplifiez même en distinguant ce qu'elle unit, en séparant ce qu'elle confond : votre délibération est une méditation parlée. Qu'elle se rattache d'ailleurs à cet acte riche et incommunicable, à peu près comme la parole recouvre de son procédé discursif l'unité concrète de vos pensées, vous le comprendrez sans peine, si vous remarquez qu'elle ne se produit pas dans les cas de résolutions spontanées; la volonté est alors unilatérale, impuissante à former deux directions contraires de l'action, à susciter en elle des états antagonistes; et c'est sans doute parce que la liberté se réduit en ce cas à une affirmation continue qu'elle se réfléchit en un état d'où toute complication, toute délibération sont absentes. Au contraire, dans les moments de vraie liberté, le mouvement du vouloir procède par reprises, au lieu de se propager en une émission unique : il serait comparable à un rythme qui ramène en chacune de ses oscillations successives une situation nouvelle du moi. C'est ce travail délicat que votre délibération figure en un calcul toujours superficiel; mais à l'instant où elle rapproche et compare ces états antagonistes, elle ne fait que recouvrir et accuser tout ensemble le *procès* de votre volonté éprise d'une action possible, mais capable de s'en dégager aussitôt pour poser intérieurement une combinaison tout autre. Si donc l'absence de délibération s'applique à une liberté appauvrie, engagée dans une direction unique de l'action, la présence de la délibération signifie que votre liberté peut varier et varie ses positions à l'infini. Nous ne dirons plus que l'état délibératif suspende l'acte libre; car nous estimons que ces décisions contraires, où la volonté s'attarde, dépendent d'une paresse initiale de cette volonté lente à improviser son action. Nous ne dirons pas surtout que la délibération engage la liberté, puisque délibérer c'est déployer, comme en un commentaire intelligible, les volitions multiples qu'enveloppe le mouvement total de la liberté. La décision n'est en aucun cas un phénomène dérivé: c'est un phénomène direct et intime.

Le moment est venu de montrer comment cette liberté que nous avons précédemment définie une pure action intellectuelle, peut en effet se produire *in concreto* et affecter une forme vraiment personnelle. Il est d'abord évident que la liberté morale requiert simplement la conscience et la possession de soi; il suffira donc pour l'obtenir de mettre aux prises, comme nous l'avons fait, l'idée de nécessité et celle d'une action intellectuelle. Car celle-ci se réalise et se modifie tout ensemble au contact de ses symboles: ils lui donnent la clarté qu'elle leur rendra en signification profonde et en portée. Mais le mouvement qui la rend à elle-même sous forme de liberté vivante est le point de départ d'une transformation nouvelle; ce n'est pas pour se perdre qu'elle se trouve, et nous devinons le point où, dans les hautes parties de l'esprit, on verrait se reformer l'unité brisée du moi concret et s'identifier en une forme nouvelle, voulue maintenant, librement produite, les termes opposés de l'idéal et du réel. Or, c'est ici le point où l'on découvrirait le départ de la liberté morale, puisque le conflit se produit, non plus entre la nécessité des choses et la spontanéité du vouloir, mais entre le vouloir et son expression concrète. Qu'on se représente, pour fixer les idées, l'état naturel de l'homme par opposition à son état moral ; que, dans cet état, on se représente surtout la forme particulière que revêt la volonté, en commerce incessant avec un ordre de choses qu'elle n'a point fait. En vain la confondrait-on avec la vie sourde qui ramène au sein de la conscience nos habitudes passives, car il nous arrive encore de mesurer les retours offensifs de son énergie languissante et d'en recueillir les dernières résistances. Pourtant, c'est un état où l'initiative dynamique n'a plus de part, non sans doute qu'elle ait cessé d'habiter en nous, mais les passions grandissantes en ont couvert la voix imperceptible. Une telle volonté ne mérite donc pas le titre de bonne volonté, de volonté autonome et personnelle ; elle manque de décision, de persévérance ; elle est lente à se produire, impuissante à se multiplier ; elle est plus éprise des formes identiques de l'action que de l'action même : c'est une forme vide ; l'élan, l'âme n'y sont plus. Mais, si l'on peut alors constater l'écrasement de la volonté individuelle sous le poids de ses symboles, c'est au contraire le sentiment d'une conscience retrouvée, toutes les fois que cette volonté suit une marche inverse. C'est qu'en se dégageant des formes empiriques qui l'expriment, elle cesse d'être une forme à son tour ; c'est qu'elle se hausse jusqu'à l'idée d'une autonomie véritable où elle serait essentiellement et intimement elle-même. L'idée d'un devoir cesserait d'être, quoique en ait dit Kant, l'expérience suprême dans la moralité ; il serait plus juste d'y voir une forme provisoire encore, exprimant le rapport de la volonté avec elle-même. En un mot, la loi est dérivée, ou plutôt elle recouvre l'acte, elle implique l'intervention constante, secrète, soutenue d'une liberté plus profonde : elle est le témoignage naïf que la volonté se rend à elle-même quand, au sein des phénomènes qui la réalisent, elle pose à priori la loi de son action et de son être. Qu'on cesse donc de prétendre qu'il n'y a de vraie qu'une volonté formelle, incompatible avec l'existence ; nous ne voulons, au contraire, d'autre preuve de son existence que l'acte qui l'oppose à la nature et la donne comme plus réelle que la nature. Cette liberté est donc, dans toute la force du terme, une liberté spirituelle, et comme c'est par réaction contre les formes empiriques que se produit la souveraineté du vouloir, le déterminisme sert encore la cause de la liberté : mais la même action des choses qui lui permet de s'affirmer au contact de ses symboles, la met également en mesure de les dépasser et de prendre son point d'appui au-dessus d'elles.

Le procédé d'opposition qu'on vient de décrire est encore malgré tout extérieur à la liberté, parce que, s'il lui permet de se réaliser historiquement, il ne la restitue pas encore sous sa forme intérieure et personnelle. La considérerons-nous donc comme un principe original, comme une synthèse primitive antérieure à la pensée analytique? Mais il est permis d'estimer que nous n'atteignons aucune espèce de synthèse absolue et que l'idée du devoir, bien qu'elle soit provisoire puisqu'elle signifie la dépendance de notre sensibilité à l'égard d'une liberté idéale, est pourtant la seule forme que nous puissions saisir; il ne resterait, dès lors, qu'à concevoir notre être moral comme une suite d'efforts pour nous rapprocher d'un terme toujours en fuite et retrouver l'unité perdue. Et la synthèse dernière que nous ne pouvons saisir ni réaliser dans notre vie actuelle, nous la rejetterions dans un ordre inaccessible où président à ces mystérieuses transformations des lois supérieures à toute pensée finie. Nous verrons plus tard qu'il y aurait à prendre un parti plus simple : ce serait de renoncer à concevoir la personnalité comme un sujet formel et de lui retrouver un contenu qui constituerait la matière inépuisable de ses desseins. Bref, l'opposition que l'analyse découvre entre la volonté et sa matière ne fait que morceler l'être en qui ces termes se réconcilient, et il faudrait saisir, par delà ces abstractions, le procédé réel d'une existence qui ne cesse d'unir ce que l'entendement sépare. Pour le moment, nous remarquerons que la délibération même en fait foi : n'est-elle pas vis-à-vis de la résolution dans le même rapport que le mouvement à la force? Ne la signifiet-elle pas, bien plus qu'elle ne la détermine ? C'est donc qu'une résolution est une synthèse absolue dont la pensée analytique séparera les termes sous la forme d'une volonté discursive ; c'est que chacune de ces synthèses enveloppe, au lieu d'un état formel, un acte, et que chacun de ces actes marque une position personnelle de l'âme dans l'existence et dans la bonté. On s'apercevrait ainsi que le devenir moral signale à la conscience l'impuissance de la volonté à expliquer d'elle-même son action et ne fait qu'accuser une distinction radicale entre son contenu et sa forme. Et ce conflit se produit spontanément, au sein de notre conscience, toutes les fois que nous prenons une loi particulière comme expression de notre vouloir, alors que le mouvement invincible qui nous élève au-dessus de ces symboles nous montre uniquement que la volonté véritable tend vers un idéal d'autonomie comme vers une extrémité où elle trouvera le repos, après l'avoir fait toutefois résulter de ses inventions et de ses essais pratiques. Mais bien peu se disent que ce soit faire retour aux idées que de produire un acte libre, que ce soit déjà une réelle possession du bien même que de délibérer sur les possibles, et que les desseins qui disposent et qui varient notre conduite soient les démarches d'un esprit qui se détache de la matière pour les exciter de son propre fond. Il reste vrai pourtant qu'il y a un acte où nous dépassons la sphère de l'opposition abstraite de la nature et de la sensibilité : c'est l'acte libre; et cet acte est tout entier action intellectuelle et morale, puisqu'il fait appel à la volonté réfléchie comme forme et à l'idée du bien comme matière, et qu'il n'implique rien autre. La doctrine qui conçoit la vie morale comme un devoir-être abstrait repose sur une fausse conception des choses : au même titre que le mécanisme et pour les mêmes raisons, elle résulte d'une espèce de mirage qui superpose aux procédés concrets de l'invention morale des relations abstraites impuissantes à les égaler. La vraie liberté n'est ni un état, ni une forme, elle est l'existence pleine; et elle se produit en quelque sorte à priori, s'ajoutant à la nature par la vertu créatrice que la personne, en tant que personne, porte avec elle.

Nous pouvons donc assister au développement de la liberté
à partir du déterminisme qui constitue sa limite. Si le déterminisme est, au fond, une qualité de nos états de conscience
la recherche des moyens pour l'éviter sera en majeure partie
la méthode qui mène à la liberté. Une conscience attentive se plairait à guetter en chaque état le germe d'automatisme par où notre individualité pourrait s'y laisser conduire.
Dans ces combinaisons infiniment instables auxquelles nos
états intérieurs se prêtent, il n'est pas rare de surprendre le
vertige ou la rigidité commençante, la manière imitatrice, la
tendance à l'obsession, le retour à la vie impulsive, bref le
vice secret par où ils seraient fatalement conduits à se convertir en mécanisme ; car il paraît bien que leur qualité d'activité réfléchie est, pour eux, encore accidentelle, que le
déterminisme est leur condition primitive, qu'ils ne s'en
dégagent que pour y retourner d'eux-mêmes. — Le déterminisme sera donc pour nous ce qu'au dire d'un critique
singulièrement avisé était le despotisme pour Montesquieu[1] :

1. Voir Faguet, xviiie *siècle*, p. 170. — Voici d'ailleurs tout le passage ; il est ingénieux et profond, et il nous donne, par voie de rapprochement, une idée très nette des procédés suivis par la liberté concrète.
« Si la crainte du despotisme est tout le fond de Montesquieu, la recherche des moyens pour l'éviter sera toute sa méthode. Dans tout son
ouvrage, on le voit qui guette en chaque état politique le vice secret
par où la nation pourra s'y laisser surprendre. Le despotisme est pour
Montesquieu comme le gouffre commun, le chaos primitif d'où toutes
les nations se dégagent péniblement par un grand effort d'intelligence,
de raison et de vertu, pour se hausser vers la lumière, d'un mouvement très énergique et dans un équilibre infiniment laborieux et infiniment instable, et pour y retomber comme de leur poids naturel ; les
raisons d'y rester, ou d'y revenir, étant multiples, le point où il faut
atteindre pour y échapper étant unique, subtil, presque imperceptible, et
la liberté étant comme une sorte de réussite.
« Comme l'homme est engagé dans le monde fatal, dans le tissu matériel et grossier des nécessités, sent qu'il est une chose parmi les choses et
dépendant de la monstrueuse poussée des phénomènes qui l'entourent, le
pénètrent, le submergent et le noient, et s'élève pourtant, ou croit
s'élever, au moins parfois, à un état fugitif et précaire d'autonomie et de
gouvernement de soi-même où il lui semble qu'il respire un moment ; —
de même les peuples sont embourbés naturellement dans le despotisme,
et quelques-uns seulement, les plus raffinés à la fois et les plus forts, par
une combinaison excellente et précieuse de raffinement et de force, peuvent
en sortir, et peut-être pour un siècle, une minute dans la durée de l'histoire ; et cette minute vaut tout l'effort, et le récompense et le glorifie ;
car ce peuple, en cette minute, a accompli l'humanité. Montesquieu la

la limite d'où les volontés s'éloignent péniblement, par
un grand effort intellectuel, « pour se hausser vers la
lumière, d'un mouvement très énergique et dans un équilibre infiniment laborieux et infiniment instable, et pour y
retomber comme de leur poids naturel ; les raisons d'y
rester, ou d'y revenir, étant multiples, le point où il faut
atteindre pour y échapper étant unique, subtil, presque
imperceptible, et la liberté étant comme une sorte de réussite. »
Nous avons ainsi réintégré la liberté et le déterminisme
dans le phénomène total de la personne dont ils nous présentent, à vrai dire, les faces extrêmes. Le déterminisme
cesse d'être une vue théorique de l'esprit, un artifice inconscient de la représentation, pour devenir une qualité même
de l'activité intérieure, qui s'atténue et se dissémine. Mais
cette activité atténuée dont le déterminisme excelle à traduire le relâchement, qui fait retour à l'inertie et qui tend
à y retomber par lassitude et langueur d'abord, par la loi de
l'entraînement vertigineux ensuite, peut également s'exciter,
se raviver, se prêter à une multiplication interne du principe de la vie, s'ériger en un effort intellectuel qui nous la
présentera sous sa forme la plus systématique à la fois et la
plus exaltée : le type de ces expériences, qui élèvent nos états
intérieurs au plus haut de leur exaltation, est donné dans la
liberté. Celle-ci, au même titre que le déterminisme, est une
propriété de notre conscience : elle traduit notre activité sous
sa forme organisatrice et éveillée ; elle en marque le degré
suprême de vivacité et de tension.

Ramenée de la sorte à des données purement psychologiques, confondue avec le sentiment d'être libre, c'est-à-dire,
pour éviter toute équivoque de dialectique, avec l'exercice
infiniment aisé de notre activité, la liberté ne s'ajoute pas de
dehors à la vie personnelle ; elle a le caractère d'une syn-

cherche donc, cette combinaison délicate. Il en a trouvé tout à l'heure des
éléments dans la démocratie, et il ne les oubliera pas. Mais, nous l'avons
vu aussi, la démocratie ne suffit pas à réaliser son rêve ; elle a des pentes
trop glissantes vers le despotisme, et seule, sans mélange, étant le caprice,
elle est le despotisme même. »

thèse mobile présentant déjà tous les traits de l'individualité.
C'est cette synthèse de la puissance et de l'acte, de la spontanéité et de son objet rationnel, de la volonté et de l'entendement qui est seule donnée dans le monde réel. Il serait
donc chimérique de l'expliquer tout entière par la volonté
pure ou par l'idée pure, c'est-à-dire de prétendre isoler les
termes de la synthèse primitivement donnée. On peut simplement en suivre la formation tout en y notant les variations inséparables d'une histoire qui se fait. Bref, la liberté
n'est ni une faculté de l'âme, ni une donnée simple de
la réflexion. Elle est plutôt une résultante d'activités élémentaires qui la préparaient de divers côtés et qui lui
donnaient, dans les zones profondes de l'existence individuelle, un commencement de réalité. Ces activités synthétiques nous présentent sous une forme originale, très dis-
continue, autant de groupements inédits des données de la
conscience, autant de condensations neuves et hardies de
notre activité. Aussi bien en offrent-elles des essais souvent
significatifs et la traduisent-elles, comme le fait le caractère,
en un raccourci : ce sont de véritables unités de contraction. Quand la liberté aura à s'exercer, elle pourra compter
avec ces ébauches qui ont multiplié, dans le fond de la
conscience, les expressions vivantes de notre individualité.
Elle y découvrira, au lieu d'un mécanisme impersonnel, un
véritable symbolisme, à la fois varié et pittoresque, dont elle
n'aura qu'à dégager la signification pour en faire la matière
de ses actes. Il y aurait donc lieu de parler de la vie et
comme de l'organisation progressive de la liberté en nous,
celle-ci n'étant que l'issue de tentatives innombrables, n'ayant
le plus souvent d'autre valeur que celle d'un signe variable,
et se présentant presque toujours sous forme de réussite. L'analyse ne s'arrête donc pas à noter simplement cette aptitude à
agir qui en paraît la marque essentielle. Car, sous cette
promptitude imaginative et pratique, elle soupçonne la
réalité des impulsions intérieures et des énergies invisibles,
tout un travail sourd, continu, comparable à celui de
l'existence qui s'organise ou qui se répare ; elle se sent en

présence non d'une faculté immobile et comme insensible,
mais d'une suprême expérience de la conscience qui marche
et fait effort, on pourrait presque dire qui peine et qui mérite.
C'est cette complication d'états qui forme la synthèse mobile
où s'alimente l'activité libre et qui mesure sa force de tension :
aussi est-elle autrement importante que les décisions, toujours extérieures par quelque endroit, qui lui donneraient une
signification simplement statique. Mais en se replaçant de la
sorte dans un nouvel état d'âme, on découvrirait, croyons-
nous, la nature vraiment personnelle de la liberté ; on pourrait vraisemblablement lui restituer sa forme de composé
psychologique, de combinaison délicate. Il y a en nous, antérieurement au choix qui arrête un instant notre activité concrète, une multitude de dispositions qui finissent par se faire
équilibre et dont le jeu concerté établit une liberté foncière,
c'est-à-dire un état fugitif d'autonomie et de gouvernement
de soi. Dans chacune de ces dispositions qui forment justement le courant de la vie personnelle, on retrouverait la tendance à improviser l'action, à s'organiser promptement, à
s'ériger en une unité individuelle de conscience. Sentiments,
habitudes morales, premières ébauches par où se dessine un
caractère naissant, effort mental déterminant après soi la
synthèse motrice de l'effort musculaire, toutes ces expériences qui façonnent la trame de la liberté sont déjà, à leur
manière, de libres expériences : ce sont autant de synthèses
comparables aux synthèses affectives, autant d'organisations
délicates et complètes que nous pouvons saisir immédiatement dans l'individualité même de leurs mouvements. La
conscience, qui compose toujours, voit en elles les éléments
d'une combinaison plus haute. Elles se disposent insensiblement en l'unité vivante du caractère et de la personne : elles
rendent possible l'acte libre. Celui-ci est donc bien une
moyenne résultant du jeu des forces élémentaires de la conscience, une combinaison excellente et précieuse de raffinement et de force, de volonté et de réflexion. Du même coup,
nous restituons à la liberté son caractère discontinu, fragmentaire, nous comprenons l'instabilité de cet équilibre, la

difficulté de l'effort qui nous y élève. La forme même de
réussite, qui lui est propre, suffit à nous éclairer sur le côté
précaire de l'arrangement qui la prépare, sur la fragilité du
composé, sur l'impatience des éléments composants. Bref,
elle est variable et provisoire, comme la vie personnelle elle-
même dont elle exprime fidèlement le rythme ; ce n'est pas
trop de l'ingéniosité de l'esprit et de la générosité du cœur
pour la fixer un instant.

Nous venons de voir qu'on peut représenter de trois manières les rapports établis entre la liberté et les phénomènes :
ou, en effet, l'acte libre résulte d'une volonté indifférente
aux lois qui régissent l'expérience ; ou bien la liberté est une
forme surajoutée au mécanisme dont elle ne parvient pas à
modifier le dessein ; ou enfin, elle représente une existence
achevée, parvenue à la pleine connaissance en une personne
donnée. La première hypothèse est absurde, puisqu'elle suppose une existence qui se développe en dehors des lois de la
représentation, et la seconde, en nous mettant en possession
d'une liberté formelle qui deviendrait la loi d'une nouvelle
catégorie d'actes, compromet la liberté à laquelle elle dénie
toute dignité causale. Si donc de cette forme vide on rapproche les données vivantes de la nature, c'est pour la dissiper
à leur contact et pour substituer à son absurdité radicale les
lois rationnelles qui président à la disposition des choses.
Rien d'étonnant, par suite, si l'empirisme soumettant à la
critique une donnée aussi peu réelle finit par la résoudre en
une matière d'impressions multiples, et s'il prépare par là le
retour du mécanisme. A cette méthode de résolution nous
avons opposé une conception synthétique de la liberté, telle
que la conscience la prépare, quand on la consulte sans intermédiaire. La liberté n'est pas simplement une liberté formelle, car on ne comprendrait pas que des états concrets
pussent en dériver, et inversement le progrès de la liberté, en
ne nous permettant pas de nous arrêter à son idéalité pure
comme à une conception suffisante, nous fait reculer jusqu'à
un contenu réel qui est l'action et la vie des idées en nous.

Empiriquement, la liberté peut bien revêtir une forme homogène dans le sein de laquelle les phénomènes s'étalent en se nuançant d'une coloration unique; mais métaphysiquement, c'est un acte; elle a puissance et vie. Il nous était permis désormais de concevoir d'une façon nouvelle les rapports de la volonté et de la nécessité. Nos précédentes analyses en font foi: on découvrirait dans la vie intérieure des états correspondant à la nécessité, ceux qui signalent quelque inexplicable langueur de l'énergie personnelle; d'un autre côté, la liberté correspond à ces moments de conscience et de possession de soi qui forment dans la pensée réfléchie ce que nous avons nommé la pure action intellectuelle. Bref, la liberté sera la propriété de nos états personnels et forts, le déterminisme aura son équivalent psychique dans la torpeur qui gagne progressivement une conscience inactive : la personne est la catégorie supérieure à laquelle se rapportent déterminisme et liberté. — Mais s'il n'y a de réel en nous qu'une distribution graduelle de l'activité personnelle, si la volonté et la nécessité sont des propriétés de nos états correspondant à leur intensité ou à leur langueur, comment expliquer les prétentions du déterminisme? Ces prétentions ramènent brusquement un autre aspect du problème. Il nous a paru qu'elles n'étaient pas justifiées tant qu'on examinait l'essence même du libre vouloir, mais qu'elles prenaient un sens inattendu toutes les fois qu'on s'interrogeait sur l'exercice de la liberté. Il nous a paru que l'entendement n'était pas inutile à la constitution de la conscience, le phénomène à l'avènement de l'être. En un mot, le même acte, dans la mesure où il est voulu et représenté au regard de l'entendement, n'est pas sans doute un mécanisme de mouvements, puis une affirmation libre de la volonté, mais il est en même temps, sous des rapports très différents, l'une et l'autre chose. Il en résulte donc que toutes les fois que nous nions le déterminisme au profit de la liberté, il manque à cette dernière une condition essentielle, à savoir sa matière empirique et comme la loi de distribution de ses effets ; et quand nous essayons d'expliquer la vie morale par le seul déterminisme,

nous nous trouvons en présence de la forme vide de la nécessité, sans un élément réel qui puisse lui donner une signification et lui fournir un contenu. C'est que, dans le dernier cas,
nous essayons de construire la personne avec des éléments
empruntés à l'entendement impersonnel, tandis que dans le
premier cas, nous permettons à la conscience de se produire
comme phénomène, en dehors de tout élément quantitatif,
de tout rapport précis-par suite, et de toute représentation.
D'une part, le succès de la thèse volontariste implique qu'on
ne doive concevoir le moi sans quelque profonde raison qui
le fait être et durer ; d'autre part, le bien fondé du déterminisme
indique clairement qu'en dehors de la lumière de la pensée il ne
saurait y avoir, il n'y eut jamais de vraie liberté. Mais ces difficultés renaissantes nous renseignent du moins sur la nature du
problème : il y a un rapport entre la conscience et l'entendement, entre l'affirmation concrète de l'être et la représentation
idéale de l'être affirmé, et l'on perd le sens de ce rapport chaque
fois qu'on suppose une liberté pure ou un pur déterminisme. Les
difficultés inhérentes à la question, dans les deux cas, ne servent
qu'à protester contre la séparation brusque des éléments qui
entrent dans la composition totale du phénomène de la liberté.

Nous n'ignorons pas que la relation qu'on vient d'établir
désigne encore une puissance inférieure de la liberté, celle
qui se réfléchit dans notre vie mobile et dans notre caractère :
elle se rattache donc à une affirmation vraiment personnelle,
qui rapporte notre existence et notre histoire à un acte plus
profond, dont le sens se précise en nous par cette existence
même et par cette histoire. Mais nous avons tenu à donner
un sens aux rapports de la volonté et de la raison, en supposant que la liberté morale ne se produit pas en dehors
de l'acte de pensée qui permet à la causalité de la raison
d'affirmer à chaque instant en nous son être et sa vérité.
Nous ne dirons donc pas que la réflexion, que la délibération sont inutiles à la liberté, car, en accusant la causalité
de la pensée et en la faisant évoluer sous les divers aspects
qui peuvent nous toucher, elles rendent toujours possibles de
nouvelles positions de l'âme. Nous ne dirons pas surtout qu'il

n'est pas en nous de choisir le « bien de la raison[1] » et, dans chaque cas, un bien meilleur, car cette idée ne cesse d'éclairer nos jugements pratiques, comme l'idée de la vérité préside sans éclipse à nos démarches intellectuelles: chaque réso- lution en dérive, chaque acte de liberté nous y ramène. Par suite, nous commençons à comprendre que, si la liberté intel- lectuelle est plus personnelle que l'effort, l'acte moral, l'acte par lequel nous choisissons de produire ou de laisser se produire l'universel en nous est le fait personnel et métaphy- sique par excellence. Nous comprenons aussi que la matière et l'histoire de la liberté ne lui soient pas indifférentes : en tra- versant les formes de la nature et celles de la conscience, la personne ne s'y est point dissipée ; au contraire, comme si ses énergies s'éveillaient à ce contact, elle est entrée plus avant dans la possession d'elle-même. En un mot, les données de la conscience et des sens, encore extérieures à elle, n'étaient qu'une excitation à retourner à ses propres conditions d'être, et le mouvement qui aurait dû la faire s'évanouir lui sert au contraire à préciser l'image confuse et indistincte de l'uni- versel. La liberté n'est autre chose que l'action de l'âme produisant cette idée et réfléchissant sur elle. Elle marque donc uniquement le terme de la nécessité logique et le com- mencement d'un règne exclusivement commandé par la per- sonnalité de l'homme. Par suite, si l'image que nous essayons d'en produire est souvent inexpressive, c'est que nous la concevons encore avec des formes de pensée qui lui sont extérieures. Tout devrait changer en nos moyens de con- naissance dès que le sujet de la liberté est constitué; mais par une contradiction que nous renonçons à entendre, nos habitudes de penser persistent, comme si, faites pour d'autres usages, elles devenaient soudainement capables de porter la liberté. Aussi faudrait-il vraisemblablement renoncer à prouver cette dernière, si, du sein de la nature où nous sommes jetés, elle ne suscitait, en une démonstration plus prompte que les fictions de notre logique, des démarches qui la révèlent.

1. Spinoza.

CHAPITRE VII

LE SYSTÈME DE LA VIE PERSONNELLE

Les analyses qui précèdent ont suffisamment établi, croyons-nous, le principe de la relativité du moi. Terme essentiellement variable d'une activité dynamique, le moi n'est pas une donnée de la conscience : non seulement on ne saurait y voir une réalité toute faite, un système arrêté d'états, mais encore il n'y a pas dans la vie personnelle d'existence indépendante à laquelle cette désignation corresponde nettement. Tantôt, en effet, elle s'applique aux parties les plus saillantes de notre individualité, à une émotion, par exemple, qui se dessine en relief dans la conscience, à une volition qui accapare notre attention en l'intéressant brusquement à l'action qui va s'ensuivre ; tantôt, au contraire, elle désigne cette suite ininterrompue d'images et de sentiments qui évoluent profondément en nous, à l'écart de toute action, dans le recueillement de la pensée pure. C'est ainsi que nous lui faisons signifier tour à tour les choses les plus opposées, pour ne pas dire les plus contradictoires. Le mieux serait donc, si l'on tient à chasser tout arbitraire, de voir dans le moi une désignation générale englobant le système flottant de la vie personnelle et s'appliquant à chaque instant au nouvel aspect que son évolution ramène. Aussi, cette désignation convient-elle à une région de l'existence psychologique plutôt qu'à un état bien déterminé de cette existence : elle court, pourrait-on dire, à sa surface, comme ces jeux de

lumière qui se fixent d'instant en instant sur les parties
saillantes d'un paysage.

Appliquons à notre remarque la logique du nominalisme.
L'idée générale, savons-nous, résulte de l'association momentanée d'un mot avec une image singulière prise au hasard
dans une série, et isolée, par l'attention, des images avoisinantes. Cette image s'immobilise donc, tandis que toutes
les autres, vivifiées par l'expérience, continuent à frémir et
à onduler. Mais cette immobilité ne dure que l'instant toujours très bref de l'accaparement causé par le mot. L'image
immobilisée est bientôt comprise dans l'expérience totale qui
« ondoie », tandis qu'une autre se prête pour un moment
à l'artifice auquel la première vient de se soustraire. C'est
dire qu'il n'y a pas d'instant où l'immobilité ait été définitive, où l'image, souple par essence, ait contracté la rigidité d'un fait matériel ou revêtu l'inertie d'une substance.
Semblablement, le moi désigne tour à tour des attitudes
de l'âme essentiellement variables, des expériences souvent prolongées, mais qui n'affecteront jamais la forme exclusive d'un atome psychologique. Disons-le : il a la valeur
conventionnelle d'un signe. Si l'on tenait à tout prix à lui
assigner un objet stable, il ne conviendrait guère qu'à ce
système de tendances inférieures qui participent à la fixité des
besoins et à l'inertie de la matière, et qui constituent hors
de nous et jusques en nous l'individualité fermée de l'animal.
Car un moi réalisé sous cette forme rigide et impénétrable
serait tout au plus celui de l'animalité. Nous préférons épar-
gner à la personnalité les conséquences d'une telle réalisation; nous préférons conserver au moi son caractère de signe
variable, en le rapprochant d'un frémissement prolongé qui
engloberait toute une masse d'états avec quelques centres
mobiles de vibration où les ébranlements se feraient, par
instants, plus intenses et plus perceptibles.

Comment se représenter cette région psychologique dont
le moi nous offre une désignation superficielle? Allons-nous
simplement y voir une continuité d'états où les oppositions
s'effacent, un milieu homogène où, privée des réalités de

l'effort et du devoir, l'attention ne peut que glisser comme
dans un « éther sans résistance »[1]? Les études précédentes
nous ont permis d'éviter l'écueil : elles nous ont montré que
la vie de la conscience implique la discontinuité et la distinction, sans quoi tout se perd dans l'indéterminé et le non-
être ; nous avons vu s'introduire en elle un principe de diversité radicale de plus en plus saisissable à mesure que nous
passions de l'ordre du sentiment à celui de l'individualité et
de la liberté de l'homme. En un mot, la différenciation est
un des facteurs les plus importants de la vie personnelle,
puisqu'elle lui permet d'offrir une trame assez riche et assez
consistante pour que la réflexion s'y applique sans la dissoudre. Et nous savons, d'autre part, que la mort est un élément aussi nécessaire dans le monde psychologique que dans
le monde organique. Ces alternatives de dissolution et de
progrès sont souvent provoquées du dehors, il est vrai, et
imposées à une activité incapable parfois de se modifier elle-
même : mais il reste cependant que le devenir psychologique,
dans ce dépérissement d'anciennes formes et dans l'invention
de nouvelles, soit tout autre chose qu'une activité sans
relâche qui n'aurait ni signification ni but. Disons bien vite
qu'elle suit d'instinct une courbe qui est celle de la vie personnelle et que nous allons essayer de dégager. Cette courbe,
souvent arrêtée par des circonstances défavorables, souvent
aidée, au contraire, par les opportunités de l'action, ne se
prête pas d'ailleurs à un mouvement régulier : elle ne se
développe pas selon la loi d'une progression constante. Mais
la nature de l'activité qui la sous-tend est de réaliser par
intervalles des états nouveaux, différentiels, et de se con-
tracter dans des attitudes variables qui nous donnent une idée
de la vitesse de son cours avant leur apparition même, comme
elles nous permettent de prévoir la direction qu'elle prendra
encore, après leur disparition : autant de nœuds, pourrions-
nous dire, où l'onde sonore viendrait se condenser pour
communiquer ensuite son ébranlement à toute la masse.

<hr />

1. Renouvier.

Grâce à ces nœuds où notre existence a ses plis et ses détours, nous pouvons construire le tracé de la courbe personnelle, nous pouvons restituer le travail de différenciation qui s'exécute en elle et dont elle conserve les vestiges. Vue de la sorte, la région psychologique correspondant au moi est singulièrement intéressante à explorer : c'est un monde où s'épanouissent une foule d'activités élémentaires, où les états disparus ne meurent pas, reparaissent, transposés, dans des combinaisons nouvelles, un monde toujours brillant de jeunesse et de vigueur, soumis à la loi du renouvellement perpétuel et à la nécessité éternelle du divers, du pittoresque, du désordonné. N'exagérons pas pour le moment ce caractère, qui n'est d'ailleurs que transitoire. Nous allons rechercher la loi de ce monde « éblouissant d'un si grand luxe de surprises et de variétés »[1] et, sans nous laisser trop séduire par le spectacle de ces nouveautés, nous allons déterminer la loi et la suite régulière de leur apparition. Nous les verrons se produire en revêtant une signification de plus en plus haute à mesure que s'actualise, sous des influences diverses, la virtualité qui constitue d'abord le moi, et qui manifeste sa présence sous la forme d'une initiative commençante. La loi de ces actualisations correspondra à la loi même de la personne.

Nous abandonnerons pour un moment la méthode d'analyse. Nous supposerons le problème résolu ; nous demanderons à la synthèse de reconstruire idéalement le mouvement de la personne s'érigeant en être et en unité indépendante, ou plutôt de nous présenter les cadres dans lesquels ce mouvement s'effectue. Nous ne serons pas d'ailleurs dupe de notre artifice : ce schème, ou cette représentation abstraite de la vie personnelle, ne prendra à nos yeux une valeur que lorsque l'expérience interne en aura restitué le contenu et réalisé pleinement le sens. Jusque-là, nous y verrons simplement un tableau d'ensemble destiné à nous pré-

1. Tarde.

senter par avance et dans une vision simultanée la loi du développement de la personne. Cette vue théorique ne saurait être, en aucun cas, explicative : elle ne le deviendra que par l'examen attentif de l'activité psychologique dont elle se borne, pour l'instant, à dessiner les cadres tout extérieurs.

Jusqu'ici nous avons fait appel, au fond, à la méthode de l'idéalisme. Nous avons seulement repris le mot de phénomène dans son sens absolu, et nous avons supposé que ce qui se réfléchit de notre être dans le caractère et dans la conscience est, à bien des égards, modifié par la perception que nous en avons. C'est presque une théorie de la perception intérieure que nous avons esquissée : la formation de cette perspective interne est semblable, sur plus d'un point, à notre vue de l'espace en profondeur : l'une et l'autre sont acquises. Avec des éléments simples subjectifs, les sensations, Berkeley reconstruit le monde apparent : nous avons tenté le même essai pour les formes de la vie intérieure. On peut toujours, croyons-nous, en démêler la signification personnelle. En s'appliquant à la complication infiniment variable des faits internes, une analyse attentive a pu pressentir les règles particulières auxquelles s'est assujettie chaque volonté ; en considérant, au surplus, que ces formes, dans leur réalité apparente, résultent d'un apport de la conscience et d'une réaction de l'entendement, à peu près comme la perspective des choses résulte de la combinaison de nos sensations tactiles et de nos impressions visuelles, elle a pu dégager l'élément interne et retrouver ainsi comme résidu en chacune d'elles une nuance, une particularité, une attitude personnelle de la conscience. Qui nous répond pourtant que nous touchons là au fait ultime ? Quel départ établir en tout ceci entre le mirage et le réel ? Dans le moi, dans la liberté, pourquoi ne pas découvrir une combinaison nouvelle, une somme momentanée d'atomes psychiques ? Nous remarquerons d'abord qu'une telle alternative ne saurait se poser, puisque le moi est en partie défini par une action personnelle présupposée en toute synthèse. Nous répondrons ensuite en insistant, avec l'idéalisme, sur la simplicité absolue de cet acte dans lequel on ne saurait voir la mise en œuvre d'éléments primitifs, puisque nous le découvrons au terme de toute analyse, raison ultime des combinaisons analysées. Nous ajouterons que la conscience est l'unique étoffe dont il soit formé, puisqu'on a pu le retrouver en dehors de toute considération d'étendue ou d'entendement. Nous ajouterons enfin qu'on le constate tout ainsi que le psychologue l'entrevoit, quand les notions morales déchirent le voile qui dérobait à nos yeux son existence. Bref, concluronsnous, si notre complexe représentation du moi est acquise, l'acte qui produit une à une ces connexions est premier. Si l'on sait les interpréter, elles sont comme autant de degrés d'une personnalité représentative ; le terme qu'elles traduisent ou qu'elles font pressentir, la pure action intellectuelle et morale, est irréductible. Ainsi, nous tenons que ce qui fait partie constitutive de la personnalité, l'action et le jeu de la volonté, se révèle directement à nous dans la perception intérieure ; seulement, au cours de cette perception, le jeu mêlé des facultés produit des mirages que nous avons dû dissiper.

Nous n'avons pourtant accompli qu'une partie de notre tâche. Nous avons montré que la personnalité, que le moi, ne sont pas des données immédiates de la réflexion, que les formes de la conscience sont plutôt des combinaisons acquises ayant pour objet de traduire et de préparer tout ensemble l'action personnelle ; nous avons en même temps pris soin de bien établir qu'il n'y a pas en nous de nécessité a priori, mais simple arrêt du mouvement qui tend au développement de notre être ; qu'il n'y a pas de substance au sens réaliste du mot, mais simple immobilité résultant de la relation constante des éléments qui nous forment ; que ces systèmes à leur tour nous offrent des expressions approximatives de la liberté ; qu'en raison de leur souplesse enfin, il n'est pas impossible à l'action intellectuelle de se propager en eux, après s'être affirmée au-dessus d'eux. Mais il nous resterait à déterminer les conditions dans lesquelles se produit la haute action en qui réside, selon nous, notre existence véritable. La question résolue et la question à résoudre sont d'ailleurs connexes, la loi de la propagation de l'initiative personnelle étant en partie donnée par la loi qui préside à son existence même. Il est en outre nécessaire de la poser, puisqu'on pourrait toujours dire, contrairement à notre pensée, que le moi véritable de l'homme n'est qu'une essence idéale à laquelle se joindraient arbitrairement, et du dehors, les qualificatifs de l'être, ou encore qu'il n'est que la réflexion de la pensée sur elle-même ; et il est au moins clair que, dans l'une et l'autre hypothèse, le caractère de la personne concrète est compromis, puisque l'une la résout en pur possible et que l'autre en supprime jusqu'à l'idée, en la réduisant à l'affirmation de la vérité au sein d'une pensée impersonnelle.

Rattaché en fait à la sensibilité et à l'émotion au sein desquelles nous l'avons vu évoluer, l'acte personnel confine, en son extrémité, à la pensée pure. C'est même cette intervention qui l'arrache insensiblement à la subjectivité du sentiment pour lui conférer sa forme de moi humain et réfléchi. Nous avons pris soin d'établir la réalité d'une telle intervention. Si l'on supprime les modes de la représentation intellectuelle, l'acte personnel, privé de ses conditions formelles et de son point d'appui extérieur, s'évanouit : sans la délibération qui sépare et distingue les possibles confondus dans le désir, la résolution se mêle ; l'image nette du passé réagit à tel point sur la liberté présente que si elle s'obscurcit, notre liberté, comme il arrive dans le rêve et dans la folie, subit une éclipse. Et, d'un autre côté, nous savons que cette liberté s'achève quand à la reproduction exacte du passé se joint la précision d'un avenir d'où seraient écartées toutes les ambiguïtés qui rendent notre choix hésitant ou incertain. Bref, la vraie personnalité ne réside pas dans l'acte spontané qui constitue au plus profond de nous-mêmes notre vie individuelle ; elle est plutôt l'acte de pensée par lequel nous enveloppons et pénétrons tout ensemble cette existence profonde. On pourrait mettre en lumière ce caractère original en interprétant les résultats de nos récentes

analyses : car elles ont établi une sorte d'opposition entre la
vie subjective de nos états dans la conscience et la réalité
définitive de ces mêmes états. Dira-t-on que cette opposition
est fausse? Alléguera-t-on qu'une idée ne devient réelle que
si nous l'avons vécue, que nous devons, pour la vivre, en
faire une habitude pénétrant en toute l'âme? Nous demanderons alors pourquoi toute passion flotte et se désagrège
quand nous la laissons simplement vivre en nous, pourquoi
toute émotion devient inconsistante quand elle est ramenée à
l'état naturel et libre de la pure intimité, et pourquoi, au
contraire, elle devient une force quand elle peut franchir les
étroites limites de nous-mêmes par l'effort ou l'activité
créatrice de notre pensée. Dans le moi on trouverait ainsi
un élément subjectif donné par l'émotion, et un élément
objectif, en quelque sorte, résultant du renfort additionnel
que l'esprit tire de lui-même à l'occasion de ce qui nous
remue intérieurement. En sorte que le moi vraiment personnel ne cesse de transposer en idées les matériaux émotifs
dont se compose le moi sensible : il est le traducteur infatigable de la subjectivité et de l'émotion. On reconnaîtrait
sans peine, les choses étant ainsi, que ce qui est, en
nous, ce n'est pas ce que nous sentons et ce que nous
éprouvons, mais ce que nous pensons. C'est dans les profondeurs de l'émotion, comme dans le pur possible, que la
personnalité s'ébauche; elle s'achève au plus haut de la
pensée. Nous voyons bien qu'il en est ainsi quand nous
passons brusquement d'un état où notre liberté s'exerce
à un état purement émotif. Nous ressentons un charme
profond : il nous est donné par ce je ne sais quoi d'incertain
qui apparaît toujours dans nos sentiments et qui nous change
agréablement des précisions de la pensée. Si l'on cherchait
les raisons du bien-être que nous éprouvons alors, on les
découvrirait uniquement dans cette suspension inattendue
du moi réfléchi, dans cet oubli momentané de ce que nous
sommes : c'est ce qui arrive en fait dans l'extase artistique et
dans tout plaisir. Perdons-nous alors le sens du moi véritable,
du moi qui veut et qui se raidit pour produire un acte

libre? Non, puisque nous en gardons la vague conscience
intime et que nous sentons bien que l'instant d'après le
ramènera dans sa précision habituelle. Mais il est vrai aussi
— et c'est justement ce qui nous charme — qu'en se réfléchissant dans ce vague état émotif, le moi semble se dissocier et se briser, à peu près comme les paroles que nous
renvoie un écho arrivent à nous indistinctes et flottantes.
Intervertissons maintenant les rôles : l'analyse de ce qui, en
nous, est le plus ou le mieux. nous-mêmes ramènerait la même
conclusion. Une résolution ferme implique tout autre chose
que la spontanéité, et, quand nous arrêtons un dessein, qui
oserait prétendre que ce soit simplement en vertu du mouvement de désagrégation qui réduit chacun de nos états à sa
condition élémentaire? D'un autre côté, le sentiment de l'effort
trahit une résistance de nos puissances individuelles, sous une
action idéale qui les organise quelquefois à leur insu. Et la
preuve que cette action doit être tenue pour l'être véritable
nous est fournie par des phénomènes moraux du genre de la
satisfaction et du repentir ; car, s'ils se produisent au sein
de notre existence empirique, ils ont une signification bien
plus étendue que leur objet immédiat, et ils sont l'espèce
d'adoration que les formes inférieures du moi rendent spontanément à l'idée de grandeur morale contenue dans les
supérieures. Voilà donc la personnalité vraie : tout le reste
n'est qu'ébauche ou pressentiment.

Il nous paraît inutile d'établir par un autre procédé l'existence et l'action d'un moi idéal, car, si l'on écarte, comme
nous l'avons fait jusqu'ici, toute arrière-pensée métaphysique,
il n'est pas de doctrine qui puisse le mettre en doute ; et
nous avons toujours en sa faveur le bénéfice d'une vérification
immédiate, puisqu'il n'est pas de démarches morales qui ne
révèlent un effort pour réprimer les délicatesses et les artifices de notre amour-propre, et que la plus élémentaire de
toutes, la délibération, trahit une tendance de nos idées à
franchir, sous une action plus haute, les étroites limites de
nous-mêmes. Il est donc simplement cette seconde chose
qui naît de la réflexion et qui, pour parler avec Bossuet,

apporte un nouveau principe d'invention et de variété parmi
les hommes. Ainsi, en fait, le moi *est une pensée dont la
puissance est proportionnelle à son degré d'universalité et de
conscience.* Alors seulement nos virtualités s'épanouissent et
se réalisent, pour passer à l'acte de la personne : à l'uniformité d'une pensée pure succèdent, s'opposent bientôt les
particularités de la liberté. L'individu se profile sur le canevas
des forces logiques et physiques ; il s'en détache même, et il
recueille dans la réflexion les premiers effets de ses énergies
grandissantes : il est, il le sent, et il le dit. Nous sommes en
nous-mêmes l'acte absolu par lequel l'universel s'individua-
lise, ou plus simplement par lequel, à chacun des instants
de notre durée, nous affirmons l'universel sous cette forme
et non sous cette autre. La sensation, l'émotion, l'effort
musculaire étaient les éléments d'un premier moi qui ne
nous a point paru correspondre à notre être vrai ; la réflexion,
la liberté et l'idée de l'être universel, voilà les conditions à
priori d'un moi qui n'est plus seulement l'expression ou
l'ombre de notre existence, mais qui est cette existence
même.

Insistons. On vient de voir que le moi véritable de
l'homme doit être cherché dans l'action intellectuelle et
morale, ou plutôt au point d'attache de cette action avec le
contenu concret de la conscience. C'est cette relation nouvelle qu'il s'agirait maintenant de considérer, en remarquant
toutefois qu'elle se distingue de celles avec qui l'on serait
tenté de la confondre. L'idée de la vérité, par exemple,
s'ajoute aux détails de notre connaissance et les rend vrais :
il n'y a là qu'une action logique. L'idée de l'être organise
les éléments de nos jugements et leur communique la forme
de l'affirmation : là encore, il n'y a qu'une action logique.
On pourrait multiplier cette action autant qu'on le voudrait
sans la modifier, à peu près comme on pourrait parcourir
l'espace dans tous les sens et renverser l'ordre de ses parties
sans en altérer la nature. Voici qui est différent. Je forme
un dessein. Ce dessein pris en lui-même, encore que possible et logiquement existant, ne sera que par une action

originale qui lui imprime l'aspect de l'individualité. Cette action à son tour, dans un cas donné, ne se multiplie pas indifféremment comme l'action logique, chacune de ses affirmations se soldant par l'apparition d'un degré nouveau d'existence. Il convient donc d'y voir, au lieu d'un concept qui s'applique à une matière donnée, la secrète vertu d'une volonté personnelle qui s'insinue dans cette matière et qui l'organise. Nous sommes ainsi en présence d'une activité qui n'est pas simplement le pouvoir idéal de nier ou d'affirmer, mais qui est plutôt l'existence dans sa plénitude, c'est-à-dire dans sa forme la plus accomplie et la plus universelle. Et un tel type d'activité est requis, car on ne comprendrait pas en son absence que nous puissions produire autre chose que des possibles [1], et il est en lui-même la règle vivante qui nous permet de juger de nos actions et de toute action. Le moi supérieur de l'homme ne saurait s'établir sans une action métaphysique immanente, si l'on entend par là, avec Vacherot et Spir, l'action de l'idéal ou de l'universel sur notre âme. L'existence, en nous comme au dehors de nous, ne se développe, selon une remarque profonde, qu'à l'aide d'un principe qui la dépasse : « Quand l'être a amené sa nature au point de perfection dont elle était capable, cette nature ne lui suffit plus ; il a acquis l'idée claire du principe supérieur dont il s'inspirait sans s'en rendre compte, et c'est ce principe même qu'il a désormais l'ambition de développer [2]. » Qu'on ne cherche pas d'autre raison de ce passage, si curieux en nous, du possible à l'être, du simple pouvoir à l'agir, ou, si l'on n'accepte pas cette action, que l'on renonce à comprendre comment chacun de nous croit différer en lui-même des possibles qu'il contemple et qu'il réalise !

Cette action révèle d'ailleurs elle-même sa vertu en chaque

1. Cette production, avec son caractère exclusif et insolite, est très bien marquée dans le sentiment musical, qui implique le retour de la conscience à la possibilité ou à la virtualité psychologique pure, en dehors de toute réflexion organisatrice.

2. Zeller, *introduction*, édition Boutroux.

personne et autant qu'il y a de personnes, puisque, en un
sens plus que logique, elle est la règle de tout jugement,
relatif à l'existence et qu'en outre, elle est le pouvoir
d'affirmer concrètement notre existence ou de la produire,
comme un désir efficace, à chaque instant. D'un autre côté,
elle se démontre indirectement, par ses effets. Tandis que
l'idée de l'être immuable en réagissant sur les produits de
notre activité les détache, en quelque sorte, de nous pour
les convertir en habitudes ou même en instincts, c'est le privilège de l'universel de remplir le vide de ces formes,
d'éveiller, de ressusciter cette activité endormie, de provoquer
par une méthode d'épuration et de sublimation incessantes,
l'accomplissement du moi véritable. L'intuition de l'universel
anime donc et fait être par une espèce de magie, alors que
l'idée abstraite de l'être, résultat d'une idolâtrie de l'entendement, dissipe en vertu de son inanité les produits de notre
industrie, les immobilisant en des formes impersonnelles
sur lesquelles elle imprime tout au plus la marque de son
immutabilité.

Alléguera-t-on qu'il est superflu de recourir à une pareille
intervention, si l'on accepte l'idée plus claire d'une volonté
autonome? Mais nous prétendons justement qu'il est impossible d'expliquer cette autonomie en dehors de l'action con-
tinuée par laquelle l'universel se produit ou se manifeste en
elle, et nous croyons l'avoir montré, car, supérieurement à
l'être qui en nous n'est que disposé à agir, supérieurement
à celui qui n'en a encore que le pouvoir, il faut, selon toute
vraisemblance, placer l'être qui aspire à agir de telle sorte
que son existence soit précisément tout action, toute pensée
et toute joie. Cette volonté d'ailleurs, qu'y aurait-il donc qui
pût la différencier d'une obscure volonté de vivre ou du
simple pouvoir d'affirmer ou de nier, pour en faire, ce qu'elle
est réellement, une volonté concrète, sinon ce qui est type
accompli de volonté et d'existence? Dira-t-on, avec Kant,
qu'en s'offrant à elle comme forme de l'action, la loi morale
lui permet ce retour à soi, cette pleine possession de soi?
Mais le sens de la loi morale n'est-il pas plus étendu que son

commandement immédiat? N'est-il pas que la volonté doit s'affirmer comme existence pleine et libre, malgré l'illusion des sens qui renverse l'ordre de l'existence? La voilà donc dans la dépendance du type d'action que nous venons de décrire, et ce n'est encore qu'un curieux renversement des termes, si nous considérons comme une maxime isolée et indépendante ce qui est en soi-même l'annonce de cette action, l'ordre, suggéré par elle et réfléchi dans la conscience, de la laisser se produire intérieurement. Si l'on s'acharne pourtant à maintenir la supposition d'une volonté vivante régie par une formule impérative, il faut de toute nécessité renoncer à fonder en droit la soumission du vouloir, et il y aurait une part de vrai dans la morale du naturalisme qui prétend affranchir la vie intérieure de cette nouvelle servitude. Le mieux est d'intervertir les rôles. Nous dirons que les choses sont dans la mesure où elles méritent d'être et qu'elles le méritent à mesure de leur excellence qui se confond, selon Leibnitz et Pascal, avec leur universalité[1]. C'est donc par une action de l'universel que les choses, en nous et hors de nous, doivent être et finissent par être, et que les virtualités de la conscience se réalisent. L'opposition de la spontanéité et du devoir repose sur l'opposition plus profonde de la forme idéale du moi et de sa forme empirique. Une volonté qui pourrait se détacher de la nature, pour se retrouver tout entière, serait surprise de voir se confondre en elle la loi de son être et celle de son action, et de découvrir que cette idéalité qu'elle cherche est précisément la mesure et la source de la réalité qui la constitue.

De là, cette proposition qui nous paraît résumer la construction précédente et que nous croyons susceptible d'une vérification psychologique immédiate : *la vie personnelle, restituée sous sa forme complète et ressaisie dans la liberté de son*

---

1. « S'il y a pour nous deux existences, l'une développée et immédiatement visible, l'existence individuelle, l'autre encore presque inconsciente, mais supérieure, l'existence universelle; quel est le rapport de ces deux existences, et quelle méthode devons-nous suivre pour ramener la seconde à la pleine réalité. » Boutroux, *la psychologie du mysticisme*, p. 21.

cours, évolue entre deux plans extrêmes, le plan de la réalité
et le plan de l'idéalité, et elle correspond finalement à la synthèse mobile ou à l'unité de convergence de ces deux courants,
si bien qu'elle est tout entière obtenue lorsque *les particularités
du mouvement ou de l'action, qui lui donnent un commencement d'existence, se contractent dans la pensée pure ou dans
la pure réflexion.* Tel est le thème, et comme le motif général, que développe à sa manière chaque personnalité : le
moment est venu de demander à l'analyse la confirmation
de ces rapports abstraits et la réalisation de cette vue d'ensemble encore théorique, et simplifiée à dessein.

Un des faits que l'observation directe paraît avoir le mieux
établi, c'est que le moi humain, au sens où l'entendait Maine
de Biran, est une *attitude de la conscience*, et rien autre. Nous
avons pris soin de montrer que les variations de la vie individuelle ont une tendance à se renfermer dans certaines
limites et qu'elles conservent, en dépit de leur diversité,
une ressemblance fonctionnelle suffisante pour qu'on les
construise sur le même type et qu'on les comprenne sous la
même désignation. Voulez-vous maintenant définir cette attitude? Un ingénieux psychologue[1] nous suggère un commencement d'explication en insistant sur la différence, vitale
selon lui, entre les états d'esprit *réceptifs* et les états d'esprit
réactifs : le moi se déterminerait par l'ensemble des réactions
qui sont en nombre presque indéfini et qui doivent toujours
intervenir entre la connaissance pure et l'action. Lorsque
nous sommes dans ces attitudes, nous sentons tout notre être
remué, soit que la tension musculaire commandée par elles
porte notre sensibilité physique à un degré supérieur d'intensité qui la rendra facilement saisissable, soit encore que
l'excitation survenue dans les centres moteurs « répande une
chaleur émotionnelle sur la froide intellectualité des autres
états ». Bref, il se produit dans la conscience un contraste
vigoureux qui va se répétant toutes les fois que le passage de
la pensée à l'action détermine la même condensation de nos

1. M. Irons, cité et discuté par M. W. James (traduction Dumas).

forces physiques, la même orientation de notre activité mentale : car celle-ci est tendue, au même titre que la première, dans le sens de l'action ou du plaisir convoité, tandis qu'elle se détend dans les dispositions infiniment pacifiques du rêve ou du jeu. Cette contraction de nos états visiblement provoquée par des circonstances hostiles, quand ce n'est pas par des buts intentionnels ou idéaux, définit en grande partie l'attitude-moi qui sera essentiellement agressive, prête à l'attaque ou à la résistance, et qui devra à ces conditions mêmes de se simplifier pratiquement, de refermer brusquement sur elle le cercle de ses informations, de se faire en un mot, comme le dénonçait déjà Pascal, étroite et impénétrable. Si le moi, dans sa forme ordinaire, se confond avec une disposition combattive de notre activité, s'il se réduit, comme nous l'avons vu pour le caractère, à une direction de la conscience tendue vers l'action, s'il n'est en un mot que la catégorie de l'effort ou de la résistance, nous ne serons pas surpris de la promptitude avec laquelle   reforme à chaque instant pour faire face aux exigei   tiques qui commandent et qui diversifient ses attitudes ,   nous ne serons pas surpris davantage de la joie dont nous avons peine à nous défendre, toutes les fois qu'il se relâche. C'est qu'en effet une telle attitude ne va pas sans une grande lassitude ; cet effort ne nous est pas naturel : nous y sommes guindés et contraints. Nous sentons bien que notre existence vraie n'est pas là, que cette disposition est encore de commande et qu'elle ne vient pas de notre fond. Mais n'avons-nous pas ici une vérification commençante des vues théoriques qui précèdent ? La personnalité ne saurait se confondre avec ce qui n'est pour elle qu'une attitude de combat : on aurait tort de la définir par le recours à des formes morales et pratiques. Nous devons l'arracher aux catégories de l'effort et de la résistance, comme à celle de l'identité et de la substance. Nous l'avons rétablie, pour ainsi dire, en elle-même : elle est un état intérieur ou spéculatif de l'âme. Il faut donc la chercher à l'opposé des états où l'on croyait la trouver, dans les formes non de l'action, mais de la pensée. Le moi actif et humain correspond

à la catégorie du réel ; la personnalité est plutôt une catégorie
de l'idéal. L'aptitude à penser, à embrasser l'universel, à le
poser devant nos sensations pour les transformer ou les réduire,
à l'imposer au moi sensible pour avoir raison de son endurcissement et de son impénétrabilité, voilà la caractéristique
supérieure de la personne. Nous avons renoncé à la chercher dans la matérialité de son action pour la retrouver dans
la spiritualité de son principe ; nous sommes prêts ainsi à
comprendre sa souplesse et sa variabilité, comme aussi l'unité
définitive de réflexion dans laquelle elle s'érige.

C'est dans cette voie que nous allons maintenant nous
engager. Nous remarquerons seulement qu'il nous arrive
bien rarement d'être des personnes. C'est le tort d'une psychologie commune, dupe de ses constructions, d'avoir pensé
le contraire, et de s'être donné pour tâche d'analyser, de
définir, de réaliser en un mot ce qui n'existait que fort rarement et sous condition. Sans doute, les êtres se révèlent par
ce qu'ils ont de plus contingent et de plus individuel ; mais
le plus souvent, ils ne songent pas à faire état de ces contingences : ils mettent plutôt leur vie à un point convenable
d'abstraction et de généralité, et ils la laissent se développer
de là comme par l'influence heureuse d'un génie machinal.
Ou encore, s'il leur arrive d'en fixer la direction, ils en font
d'avance la théorie, théorie valable pour toute une classe, et ne
venant s'appliquer à leur moi que par ricochet. La vie personnelle se transforme ainsi, viciée dans son fond : elle devient,
beaucoup plus qu'on ne croit, l'œuvre d'un instinct calculateur, capable tout au plus de construire, d'abstraire et de
généraliser. Elle se déroule imperturbablement, véritable mécanique d'idées, dans un cadre restreint et impersonnel. Telle
est le plus souvent notre condition exacte : nous construisons
notre destinée ; nous la subissons ensuite ; nous la vivons à
peine. C'est pourtant la tâche d'une psychologie équitable
que de suspendre parfois le cours ininterrompu de ce mécanisme pour recueillir, à titre de documents d'exceptionnelle
importance, les faits privilégiés qui ont donné une significa-

tion vraiment originale à la personnalité et qui nous éclairent sur la loi de son développement. Pour cette psychologie, la conversion de Luther ou de Pascal, la joie intellectuelle de Spinoza, la crise délicate et prolongée de Newman, le lyrisme de Rousseau, sont des moments décisifs dans l'histoire intime de l'homme, et, quand elle aborde les détails du problème que la personnalité propose à ses méditations, elle est tentée de négliger l'aspect intellectuel et social des phénomènes pour n'attribuer une valeur qu'à ces états — semblables à ceux qu'on vient d'indiquer, encore que plus obscurs et moins féconds — qui sont comme autant de cas représentatifs nous révélant, avec une clarté soudaine, la destinée et la loi profonde des autres consciences. Elle soupçonne donc, sous la discipline niveleuse de l'automatisme mental et des fatalités sociales, un monde mouvant, divers, donné comme le principe de créations sans nombre, et elle s'emploie à nous le révéler dans ce qui le distingue de tout le reste et qui tend à l'en différencier de plus en plus. C'est bien le moi personnel dégagé, cette fois du type social ou de l'attitude agressive qui en usurpaient le titre, qu'elle entreprend de nous rendre.

La vie des croyances, que nous avons étudiée ailleurs, peut nous donner une idée assez exacte de la manière dont ce moi s'actualise progressivement. Si l'on envisage la certitude, non en dialecticien, mais en psychologue, on ne tarde pas à y démêler un état intérieur de la pensée tendu vers la réalité, une forme de la richesse et de la plénitude spirituelle. En même temps cet esprit toujours prêt à se tendre et à s'épanouir en haut, nous l'avons replacé au sein d'une réalité extrêmement mobile : nous avons vu dans la croyance un degré variable de cette tension intellectuelle, une attitude de notre personnalité. Les croyances, soumises à la loi d'un développement interne et capables d'opérer dans le secret, nous ont paru comparables à ces états intraduisibles qu'un romancier hardi aime à provoquer au dedans de nous dans l'impuissance où il est de les dépeindre, à ces vibrations incommunicables, à ces thèmes émotifs et sentimentaux, à ces *feelings* qui courent

en nous comme des frissons, ou qui éclatent comme les
explosions soudaines d'une conscience longtemps contenue[1].
Nous avons ainsi distingué dans la croyance le pur sentiment, qui est un état irréductible de l'âme et comme un sens
profondément personnel, des constructions intellectuelles qui
se surajoutent à lui, qui le compliquent, et qui en poursui-
vent la vérification logique. La croyance obtenue après ce
partage, la croyance à l'état pur et originel, n'est-elle pas en
rapport direct avec la personne ? Ne participe-t-elle pas à la
nature du moi virtuel ? Comme elle, en effet, ce moi se distingue de l'appareil logique, vrai parasite intellectuel qui
s'y ajoute arbitrairement ; comme elle, il répugne à se laisser résoudre en action ou à s'évanouir en un automatisme
pratique ; comme elle encore, il a ses moments d'intensité et
de tension, ses états d'exaltation et de lyrisme où il se dépasse
en quelque sorte lui-même. Quand il s'applique, comme à
un point d'appui extérieur, à une action ou à une forme
sociale, c'est toujours pour s'exciter au contact de ces symboles et pour s'actualiser. Et quand il s'actualise, s'il contracte certaines affinités avec la pratique et l'action, c'est à la
manière d'une idée qui ne perd rien de sa hauteur en des-
cendant dans les faits, ou du sentiment religieux capable de
survivre aux dogmes qui l'ont inspiré. Ainsi, jusqu'au bout,
il se conforme à la foi morale dont il rend le son pur. N'approfondissons pas encore ce point qui sera bientôt l'objet
d'un examen plus direct : bornons-nous à remarquer que le
moi, même quand il se réalise, conserve une singulière
aptitude à la vie libre de l'esprit et qu'épris du rêve plus que
de l'action, il tend à s'épanouir en une multiplicité d'idées
et de sentiments.

Nous touchons ici au phénomène essentiel de la vie personnelle. Le centre potentiel de la personnalité, en effet, ce
qui lui donne son caractère de moi pur ou virtuel, est cette
aptitude que nous venons de signaler et qui lui permet de se

---

1. Cf. notre ouvrage : la *Crise de la croyance dans la philosophie contemporaine*.

reconquérir à chaque instant sur le monde de la matière.
Nous l'avons vu : toutes les fois que pour se réaliser elle
recourt à l'automatisme des instincts et des habitudes, elle
se sent comme aliénée de soi, décentralisée, et ce sentiment,
que nous avons analysé un peu plus haut, peut se tourner,
par le contraste qu'il fait naître entre la volonté actuelle et
ses aspirations irréalisées, en vertige et en folie. Sans aller
jusqu'à cette extrémité où sombre la vie mentale tout entière,
le moi trop adonné au mécanisme de l'action et à l'automatisme qui en résulte, s'appauvrit et éprouve une sorte de contrainte, comme si, après tout, ces symboles matériels le réa-
lisaient en l'écrasant. Au contraire, c'est le sentiment d'une
vie renouvelée et refaite, toutes les fois que l'actualisation du
moi réserve le principe d'indépendance et de souplesse qui est
en lui. Le goût du rêve, l'amour instinctif du jeu traduisent
cette conversion incessante de nos sentiments naturels en des
formes épurées dont le rythme léger et la facile harmonie
activent le mouvement de nos pensées. Dans un ordre tout
voisin, l'art le plus spirituel et le plus ardent, la musique, ne
doit son charme qu'à sa puissance libératrice, et cette puissance lui vient de ce qu'elle sert de résonance à l'esprit nou-
vellement éveillé, intime et profondément ému. La musique a
donc une signification purement personnelle : non seulement
elle parle le langage de la conscience débarrassée de tout
caractère substantialiste ou dogmatique, mais encore elle met
en jeu nos complaisances en des dispositions très élevées, notre
goût, pour le redoublement et l'accélération d'une vie dont
la mobilité est l'essence. Nous sommes par là conduits insensiblement à retrouver comme loi suprême de la personne,
dans cette première phase, le devenir psychologique lui-
même, dans la mesure où il prépare la vie libre de l'esprit :
saisir les idées à l'état naissant, baignées des purs rayons de
la lumière intérieure, les voir se développer comme des formes
agiles, dans la liberté infinie de leur cours, sans formule qui
les gêne, sans dogme qui les contraigne, assister du dedans
en quelque sorte à la genèse de la personne et à cette croissance ininterrompue qui la fortifie par l'intime, n'est-ce pas

retrouver le moi au principe de son expansion et de sa vie? De ce point de vue, tous les traits que nous avons signalés jusqu'ici se disposent, comme autour d'un centre, pour former le personnage intérieur. Nous comprenons cette mobilité extrême de nos pensées, l'inquiétude de l'âme et ce qu'elle trahit : la discontinuité du fond sous l'agitation de la surface. Nous comprenons surtout, après des engourdissements passagers, cette aptitude à la vie spirituelle et cet empressement qui nous la fait accueillir. La plupart des hommes, s'ils faisaient sérieusement attention à ce qui se passe en eux, accepteraient ou provoqueraient cette multiplication interne du principe de la vie : les révélations de l'art et celles des hautes consciences seraient comme un appel émouvant adressé au plus intime de leur être et capable de l'éveiller insensiblement. Ils y démêleraient l'écho d'âmes qui auraient vécu pendant que la nôtre était plongée dans la torpeur [1].

Mais cette tendance à la vie libre et cette possibilité de la produire immédiatement n'est pas seulement l'idéal de la personnalité ; elle en fait le fond et la substance. Toutes les fois que la psychologie rompt avec les explications conventionnelles et entreprend d'explorer la réalité elle-même, elle touche à ce monde si mouvant et si divers, éblouissant d'un grand luxe de surprises et de variétés. Un philosophe hardi et paradoxal, insistant sur les conquêtes de la réflexion mise en présence de la nature, sans qu'elle ait à recourir à des concepts intermédiaires, écrit : « Nous jouissons ainsi de tout ce qu'il y a, en des lieux cachés, de pousse naturelle, de végétation primitive, de floraison sauvage, de beauté miraculeuse et d'irrégularité gigantesque [2]. » Nous pouvons prétendre, à notre tour, que tout un côté inconnu du monde intérieur a été conquis par la réflexion, ce côté original, singulier de la vie personnelle, primitivement extérieur à la conscience

---

1. Voir à ce propos, dans George Eliot, *le Moulin sur la Floss*, le chap[t]. intitulé : *Une voix du passé*.

2. Nietzsche, *Humain, trop humain*, p. 240.

et simple matière des constructions de l'entendement. Sous la progression régulière et uniforme des types sociaux et des habitudes collectives, nous retrouvons l'évolution lente du moi, soumis à la loi du renouvellement perpétuel et, pour parler avec M. Tarde, à la nécessité éternelle du divers, du pittoresque, du désordonné. Il nous est donné de le suivre, à travers les états les plus différenciés qu'il produit, jusqu'à la différence suprême, jusqu'à l'état personnel où sa nature s'exprimera et s'épuisera ; nous pouvons même le dégager dans sa pureté native, à condition d'écarter les obstacles qui nous empêchent de saisir cette attitude singulière de la conscience, le rythme varié qui la prépare et l'étrange intensité de la vie morale qui s'y reflète. C'est là que nous replaçons le centre potentiel des personnes : car chacune d'elles résulte d'une foule d'activités élémentaires qui se combinent et s'épanouissent ; chacune est entreprenante et ambitieuse, portant avec elle son rêve et son univers. On dirait, par instant, un monde exclusif et étrange, monde fermé, fantasque, ne s'intéressant qu'à soi ou à sa vision, indifférent au fond à tous les engagements, impatient de secouer le joug, prêt à la révolte et à toute révolte, soucieux de mener une existence solitaire. Autour de ces forces souvent redoutables, difficiles à manier, aux effets imprévisibles, nous avons beau multiplier les dogmes et les conventions ; nous avons beau projeter sur elles le mécanisme de l'imitation, seul capable de les réduire ou de les niveler ; le fond demeure, malgré tout, original, un fond toujours inquiet et tendu, et qui ne demande qu'à vibrer. Nous nous plaisons quand même à le retrouver, malgré les craintes qu'il nous inspire, parce que nous y devinons la grâce fugitive des personnes, ce qu'elles ont de périssable et de brillant, cette tension intérieure qui fait d'elles des êtres singuliers et douloureux, qui les pousse à monter, à éclater, à s'épanouir en haut.

Ce fond inventif, toujours en travail, correspondant, on l'a vu, à un véritable romantisme de la conscience, est souvent négligé par les philosophes ; mais l'art et la poésie ont su l'exciter, et en le faisant vibrer joyeusement parfois et parfois douloureusement, ils l'empêchent de s'abolir en nous et de se résoudre en mécanisme ; ils ont mieux fait que de trouver des accents pour nous charmer ou nous remuer. Aussi l'artiste a-t-il, plus que le philosophe, le sens de ce qu'il y a de périssable et d'attachant dans toute vie humaine. Comme celle-ci lui paraît essentiellement instable, vouée à la mort, il en recueille les moments avec une sympathie plus désireuse de jouir de ce qui ne dure qu'un instant : il a la piété de tout ce qui est mortel. De là ce besoin du nouveau, du *jamais vu* qui se marque dans ses recherches et qui éclate dans ses productions. L'immortalité disparaît ; l'intensité la remplace. L'art néglige le permanent pour les états d'exception, qui sont les plus riches et les plus exaltés : contrairement à ce qu'on pourrait croire, il ne cherche pas toujours l'éternel, mais l'éphémère. La musique, en sa fugacité, est l'art de ce qui va mourir. En tous cas, ce qu'il y a de meilleur dans les productions esthétiques vient sans doute de ce sentiment du changeant et du périssable que nous avons peine à saisir directement en nous sous la discipline contraignante des lois logiques et des lois sociales ; elles le font ressortir merveilleusement ; et, en lui prêtant une espèce de survivance, elles instituent une expérience profonde, mais bien douloureuse : car elles nous forcent à nous saisir nous-mêmes au principe et comme au vif de notre être, dans ce qu'il a d'instable, de fébrile et d'irrémédiablement mortel. A tel point qu'on pourrait dire que le plus grand art doit son charme troublant à ce qu'il vient rejoindre, par delà notre conscience, la plus amère et la plus décevante des métaphysiques.

Mais une fois établie au principe même de la personne, l'évolution, accomplissant son œuvre d'insensible transformation, introduit partout une continuité féconde. Les différentes phases du développement du moi n'en troublent pas la suite régulière ; ils la garantissent plutôt, car ce ne sont pas des révolutions qui bouleversent un plan primitif, mais des ajustements qui le réalisent et au cours desquels une même per-

sonnalité se produit sous tous ses aspects, accroissant sa force
d'expansion, élargissant son champ de compréhension.
Autant dire que le moi s'actualise grâce à un travail latent,
presque involontaire : il est le résultat, lent à se produire,
d'une évolution tout interne au cours de laquelle nos états
profonds, grâce à de libres et de mutuelles adaptations, se coor-
donnent en des systèmes complets et s'érigent, sans y être
sollicités par des raisons extérieures, mais en vertu de leur
spontanéité propre, en arrangements naturels, en ensembles
organisés.

Cette disposition ne se produit pas d'ailleurs sans à-coups,
et même on ne saurait prétendre qu'elle soit obtenue une
fois pour toutes. L'individualité n'a pas de prix fait. Personne
ne sait d'abord ni ce qu'elle est, ni ce qu'elle vaut. Ses
commencements ne sont la mesure ni de sa puissance, ni de
ses destinées. Sans doute, elle tend obscurément à rester pure
et sans alliage, à se développer conformément à sa propre
logique, mais sa finesse et son habileté natives la contraignent
à se modifier sous l'influence des circonstances qui l'entourent. Son développement se fait avec promptitude ou
lenteur; il peut être accéléré par des conditions favorables,
retardé, mutilé, gêné par la violence extérieure. Le moi virtuel n'est donc pas impassible ; il est un centre d'espoir et
d'effort ; il souffre et il mérite. En tous cas, rien n'est fatal
dans sa victoire. Il peut être affaibli par le labeur qu'il fait
pour se débarrasser de ses antagonistes ; il peut être paralysé
ou absorbé par le conflit d'individualités victorieuses ; il peut
être corrompu par l'invasion de principes étrangers, entravé
par le développement de forces parasitaires ou vertigineuses,
ou enfin ébranlé par le déploiement de quelque vice originel,
inné en lui. Mais, en dépit de tous ces risques d'altération, la
personne vivante tend à se maintenir dans l'originalité de son
principe. Elle se livre d'instinct à un merveilleux travail
d'adaptation : elle ne se déploie qu'en détruisant ou s'incor-
porant les modes déjà existant de penser ou d'agir ; et c'est
miracle qu'elle y réussisse. Elle s'agite paisiblement dans ce
milieu naturel que lui forment les opinions régnantes, les

exemples proposés à son imitation, les principes, les croyances ;
elle se développe en établissant des rapports entre eux et elle,
en les maintenant dans sa sphère d'attraction, en se créant sur
eux une sorte de juridiction. Et c'est là ce qui fait le côté tur-
bulent et pittoresque de la conscience. C'est que chaque personne cherche inconsciemment, du moins dans cette première
période, à obtenir la prépondérance ; chacune est entreprenante et impérieuse, plus ou moins incompatible avec les
autres, et elle rallie des adhérents ou se fait des ennemis,
selon qu'elle réagit sur les idées, les préjugés ou les intérêts
des autres individualités.

Comment donc, au sein de tout ce mouvement, a pu
s'accréditer l'illusion que l'essentiel dans la personne est la loi
d'unité et de permanence affirmée dès l'origine, alors qu'il
n'existe pas de personnalité en soi, c'est-à-dire de personnalité préexistant au labeur qui la rend possible ? Il y a des
spontanéités indépendantes qui ne sont pas données d'une
seule pièce, mais qui se créent au jour le jour et que la
conscience recueille et combine par le jeu naturel de son
activité. Ce qui est, sinon avant toute chose, du moins incarné
primitivement en toute chose, c'est cet ensemble d'énergies
latentes que nous avons appelé le moi virtuel : il découvre,
il ose, il organise, et de tout ce travail, qui le réalise et qui le
déploie, se dégage lentement l'unité du caractère et de la
personnalité. La vie personnelle ne débute donc pas par la
contemplation d'un idéal immuable, ou par l'affirmation
indéfectible d'un bien qui nous serait présent : par essence,
elle est plutôt amorale. Elle procède par des suppositions
pratiques qui sont des affirmations gratuites, souvent contes-
tables, des vues suggérées par notre expérience de la vie et
notre réflexion sur elle. Elle fait des essais. A leur tour, ces
essais pratiques sont autant d'inventions par lesquelles se
manifeste le génie personnel, soit qu'elles présentent le
caractère de ces trouvailles dans lesquelles se joue notre
verve et qui sont du ressort de l'improvisation morale, soit
que, longuement préparées par une conscience qui se recueille
et qui contracte ses énergies dans une inspiration unique ;

elles se rattachent à une faculté d'intuition morale réfléchie.
L'héroïsme et la sainteté correspondent à ces deux cas bien
différents : ils montrent que la vie personnelle est comparable à une idée qui se développe, en vertu de sa qualité
même, par la contemplation et l'effort. Et ils en révèlent en
même temps la méthode, qui est — avec ce que le mot
comporte de tâtonnement et de succès — l'expérimentation.
Bossuet, parlant de « l'acte d'amour », nous dit que cet acte
ne peut ni ne se veut expliquer à Dieu que par lui-même :
« On ne lui dit qu'on l'aime, qu'en l'aimant. » Le cœur
improvise tout ensemble son langage et son action. Les
maîtres de la vie intérieure ont eu le sentiment profond de
ce qu'il y a de spontané, d'original et d'unique dans nos
résolutions : ils ont souvent donné à entendre que le dernier
terme de toutes nos pensées, parfois nous ne le connaissions
pas nous-mêmes, que notre esprit est loin d'être fixé, qu'il
est en travail ; que ne le laisse-t-on en paix durant ce travail ?
Tous ceux qui ont voulu vivre leur vie, au lieu de la subir,
ont compris la nécessité d'être d'abord des expérimentateurs
dans l'ordre de l'action. Pour eux, vivre, c'est changer ;
être parfait, c'est avoir changé bien souvent. Chacun de
leurs actes a été une invention, et chacune de ces inventions une expérience instituée à leurs risques, et où nous
percevons encore la vitalité d'âmes capables d'exciter la
nôtre. Nous sommes de toutes parts invités à enlever la vie
personnelle aux catégories logiques de l'identé pour la
replacer dans la catégorie autrement positive de l'expérimentation morale [1], et pour y voir une virtualité qui s'actualise en marchant de plus en plus vers la pensée.

Traduisons ces résultats en langage métaphysique. La
personne est un principe inventif qui manifeste son action
par une continuité apparente, mais qui se réalise par la production d'états successifs discontinus. Elle se ramène à une
fonction métaphysique, la fonction du différentiel, qui n'est

---

1. Voir à ce sujet le livre de M. Rauh, l'*Expérience morale* (Paris,
F. Alcan).

autre que la faculté de produire ou de réaliser des « différences ». Elle n'est donc pas un fragment de la nature :
s'il en était ainsi, elle se répéterait sans cesse, se boinant à
dérouler une série d'actes dont chacun équivaudrait au
précédent et pourrait s'en déduire. Tout en évoluant librement, et parce qu'elle évolue ainsi, elle crée à chaque instant
des nouveautés : c'est donc en vain qu'on chercherait à
rattacher ses produits aux procédés de l'imitation ou de la
répétition universelles. Aussi, tandis que l'entendement,
incapable de comprendre l'élément significatif de la vie personnelle, se borne à extraire de son cours et à retenir ce qui
est indifférent ou bassement matériel, la conscience s'applique
à recueillir ces nouveautés et à dégager ce qui est en elles
original et vraiment unique.

C'est ce travail de la conscience, ainsi que le mode d'organisation spontanée qui en résulte, que nous voudrions maintenant analyser. Les états intérieurs, « différentiels », se disposent dans une zone psychologique où ils subissent une
élaboration profonde : c'est là qu'ils s'organisent pour s'ériger
en cette unité variable e. complexe qui correspond au moi
de l'individualité. Convenons-en tout d'abord : c'est à peine
si nous avons le sentiment de ces démarches ; elles se produisent bien au delà de la réflexion, dans un « endroit reculé »
où ne pénètrent guère les agitations de la surface : nous
devinons pourtant un fond plus fixe et plus stable, un système
d'états doué d'un mouvement insensible, capable d'évolution
lente, et qui revêt la forme d'une vie sourde, d'une solidarité
indestructible. C'est ce courant continu qui, sous la surface
aux aspects variables et pittoresques, suit sa marche tranquille
et uniforme sans se laisser gagner par les perturbations du
dehors : il ne cesse de circuler au-dessous de nos résolutions
passagères et de nos convictions raisonnées. Son influence
silencieuse, en façonnant notre caractère et en commandant la
diversité de nos attitudes, est la source où nous ne cessons
de puiser. On l'appelle souvent le cœur, avec sa faculté
d'inspiration ; on le désigne encore du nom d'énergie morale,
et l'on y voit un réservoir de forces toujours disponibles

auxquelles nos convictions les plus personnelles ne cessent
d'adresser des appels de fond. Nous sommes tentés d'y
retrouver, pour notre part, le moi virtuel, non pas ce moi
qui se contracte en des décisions formelles et en des reprises
subites, mais celui qui se laisse vivre et qui se plaît à rêver,
celui qui ressemble au processus vital par lequel, hors des
prises de la réflexion, l'instinct de conservation maintient les
conditions de l'existence : ce sont, de part et d'autre, les
mêmes invisibles démarches, les mêmes opérations sûres
et imperceptibles, le même recueillement, et la même fécondité.

C'est par là que cette disposition profonde des états conscients se distingue nettement du rêve avec lequel elle présente d'ailleurs de nombreuses analogies. Comme ces états,
les images du rêve sont agiles et souples ; nous en jouissons
immédiatement, nous nous complaisons en elles, nous nous
y attardons volontiers. C'est cette répétition indéfinie d'un
même thème émotionnel qui fait sans doute la continuité du
rêve ; et si, à chaque nouvelle reprise, le thème offre un autre
sens, c'est qu'il pénètre en nous plus profondément. Cette
profondeur et cette intimité du rêve se retrouvent dans la
période primitive de la vie personnelle : on verrait s'y déployer
insensiblement le même sentiment de familiarité, les mêmes
dispositions naïves, le même charme répandu dans notre
nature entière, et la pénétrant. L'absence totale d'effort, la
tendance à l'effusion, la formation involontaire de nouveautés,
voilà ce qu'il nous est permis de remarquer de part et d'autre.
Mais la différence est grande. Le rêve n'est qu'un exercice
indépendant et comme un divertissement de la conscience ; il se
présente à nous, même touchant ou terrible, avec un caractère de détachement inexpressif : il correspond à une sensibilité de tête, à une promptitude imaginative. La vie personnelle s'alimente, au contraire, d'idées épurées et éprouvées :
surtout, elle ne piétine pas sur place, elle ne revient pas indéfiniment sur elle-même, comme le rêve qui oscille entre
quelques thèmes ou quelques motifs toujours ressassés. Elle
est donc essentiellement — ce que n'est pas la rêverie — un état

progressif de l'âme. C'est un rêve, si l'on entend désigner par
là ce qu'elle a de profond et d'intime, mais c'est un rêve
continu, capable de s'enrichir au cours de son développement, un rêve qui n'échappe plus aux inspirations de la
pensée. Le rêve correspond à la région indistincte où la
réalité psychologique se renverse et se dilue; la vie personnelle est plutôt le principe où cette réalité se redresse et où
l'idéalité commence.

. Quelle est donc la loi de cette organisation commençante?
Comment comprendre cette actualisation du moi en marche
vers la pensée, qui explique l'unité de la vie personnelle et
qui la différencie du rêve? Un point est hors de doute : ces
états fugitifs ou différenciés, tout en exprimant le fond inquiet
et mouvant de la conscience, ne suffiraient pas à composer,
dans sa consistance et dans sa suite, la vie personnelle. Ce
sont des agitations de pensée. On pourrait les comparer, avec
Bossuet, à ces conversions d'une heure qui ressemblent à
des émotions de théâtre[1], et qui restent étrangères à notre
moi véritable. Selon Bossuet encore, profond interprète de
la vie intérieure, la pensée peut seule intervenir pour affermir
nos actes, et pour les redoubler par la réflexion. Sans doute,
les « actes directs » ont quelque chose de plus simple, de plus
naturel, qui vient plus du fond, mais la réflexion est nécessaire, ne fût-ce que pour éclairer, simplifier et ordonner.
« C'est pourquoi la réflexion est appelée l'œil de l'âme, parce
que l'acte direct n'étant le plus souvent pas assez aperçu,
la réflexion, en l'apercevant, l'affermit avec connaissance, et
comme par un jugement confirmatif. Elle a aussi ses profondeurs, lorsque nous faisons ces réflexions profondes qui font
entrer bien avant nos résolutions dans notre cœur. » Ce redoublement de nos actes par la réflexion, l'unité de construction qui
en résulte, l'espèce de redressement de nos états supérieurs
au lieu de la vague effusion et de l'affaissement du rêve, sont
autant de faits d'expérience susceptibles d'une vérification
immédiate. Certains de nos états personnels présentent, au bas

---

1. Sermon sur la Prédication évangélique.

de l'échelle, la forme d'un déroulement continu, d'une trame vivante d'images lentement organisées, pour revêtir, au sommet, l'aspect d'idées en relief, toutes en lumière, comme une certitude, un acte de foi ou de liberté. Cette disposition est dominante et l'on ne conçoit pas de personnalité sans elle. Dans tout ce qui est personnel, nous retrouvons, en effet, cet élément de tension intérieure, parfois languissant et relâché, mais aspirant à se raffermir et à se recomposer, à passer de l'état d'organisation spontanée à celui d'organisation réfléchie. Nos émotions n'ont perdu leur forme anonyme que pour s'être rattachées à une pareille disposition : c'est par son intermédiaire qu'elles se sont incarnées en chacun de nous et qu'elles ont fini par s'y individualiser. D'autres états, beaucoup plus extérieurs en apparence, présentent la même caractéristique mentale. La vie de l'esprit, telle que la révèlent les formes supérieures de la mémoire, de l'imagination et de l'effort, se dispose suivant les lois d'une architecture naturelle qui fait de chacune d'elles une forme toute construite, se maintenant en elle-même comme par l'application spontanée d'un équilibre psychologique, avec cette faculté de pure expansion, ce mouvement ascensionnel qui la redresse et l'élève. Ces états, en participant à l'architectonique intérieure, sont au terme d'un devenir qui ne tend pas à la dissolution, mais qui contracte ses moments dans ces unités construites, ayant chacune leur allure et leur mouvement, et redevables de leur individualité à ce mouvement même. Cela est si vrai qu'ils perdent toute caractéristique personnelle, lorsque, cette tension intérieure venant à se relâcher, il se produit un affaissement insensible qui les ramène à leur condition primitive de virtualités psychologiques, ou encore, lorsque l'effacement graduel du dessin qui les circonscrivait à nos regards ne leur permet plus de trancher sur le canevas uniforme de la continuité mentale et de s'y mettre en relief. Ce qui revient à prétendre que ces formes sont de même nature et obéissent aux mêmes lois que le moi et que la personnalité. Le devenir intérieur se disperserait en une poussière mentale s'il n'avait justement pour terme la constitution de ces *touts* cohérents, de ces unités fortement construites qui sont la mesure de sa vitalité. Les consciences qui ne sont point passées à l'acte de la personne ne connaîtront jamais cette harmonie interne des états supé rieurs : elles végéteront sans porter de fleurs ni de fruits. Le devenir se poursuivra en elles suivant un rythme ininter- rompu, mais d'une extrème lenteur, incapable de se dépasser pour se condenser et se survivre en cette floraison d'états originaux. L'individualité, le moi réfléchi, la personnalité, en un mot, ne sont pas des données primitives de la con- science ; ce sont des résultats ou des extrémités : ils sont au terme d'une construction tout interne. Mais il est vrai : l'évolution qui les prépare ne se hausse pas toujours jusqu'à ces suprèmes synthèses, soit parce que son cours a été interrompu et détourné brusquement, soit par défaut de vigueur et de richesse, soit enfin parce que les virtualités de la conscience, n'ayant pu s'actualiser sous l'action d'un idéal suffisamment conçu, n'ont jamais réussi à dépasser les limites de la possibilité psychologique, telles que le rêve, la sensualité, ou le plaisir musical nous la révèlent.

Hâtons-nous de généraliser ces résultats, en empruntant à la stéréochimie un terme de comparaison. De même qu'il existe une architecture ou une mécanique moléculaire dont la chimie du charbon ne serait qu'une variété, de même — les lois de la nature étant partout analogues et se symbolisant à l'infini dans les différents règnes — nous serions portés à admettre pour le contenu de la conscience une architecture naturelle, dont chaque moi présenterait un échantillon; en sorte que, chaque élément conscient ayant sa forme régulière et constante et comme sa figure caractéristique dont il serait possible de retracer psychologiquement le schéma, les aptitudes des personnes, leurs propriétés et la suite de leurs combinaisons relèveraient des lois de l'universelle architec- tonique. Il faut donc voir sans surprise les essais dispersés, et pourtant au fond concordants, par lesquels les états psy- chiques se disposent en composés similaires, ces composés à leur tour s'érigeant en des formes relativement fixes et la réalité consciente, dans un mouvement de tension qui se poursuit sans relâche, se disposant en une unité définitive. Ce sont là autant d'épisodes de cette architecture psychologique sans laquelle il n'y aurait qu'une poussière mentale. Ce sont les divers moments d'une logique inflexible, ou mieux les effets simultanés d'un même mouvement d'ensemble, dont le jet ascensionnel nous redresse et nous élève, le sommeil n'en étant que le repos, et la mort, l'affaissement.

Il y a donc une unité architectonique de la personne qu'il nous est permis de saisir, sinon dans sa structure immobile, du moins dans le mouvement qui l'édifie. La base d'appui du système formé par la personnalité constituée serait cet ensemble de tendances et d'impressions qui donne au sentiment et au caractère un centre permanent : mais c'est en haut, dans la conscience réfléchie, que l'unité se dégage et se fixe. Remarquons en effet que cet ensemble de tendances, dans la mesure où il est rattaché à quelques symboles organiques relativement fixes, ne suit pas une progression régulière. Pour user d'une comparaison que Schopenhauer nous suggère, un tel système d'états rappelle la basse et les voix intermédiaires qui forment l'harmonie, mais qui n'ont pas une marche continue comme la partie supérieure, qui chante la mélodie. Par contre, le moi de la réflexion et de la pensée pure vient se surajouter à ces éléments inférieurs, comme la partie d'en haut qui conduit le chant et exécute la mélodie. Cette partie consciente — le moi spirituel, le moi de l'idéalité — est la seule qui coure librement et avec agilité, tandis que les autres progressent péniblement « sans suite mélodique et sans signification dans leur allure ». Telle quelle, elle exprime la quintessence et comme la sublimation de la vie et de ses incidents ; aussi excelle-t-elle à nous en dévoiler le sens le plus profond et à nous en donner, en un raccourci saisissant, le commentaire le plus exact et le plus clair ; c'est l'intériorité des êtres qu'elle réussit à nous rendre dans une vue simplifiée. Il en est d'elle comme de ce chant de gondolier, dont un grand artiste nous parle, et qui s'ajoutant au spectacle

de Venise, nous permet de retrouver sans effort et de syn-
thétiser, grâce à un rythme séculaire, son caractère et son
histoire[1] : tout ce qu'elle est, il le révèle et le signifie. —
Nous n'entendons pas dire que les éléments qui entrent dans
l'unité architectonique de la conscience soient soumis à une
loi d'ensemble qui serait posée par cette unité même. Celle-
ci ne se produit que lentement et à la suite d'une curieuse
transposition qui change les impressions fugitives en des éléments de réflexion beaucoup plus stables. Il convient d'ajouter
que ces éléments ne sont jamais en connexion nécessaire ni
même en correspondance absolue avec elle ; leur relation
est celle d'un accommodement progressif à cette unité de
réflexion qui se perçoit d'abord vaguement et qui se dégage
avec une lenteur extrême. D'ailleurs, un tel accord n'est pas de
règle. Beaucoup n'arrivent pas à cette heure grave des retours
sur soi-même, des années révolues, d'une carrière morale
accomplie, à ce moment pacifique des certitudes en toute
chose[2], où le moi a le droit de s'affirmer, parce qu'il s'est disposé en une vivante unité[3]. Cette unité à son tour, mobile et
spirituelle, nous révèle au fond la même chose que la spontanéité consciente, mais plus concentrée, plus parfaite, avec un
choix mieux réglé. Sans doute, elle ne peut pas apparaître
seule et détachée, pas plus que la voix supérieure qui tient le
chant, ne peut produire tout son effet en dehors des autres voix
qui forment la base de l'accompagnement harmonique. Mais
elle dépouille l'existence intérieure de ses accidents émotionnels pour la restituer dans la pureté de sa forme, et elle
dépeint les mouvements les plus cachés de notre être en les
dégageant de la matérialité ou de l'insignifiance des détails,
si bien qu'en pénétrant ainsi à l'intime et comme au cœur
de la conscience elle sait atteindre, par delà la réalité la
plus riche, à l'idéalité la plus pure.

Nous venons de tenir notre promesse : nous venons de

1. V. Wagner : *Beethoven.*
2. V. Fromentin : *Les maîtres d'autrefois.*
3. Voir, à ce propos, d'intéressantes conjectures de M. Egger sur le
Moi des mourants (*Revue Philosophique*).

montrer *comment la personne, d'abord simple virtualité psychologique, s'actualise en marchant vers la pensée.* Mais avant de pénétrer plus avant dans la constitution des phénomènes intérieurs, il nous paraît nécessaire de rechercher les causes de la confusion qui s'est généralement produite entre ces deux aspects, pourtant bien distincts, de la vie personnelle, l'aspect idéal, proprement humain, et l'aspect émotif ou virtuel. La plupart des psychologues ont négligé, dans la personnalité, cet élément idéal qui tranche si nettement sur la pure émotion : ils n'ont vu en elle qu'un système d'images capables de provoquer le choix par leur évolution seule, sans l'intervention d'un principe supérieur. Ayant ainsi effacé, au préalable, toute différence essentielle entre le côté idéal et le côté émotionnel de la conscience, ils ont été conduits par la logique de leur hypothèse à faire s'évanouir dans le moi du sentiment et du rêve le moi de la pensée. Mais, comme ils avaient par avance réglé les conditions de ce moi du rêve d'après les convenances de la réflexion, ils avaient introduit l'idéalité de cette dernière au principe même de la réalité consciente qui se trouvait convertie en un ensemble consistant d'images disposées, grâce à cette confusion, selon les lois de l'équilibre et de l'harmonie intérieure. Et de là, par un retour inattendu, l'illusion qui consiste à voir dans l'idéalité du moi un état flottant et accidentel, n'ayant aucun rapport assignable avec la vie personnelle, alors que cette idéalité en inspire et en règle le mouvement ; et cette autre illusion, complémentaire de la précédente, qui consiste à attribuer au moi inconsistant et fragile de la sensibilité des propriétés de consistance et d'universalité que sa complexion primitive ne comporte guère, et à lui transférer de la sorte l'essentiel de la pensée. Il faut en prendre son parti : le moi de la sensibilité, ce moi qui se laisse vivre et qui se plaît à rêver, ne serait qu'une rhapsodie d'états dont la suite se prolongerait capricieusement, sans trêve dans son cours, sans intervalle entre ses moments successifs, sans relief et sans opposition dans ses actes, si le moi de l'idéalité, le moi de la pensée pure, n'intervenait aux instants décisifs pour convertir cette virtualité en acte, réalisant ainsi la vague puissance indéfinie qui la pénètre. Sans cette intervention, le moi resterait plongé dans son rêve, ou s'y laisserait refouler de plus en plus : il ne passerait jamais à l'acte de la personne.

Maintenant, nous en convenons, le moi ne s'actualise pas toujours sous cette haute influence. Au lieu de suivre le cours qui l'emporterait paisiblement vers la pensée, il attend souvent de la nature et de l'action l'accomplissement de son être : il assiste du dehors à son développement, prenant pour un événement de sa vie ce qui n'est qu'une grossière détermination due à l'action des circonstances extérieures ou d'un automatisme impersonnel. Ses qualités demeurent alors latentes : elles sont pratiquement abolies. C'est dire que le moi n'est pas donné une fois pour toutes ; il n'a pas de prix fait ; il ne se produit même pas par une sorte de développement spontané. Il n'est mis en valeur que par la réflexion ; il en est, en partie, le produit tardif. Cette partie de lui-même qui se réalise en s'extériorisant et qui tendrait à le placer sous la dépendance des choses, ne le met pas beaucoup au-dessus de l'animal. C'est là un moi naturel, comme eût dit Pascal, donné avec son endurcissement et son impénétrabilité. Même s'il se complique par la variété des aptitudes et des actions, s'il se raffine par le commerce des arts, s'il gagne en délicatesse par les habiles nuances des émotions, il peut s'élever, comme chez certains artistes, à une animalité exquise, mais il n'accomplit pas l'humanité. Les hommes sentent au fond d'eux-mêmes que le vrai monde où ils doivent vivre, est un monde de hautes pensées et de nobles joies : le reste leur apparaît comme une barbarie raffinée. Ils sentent que leur personnalité ne se réalisera point parmi les formes, qu'elle ne s'actualisera point par le seul intermédiaire des mouvements, mais dans la lumière et le recueillement de la pensée, que là seulement elle trouvera la liberté et la joie pures. Ils comprennent que, sollicitée de toutes parts en sens opposé, elle évolue malgré tout dans l'intervalle qui sépare sa réalité concrète de son idéalité.

Mais nous recouvrerions bien vite l'exacte notion des choses, si nous n'étions abusés par une suprême illusion, la plus tenace peut-être et la plus inévitable de toutes celles que nous ayons eu à dénoncer. Habitués à chercher le point d'appui de nos actes dans un système arrêté de tendances invariables, nous ne pouvons nous empêcher de préférer un tel système à ce monde mobile de sentiments et d'idées pures qui reflète plutôt la variabilité de notre existence et où éclate le charme fugitif des personnes. Nous assistons dès lors à un singulier renversement de termes. C'est ce système fermé du moi naturel — compromis entre les virtualités psychologiques et les formes physiques de nos actions — qui se dispose en relief au premier plan de la conscience et qui sert d'écran au moi idéal: nous ne tardons même pas à tenir rigueur à ce dernier de sa forme flottante et indéfinie, si bien que tout effort tenté pour en revendiquer l'action a des airs de paradoxe au regard de l'inertie du moi naturel, qui prend ses propres arrangements pour des dispositions définitives et ses résistances pour des protestations fondées. Il ne reste plus, alors, qu'à parquer les états affectifs dans la conscience actuelle, à rejeter les éléments idéaux dans la raison, et à établir entre ces deux séries juxtaposées un mystérieux antagonisme. Réalisé dans la conscience sous forme d'un atome psychologique, le moi naturel prend bientôt une importance exceptionnelle. Car il s'érige en une réalité indépendante et il s'installe, avec son impénétrabilité, au principe de nos devoirs et de nos droits. Rejeté dans la pensée pure, le moi de la réflexion perd, au contraire, toute consistance, toute efficacité, semblable à ces rêves où des apparitions décevantes viennent nous séduire. Dans les deux cas, nous renonçons à cette solidarité de l'idéal et du réel qui forme l'essence de la personne. Et comme ces deux aspects de la vie personnelle — réalité et idéalité — érigés en fonctions indépendantes s'enveloppent dès lors d'une égale obscurité, les phénomènes les plus significatifs de la personnalité, qui impliquent la synthèse et la fusion de ces termes, deviennent absolument incompréhensibles. Dans celle-ci, on verra tantôt la culture de l'égoïsme et l'épanouissement d'une animalité infiniment artiste et intelligente, capable de se déguiser sous les formes de l'esthétique, de la science et de la moralité ; tantôt la réflexion d'une idée sur elle-même avec ce qu'une telle expérience comporte d'isolement et d'abstraction, et l'on fera d'un pyrrhonisme spéculatif ou d'un ascétisme pratique la loi de cet être d'exception. Mais, dans les deux cas, on transforme profondément le sens de la vie personnelle, pour se tenir à un point où l'on ne peut plus conserver une signification aux mots dont on s'est servi et auxquels on semblait attacher une valeur. Évitons cette réalisation hâtive de systèmes d'états isolés et impénétrables ; remontons au-dessus du point où se produit leur opposition et saisissons-les dans le concret, avant l'artifice qui les isole : nous serons alors en présence d'une unité mobile, progressive, douée d'une incroyable richesse, offrant un intérêt toujours renouvelé. Cette synthèse primitive à laquelle nous sommes naturellement conduits, et qui fait le centre et le cœur de la la vie personnelle, est l'énergie morale.

La difficulté que nous aurons à nous représenter un tel état tient à la vulgarité et à l'inexactitude des images avec lesquelles nous le confondons. La plupart des hommes ne conçoivent guère l'énergie morale en dehors d'un résidu de l'action ou d'une réserve de forces obtenue par l'accumulation de l'habitude : aussi lui assignent-ils, comme caractéristique, l'aptitude à l'effort ou à l'héroïsme, et la promptitude imaginative qui en est inséparable. Ils la rattachent ainsi à la catégorie de l'action, et ils ne voient pas que le côté pratique abolit alors en elle le côté spéculatif. Taine a encouragé cette confusion quand, en des traits d'une netteté frappante, il a noté ces habitudes de penser qui s'installent en nous comme des habitants fixes, pour devenir des puissances occultes, agissantes et liguées, qui font cercle autour de l'intelligence, qui investissent la volonté, qui, dans les régions souterraines de l'âme, étendent ou affermissent par degrés leur occupation silencieuse, qui opèrent insensiblement en l'homme sans qu'il s'en doute. Notre énergie morale ne serait originairement qu'un assemblage de forces long-temps cachées, prêtes à se lever en nous à l'improviste pour nous signifier leurs ordres, et n'ayant d'autre but que de ramener notre décision actuelle à l'effet, infiniment facile à prévoir, d'un automatisme indifférent. En y regardant de près, on trouve sans peine que cette conception de l'énergie morale en altère la nature, puisqu'elle aurait justement pour terme de nous dispenser de vouloir et qu'elle abolirait pra-tiquement ce qu'elle entend expliquer. Mais les philosophes de la volonté ne se le disent pas d'ordinaire, parce que trop occupés à suivre cette mouvante énergie dans ses expressions accidentelles, ils n'en soupçonnent plus le fond ; ils sont bien loin de penser *qu'elle résulte d'un travail de l'âme spéculant sur son essence, et que le recueillement prolongé, l'harmonie de la conscience sont sa préparation la plus directe, comme l'invention des idées est son effet le plus naturel.* Sous chaque progrès de l'énergie morale, il faudrait signaler comme phé-nomène particulièrement significatif, une nouvelle qualité de la personne, un nouvel enrichissement de l'action répa-ratrice qui nous détache de l'égoïsme, en opposant peu à peu aux misères du moi naturel les ravissements de l'esprit. Mais bien peu ont pensé à cette consultation mentale sans laquelle l'énergie n'est pourtant que vertige ou frénésie ; bien peu ont cherché sa source au principe de la vie personnelle, loin du mouvement, dans un monde formé d'images et de pensées pures. Ils n'y ont vu que l'espèce d'exaltation grâce à laquelle l'homme, par un effort momentané, se surpasse lui-même. Ils n'ont pas compris que ce qu'elle renferme de positif tient à ce que la réalité la plus riche vient rejoindre, en elle, la pensée la plus haute.

L'analyse d'ailleurs en fait foi : elle montre dans l'éner-gie morale, moins le pouvoir de produire des actes, que ce-lui de dépasser les actes une fois produits et de s'en détacher idéalement. La plupart de nos actions sont réglées, savons-nous, par une distribution toute pratique qui en garantit l'apparition et en facilite le retour ; mais nous savons aussi que l'énergie morale ne correspond pas simplement à cette accumulation de forces et à cette économie de la vie intérieure. Elle se produit plutôt toutes les fois que nous avons le sentiment d'être ramenés à nous-mêmes, et ce sentiment à son tour est lié à la conscience des forces secrètes qui se recomposent et dont le brusque développement menacerait l'ordre péniblement établi au-dedans de nous. Elles présentent ce trait essentiel qu'elles tendent à briser le réseau de nos habitudes et à bouleverser la disposition ordinaire de nos idées. Cette production ou cette apparition instantanée de puissances idéales, inaperçues jusque-là, avec la possibilité redoutable de changer et de recommencer la vie, voilà le premier trait que présente l'énergie morale. Elle ne sera donc pas une somme ou le résultat d'une accumulation de forces. On n'y verra pas un principe d'économie, puisqu'elle est, dans son expression la plus simple, un principe de transformation. L'analyse démêle aussitôt, il est vrai, un nouveau caractère : elle découvre que l'apparition de l'énergie morale est liée à un affaiblissement graduel de la résistance dans nos habitudes et nos passions, c'est-à-dire justement dans ces puissances organisées pour qui elle était une perpétuelle menace. Le sentiment que nous éprouvons alors et qui signale sa présence est, par conséquent, double : il est dû à l'expérience de cette réduction imperceptible des forces résistantes de notre individualité, et aussi à la surprise que nous cause l'intervention de cette puissance idéale, qui entre en jeu brusquement. Nous l'avons dit : se sentir pleinement libre, ce serait, au regard de la matérialité qui nous investit, se dégager et se réserver. Or cette réserve, ce recueillement d'une force qui ne s'écoule pas et qui a raison des plus aveugles résistances, voilà le second caractère de l'énergie morale et qui l'oppose à l'ordre établi, à la conservation ou à l'organisation des forces concrètes, comme le droit s'oppose au fait, la pensée à la matérialité.

Représenter l'énergie morale comme un principe d'idéalisation, et non plus de réalisation, nous paraît être le terme naturel de cette analyse. Nous réagissons ainsi contre l'illusion qui, négligeant l'idéalité du moi, nous incline à ne considérer comme existant que le donné, que l'acte présentement accompli et l'activité matérielle en voie de le réaliser. Or, cette activité n'est que le résidu et comme le déchet de notre énergie intime, mais ce n'est pas cette énergie même en ce qu'elle a d'intéressant et d'essentiel. Il reste que l'énergie morale ne soit pas une faculté de production effective, ni un moyen de cristalliser tous les actes de notre vie dans un sens volontairement choisi, d'orienter d'une façon statique notre moralité vers un but simplement pratique : elle est plutôt une qualité psychologique de nos états et de nos idées. Se détacher en pensée et se réserver, devenir indifférent à l'égard des petitesses et des contingences de la vie, accuse une initiative autrement personnelle quelquefois que celle que révèlent l'action conforme à un type convenu et je ne sais quel entraînement machinal : car, ce détachement est déjà la mesure d'un attachement contraire, tout idéal. C'est bien ce détachement que renferme ou qu'opère, au fond, l'énergie morale ; c'est à lui qu'elle doit d'être un principe de sublimation qui, constamment, nous éloigne des réalités contingentes pour dégager en nous et libérer le pur esprit. En sorte que la personnalité aboutit, en son point culminant, à une notion, à une conscience de plus en plus lumineuse de notre nature. Ce caractère idéal, ou pour mieux dire, profondément réfléchi, est le produit et la marque d'une énergie tout intime ; il est le fait, non d'une activité qui s'agite et qui s'épuise dans les formes, mais d'un esprit qui fait retour à son essence et qui spécule sur son infinité.

On comprendra maintenant que le redoublement de l'énergie intérieure ne soit pas toujours lié à un exercice défini de l'activité. Il nous arrive bien souvent de l'éprouver en idée quand, sous l'impression et comme sous le choc d'une expérience inattendue, nous nous découvrons des ressources qui n'auront pas d'emploi, nous le sentons vaguement, mais qui pourtant ne demandent qu'à s'exercer. Est-ce là une simple illusion ? Sommes-nous en présence d'une expérience purement imaginaire ? Il ne faudrait pas le sup-

poser pour tous les cas. Bien souvent, en effet, c'est cette
puissance d'idéalisation, douloureusement comprimée en
nous, qu'une rencontre accidentelle met brusquement en
liberté et nous assistons, émus et surpris, à ce premier
essor de notre être, que nous n'osions espérer. Nous ne sommes pas simplement rendus à nous-mêmes, comme nous
nous plaisons pourtant à le dire, car nous ne nous connaissions pas encore nous-mêmes, et il n'était pas bien sûr pour
nous que notre moi existât, avant cette révélation. Nous nous
sommes plutôt trouvés après nous être cherchés sans succès,
et voici que nous assistons à l'action qui nous libère et qui
nous réalise pour la première fois peut-être. Sans doute, la
vie ne tiendra pas toujours ces promesses : elles se présente-
ront à nous un peu plus tard comme des hardiesses redoutables, des paradoxes dont la pratique fera justice : mais il
reste pourtant que nous avons eu le sens de notre moi véritable et que cette effusion infinie de forces, correspondant à
l'énergie morale, a signalé à la conscience la formation soudaine et la délivrance de notre personnalité. Qui sait même
si quelque chose de cette haute expérience ne survivra pas
à l'instant précis où elle s'est formée? qui sait si elle ne passera pas dans les actes pour leur communiquer des perspectives plus larges et flotter autour d'eux, comme on voit la
magie du souvenir s'attacher aux événements les plus simples
de notre vie pour les transformer et les ennoblir?

Nous venons de voir que l'énergie morale est *une puissance d'idéalisation beaucoup plus qu'un pouvoir positif de
réalisation* : elle correspond à l'ennoblissement du moi par la
pensée. Aussi s'exprime-t-elle par les inspirations beaucoup
plus que par les actions, et excelle-t-elle à produire des dispositions intérieures survivant aux actes eux-mêmes. Ceux-ci
sont décidément incapables de suivre les mouvements de
notre cœur. Nous comprenons ainsi, nous comprendrons
mieux par la suite ces alternatives de délices et de douleur
qui se marquaient aux premiers moments de sa formation,
attestant déjà en elle l'existence et le conflit d'un double
principe : la réalité du moi avec ses attachements et ses

résistances, l'idéalité du moi, inventant des idées pratiques avec une singulière promptitude, accomplissant au fond de notre être son œuvre d'incessante transformation. Si la personnalité était laissée à elle-même, si ses facultés supérieures d'idéalité se développaient sans encombre, nous serions en présence d'une énergie morale continuelle, et nous jouirions d'une vie comme l'héroïsme seul et la sainteté ont su nous en ménager. Notre personnalité serait alors vraiment le contraire du tout fait, du semblable, et elle étonnerait la conscience par l'infatigable production du nouveau, de l'original, et du *jamais vu*. Cet état qui fait le fond de l'extase artistique, et où nous nous épanouissons dans le spectacle du renouvellement intérieur, deviendrait l'état normal, et le ravissement, qui l'accompagne exceptionnellement, serait de règle. Il nous semblerait voir défiler devant nous tout ce que la vie et le monde peuvent amener avec eux de nouveautés et de changements. La joie serait notre condition constante. Ce ne sont pas là des vues chimériques : nous avons déjà montré ce que cette puissance d'idéalisation était capable de produire ; nous croyons pouvoir montrer qu'elle nous est essentielle et qu'elle se rattache à la vie personnelle, au sens très particulier où nous l'entendrons maintenant.

Que l'on songe, pour fixer les idées, à ces tournants de notre histoire qui marquent dans l'évolution intérieure une crise décisive, ou, plus simplement, qu'on ait présents à l'esprit des cas de transformation morale particulièrement saillants, capables de nous faire saisir, par un phénomène de grossissement, les démarches souvent imperceptibles de la conscience. Cette psychologie de la conversion, si profondément inaugurée par Sainte-Beuve, nous replace brusquement au sein de la synthèse qui constitue la réalité. Elle nous permet de saisir le moi, non dans son unité abstraite, mais « dans les orages de l'esprit » et de percevoir en lui comme un chant intérieur « étouffé, triste, frémissant, combattu des cris de la terre[1] », mais bien touchant dans sa réalité et son

1. Sainte-Beuve, *Port-Royal*, tome II.

mélange. En désertant le domaine de la psychologie théorique pour s'appliquer à un tel état, l'analyse y démêle tout d'abord une antinomie secrète, un conflit riche en souffrances actives et fécondes. Appelée à interpréter cette disposition étrange et paradoxale, elle y découvre bientôt, au lieu de l'angoisse physique de l'abandon et de l'impuissance, l'impression de la nature qui résiste. A partir de là — d'admirables peintures morales nous l'ont récemment montré[1] — elle ne peut que nous conduire de surprises en surprises. Il se trouve, en effet, que dans cet ordre si nouveau pour elle, les progrès se mesurent aux souffrances, et celles-ci sont tellement le pressentiment d'une réalité supérieure qu'elles se font peu à peu joyeuses. L'effort que nous tentons pour créer en nous des dispositions nouvelles et pour « réduire ce cœur qui se refuse à obéir de lui-même » est bientôt suivi de la vraie lumière et de la vraie joie qui font éclater le néant de notre science et de nos plaisirs[2]. Mais l'espoir et comme le vœu profond de la conscience serait trompé, si cette suspension de l'âme et ce vide de la volonté étaient le terme où elle doit prétendre. Après ce renoncement entier à soi-même, elle sent ses résistances s'atténuer de plus en plus, « l'amour de Dieu refouler et remplacer l'amour de la créature », un déploiement d'énergie, un redoublement d'intensité, une progression croissante, un attachement à l'universel, qui sont comme autant d'étapes de son initiation à la vie spirituelle.

Ce tableau peut convenir à toutes les personnalités profondes, à celles qui ont été les inspiratrices de leur propre vie, de Luther à Pascal ; pourtant, il est trop descriptif encore pour nous permettre de saisir la courbe de la vie personnelle. Interprétons-le : il nous laissera deviner la nature de cette synthèse dont nous cherchons à nous rendre compte, et

---

1. Boutroux, *Pascal*. Voir notamment le chapitre intitulé, *Conversion définitive*, où la formation de la personnalité profonde, chez Pascal, est admirablement notée. C'est là, comme dirait M. Rauh, un cas « d'expérience morale » dont toute psychologie positive et concrète doit tenir le plus grand compte.

2. *Id., ibid.*

qui constitue la réalité. C'est la vie personnelle qui se dégage lentement, un moi qui se reforme peu à peu contre un autre moi. Le moi vraiment supérieur, le moi de la personne, s'ébauche et commence à percer au milieu des incertitudes du moi naturel, et voilà expliquées ces alternatives de délices et de terreur que la description a démêlées au sein de l'énergie morale. Il y a quelque chose de symboliquement exact dans ces cas de conversion où des âmes touchées de la grâce se détachent du monde : il faut y avoir l'histoire psychologique de la personne passant de la réalité à l'idéalité, de l'état de développement spontané à celui d'organisation réfléchie. Les âmes où l'humanité s'est accomplie ont connu, presque toutes, ce moment décisif du déchirement intérieur suivi de joie pure, cette renonciation totale et douce. Qu'est-ce à dire ? Il y a eu apparition de ce qui était comprimé et qui, se manifestant enfin, a bouleversé le reste, voilà tout : la forme personnelle de la conscience s'est dégagée brusquement, exaspérée et quelquefois piquée au vif par les excès, les angoisses du moi naturel. Ce que la psychologie positive peut noter ici, c'est qu'il y a simultanément, dans une même conscience, les résistances de la chair et les orages de l'esprit, et finalement l'apparition d'un système d'idées qui ne cherche plus son point d'appui dans l'égoïsme, mais dans l'universel. Elle doit encore admettre que la nature humaine supérieure, comme dit Spinoza, était endormie, oubliée ; elle s'est éveillée peu à peu sous la pression de ce moi naturel qui a fini par combler la mesure[1]. Un tel phénomène ressemble à ces exemples de commotion cérébrale dont Taine fait mention et qui, supprimant la connaissance des langues apprises, ne laisse dans le souvenir que la langue nationale : les idées superposées s'écroulent ; il ne reste que les vieux fondements. C'est ainsi que les associations conventionnelles du moi naturel disparaissent, découvrant tout à coup, dégagée et simplifiée, la forme personnelle qu'exprimaient à leur façon, en la déformant le plus souvent, nos

1. Cf. Strowski, *Saint François de Sales*, liv. IV et VI.

habitudes de penser et de sentir. L'étrangeté et l'apparence
forcée de ces explications tiennent à ce que, chez la plupart des
hommes, la réaction salutaire ne s'est point produite et ne se
produira sans doute jamais. Ils agissent empiriquement, ils
vivent au jour le jour. Le moi idéal ne tressaille pas, ne
souffre pas, ne réclame pas ses droits : il est recouvert par
le moi naturel qui l'a pratiquement aboli, jusqu'au moment,
toujours bien rare, où une émission soudaine de l'énergie
intérieure, accidentellement produite quelquefois, vient renverser ces arrangements et manifester brusquement les forces
de transformation qui sommeillaient en nous. Ce jour-là, la
personne s'est révélée : mais que de fois elle demeure comprimée, dans l'ignorance irrémédiable d'elle-même. C'est une
grande et belle idée, a-t-on remarqué à propos de la philosophie
de Schopenhauer, que celle de la découverte que pourrait faire
au cœur de l'être du monde s'il lui était donné d'y pénétrer, l'homme qui, dans l'aveuglement de sa condition ter-
restre, n'a cessé de travailler contre lui-même, contre son
essence et son être propre, en travaillant contre l'être d'autrui, contre l'humanité[1]. Certes, la révélation que cet
homme aurait ainsi du lien de la solidarité universelle n'est
ni plus belle ni plus grande que la découverte qu'il pourrait faire à chaque instant au cœur de son être, quand il sent
les puissances résistantes de son individualité se fondre insensiblement et le moi naturel se dissiper comme la dernière
illusion de la conscience. L'idée lui vient alors qu'il n'a
cessé de travailler contre lui-même, de rechercher autre
chose que lui-même, en empêchant, autant qu'il était en lui,
dans l'aveuglement de sa condition sensible, ce travail de
recomposition des forces pensantes qui ne demandait qu'à
se faire et qui eût porté sa vie, au lieu de tant d'agitations
et de vanités, au plus haut degré possible de l'intensité morale. C'est cette illusion que nous poursuivons depuis le
commencement de cet essai et qui, avant d'être dissipée,

1. Renouvier. *Schopenhauer et la métaphysique du pessimisme.* Année
philosophique, 1892.

empêchait le moi de la pensée pure, de l'idéalité, d'entrer en jeu ; c'est encore cette illusion qui n'a cessé d'abuser l'homme, tant que ne s'est pas écroulé le système de fictions qui formait sa vie psychologique et sur lequel reposent vraisemblablement encore sa vie sociale et sa vie morale. Nous n'avons fait que noter le jeu de ces oppositions. Nous avons cherché les lois de formation de ce mirage intérieur ; nous venons de montrer comment il se résout pratiquement toutes les fois que le moi naturel est contraint de prendre conscience du germe d'orgueil et de sensualité qu'il renferme, et de se découvrir au principe de cet égoïsme et de cette impénétrabilité qui sont comme les traits distinctifs de l'homme, tant que la psychologie n'a pas dénoncé tous ces vices d'ajustement et révélé le caractère exceptionnel de cet être anormal.

Mais, à mesure que nous faisons converger la vie personnelle vers la pensée, nous la voyons reprendre — dégagés cette fois de l'illusion substantialiste — la plupart des caractères que la critique lui avait d'abord contestés. Grâce à cet intermédiaire d'une énergie morale capable d'obtenir une influence croissante en s'actualisant, chaque moi peut devenir le type d'une causalité idéale. Au lieu d'une conscience où tout s'équilibre, se compense et se neutralise, la conscience remuée par l'énergie personnelle est productrice de nouveautés, ce qui revient à dire qu'enfin rendue à elle-même, elle étale une à une, au regard de la matérialité, les ressources inaperçues jusque-là d'un esprit qui fait retour à son essence. La personnalité se confond avec ce redoublement de l'activité spirituelle. Elle accuse donc la causalité de l'esprit, capable de se créer à chaque instant lui-même en se détachant des choses et de commencer idéalement par les « inspirations », comme voulait Pascal. Il n'y a donc en elle rien de virtuel, rien que de vif et d'éveillé. Elle est plus qu'un état, elle est un acte, l'acte pur de la conscience. Si nous avons difficilement l'idée d'un tel acte, c'est que la perception intérieure nous offre bien rarement le spectacle d'une vraie causation : elle n'atteint que bien rarement à ce centre de la méditation et de la pensée où se forme l'énergie morale ; c'est encore que la personnalité est, comme la connaissance vraie, une combinaison infiniment rare et précieuse, le point où il faut atteindre pour y parvenir étant unique, subtil, presque imperceptible [1], et les éléments qu'elle utilise étant essentiellement divers, et quelquefois incompatibles. Aussi, n'est-elle pas donnée en une suite d'états également absolus ou de décisions incommunicables dont chacune serait l'effet à jamais unique d'une cause qui s'épuise dans sa production, car l'inspiration qui l'anime survit à chacun de ces actes. Il sera plus simple de voir dans la personnalité une combinaison très rare de volonté et d'intelligence, et dans la causalité personnelle, toutes les fois qu'elle s'exerce pleinement, une réussite résultant de ce que les conditions innombrables que requiert cette combinaison, sont réalisées. En un mot, la personnalité est le summum de la pensée ; elle est la pensée active élevée à sa plus haute puissance, et ayant contracté la dignité de la causalité. Dans la région profonde de la vie personnelle, il n'y a pas de différence assignable entre agir, produire, et penser.

C'est à ce moment précis qu'on verrait se reformer, en dehors de tout symbolisme logique, l'unité profonde du moi. Le moi naturel, voué à l'agitation, ne correspond pas, nous l'avons vu, à l'état définitif de la personnalité. Il n'est encore qu'un fragment de la nature, soumis à une évolution régulière qui le sépare peu à peu de la pensée et qui le maintient dans la sphère de gravitation des lois physiques. Mais nous pouvons toujours, au lieu de nous diluer dans les choses, nous dégager et nous réserver. Le point central de la vie personnelle réside justement dans cette rénovation de la personne, sorte de restauration spirituelle qui l'élève au-dessus des lois de l'anéantissement, auquel le moi naturel est voué, pour la maintenir dans une unité vivante que notre intelligence n'eût pu concevoir, et que la nature n'eût pas réalisée ; car, dans la nature, tout est phénomène, tout se dilue

1. V. chapitre V, *la liberté intérieure*, et la note, p. 226.

et est soumis à la loi de l'universelle transformation. Au contraire, on verrait se former ici une unité de réflexion capable de s'ériger en principe d'initiative, et toujours prête à se convertir en un foyer moral intense. Nous n'avons plus dès lors à construire une personnalité diffuse, aux centres multiples, en cherchant au dehors les conditions d'une précaire identité : nous voyons plutôt se former et se dresser d'elle-même la synthèse qui constitue notre réalité. Sans doute, nous ne l'apercevons trop souvent que sous forme d'images motrices, c'est-à-dire déjà incarnée dans des sensations musculaires naissantes. Mais nous savons aussi que les idées pures qui signalent sa présence ne se créent pas à mesure que notre action les exige ou que notre conscience les accueille ; elles étaient donc déjà en quelque manière, et puisque la conscience ne les appréhendait pas, comment pouvaient-elles exister, sinon à l'état virtuel ? Nous serions tentés de comparer l'unité du moi à un réservoir de forces qui serait à notre disposition et auquel nous pourrions librement puiser. Mais, outre que cette explication tend à nous investir d'une causalité matérielle, on pourrait toujours se demander quelle est la nature de cette force et comment concevoir sa docilité aux appels de l'âme. En y regardant de près, on verrait qu'elle n'est pas le résidu de nos habitudes ni la forme assoupie où se repose notre action, mais que, toujours présente à nos décisions, elle est la synthèse actuelle de notre vie écoulée : elle en présente la survivance mentale, et comme le raccourci. Sous cette forme condensée, notre histoire personnelle existe même beaucoup plus pour nous que dans telle action isolée où elle prendrait pourtant le relief d'une individualité distincte, car elle se dissémine moins ; elle est plus simplifiée, et surtout plus expressive.

Nous espérons avoir réussi à montrer de quelle nature est cette haute action qui donne à la vie personnelle l'objectivité en l'arrachant aux conditions d'une existence précaire et versatile[1]. Mais il convient d'ajouter que cet état de réflexion

---

1. Dans son ouvrage sur la *Formation de la philosophie pratique de Kant*

pure se produit plus facilement lorsque la matière à laquelle elle s'applique vient la solliciter par la variété de ses formes, la richesse et l'originalité de leur contenu : or, c'est ce que présente le devenir conscient qui ne cesse, comme nous l'avons vu, de se renouveler en ramenant, soumises au même rythme, des attitudes mentales de mieux en mieux individualisées. Ce sont donc ces produits organisés de la conscience, ces formes significatives qui nous invitent à les contempler et dont la pensée méditative dégage insensiblement le sens. *Ce qui est* ou ce qui devient laisse percer peu à peu sa signification, qui irait se perdant au cours du pur devenir, si bien que la personnalité commence par la plénitude des formes de la réalité intérieure, pour s'achever dans l'acte de pensée qui en recueille et en éternise le sens ; on la verrait donc, au terme, se confondre avec cette disposition infiniment tranquille et sereine d'un esprit qui s'absorbe dans la contemplation objective de ses états, et qui leur restitue la simplicité et la pureté d'un type. L'archétype, inconnu de nous, sur lequel, au dire de Malebranche, devaient obscurément s'adapter les désirs secrets de notre cœur, se trouve par là nettement défini : il n'est pas au-dessus de nous, il est en nous, et il se réalise doublement, par la fécondité d'une action qui le produit en fait, et par le recueillement d'une pensée qui en contracte les détails. Dira-t-on que la personne fait retour, de la sorte, à une histoire incapable de survivre à ses moments, ou à une unité formelle dont nulle détermination ne parvient à combler le vide ? Que l'on tienne alors pour nulle la survivance du passé dans la mémoire intellectuelle, ou que l'on dénie à la pensée le droit de concentrer les données du réel, et celui de leur survivre. Contester la légitimité de cette survivance parce qu'elle est idéale, c'est oublier que l'esprit de l'homme n'a de valeur que dans la mesure où il

(Paris, F. Alcan), M. Delbos a fortement établi que, pour Kant, la raison avait pour but immédiat d'établir la suite et la cohésion dans la conduite, la sécurité dans le caractère, en arrachant la vie morale à la versatilité, à l'incohérence et aux caprices toujours renaissants de la sensibilité. C'est exactement la même opinion que nos analyses nous ont conduit à soutenir.

s'épanouit en idées. Le moi sensible, le moi de l'action marque l'écrasement de la vie personnelle sous les symboles matériels ; le moi de la réflexion est le propre d'une pensée qui se conquiert sur le monde et qui se prend à réaliser son essence[1].

Hâtons-nous de l'ajouter : la question suprême sera de savoir si ce moi, privé de l'activité matérielle et converti en un sujet « de pure connaissance » est bien encore une personne, ou si la personnalité, dont la caractéristique serait ainsi la pensée de l'universel, ne viendrait pas se perdre en elle ? Certes, l'habitude où nous sommes de rattacher la caractéristique personnelle à quelque symbole matériel donné dans notre organisme, est de nature à nous imposer une solution contre laquelle nous ne saurions assez nous mettre en garde. D'autre part, cette conscience intime du sujet connaissant s'applique infatigablement à la contemplation des formes expressives qui se produisent au cours de la vie ; bien loin de les abolir en ce qu'elles ont de marquant et d'essentiel, elle en dégage l'élément de radicale diversité. Bref, elle tend à produire cette *idea singularis* dont parle si profondément Spinoza, qui n'est pas un concept ni un être de raison, mais qui se détermine par les enrichissements successifs de la conscience dont elle recueille et condense les essais. Et cette idée singulière, qui est l'aboutissant de toute l'activité psychique, n'est pas à son tour inféconde : le principe de singularité qu'elle recèle peut imprimer sa marque, sinon sur les détails du caractère, du moins sur l'ensemble qui, épuré, dégagé des conditions et des fatalités sensibles, reprend désormais toute sa valeur. Faut-il d'ailleurs le rappeler ? Dans ce retour à l'idéalité se marquerait une sorte de repos, un

---

1. « Si dès maintenant la vie individuelle et égoïste n'est pas la seule qui existe en nous, si déjà nous sommes secrètement unis les uns aux autres par notre participation commune à la vie de l'esprit universel, il n'y a pas lieu d'établir une incompatibilité entre la vie individuelle et la vie universelle. Elles sont conciliables, puisqu'au fond, dans une certaine mesure, elles sont déjà conciliées. Il serait possible, en ce cas, de dépasser la nature sans sortir de la nature. » Boutroux, *La psychologie du mysticisme*, p. 22.

retrait ou une atténuation graduelle de l'activité motrice, toujours en saillie devant la conscience. Que, dans ces conditions, une activité supérieure se produise et commande les attitudes de cette conscience, elle passera le plus souvent inaperçue, parce que la résistance et l'excitation des muscles ne sont point là pour entrer en conflit avec elle. Plus cette résistance est violente, en effet, plus le phénomène de son conflit est caractérisé, plus forte aussi paraît être la personnalité : mais nous savons bien qu'il n'y a là qu'un effet de contraste[1] et que la personnalité vient rejoindre par delà le symbolisme moteur, et quelquefois malgré lui, la pensée la plus sereine et la plus intrépide[2]. Faut-il demander à un dernier rapprochement une preuve décisive ? Le génie, qui est l'état de l'esprit détaché de tout motif d'intérêt et ramené à la pure compréhension, à la vue simplifiée des choses, n'est jamais plus fécond que lorsqu'il s'affranchit des nécessités de l'action ou de notre attache animale à la vie. La mesure de son initiative, de ce qu'il y a de spécifique dans ses visées et dans son élan, est donné par cette tranquille et intrépide compréhension de l'universel qui l'affranchit des fins inférieures de l'individu, étendant à l'infini son champ d'observation et sa clairvoyance intuitive. Pourquoi cette fécondité spirituelle, cette consistance, cette harmonie qui forment le fond du génie et qui ne sont que l'état constant d'une âme que l'idée a visitée, ne se retrouveraient-elles pas au sein du moi supérieur, de ce « génie » personnel qui n'acquiert l'autonomie et ne la confère au reste que dans la mesure de son détachement inné et de sa compréhension ?

Maintenant, comment se faire une idée exacte de cette « transposition » ? Comment exprimer fidèlement la réalité

---

1. C'est ce que nous avons établi dans le précédent chapitre, en caractérisant la liberté intérieure.
2. On pourrait dire de la réflexion, lorsqu'elle porte sur l'ensemble de la vie, ce que Schopenhauer dit de l'affliction : elle est une sorte de recueillement, un retrait ou une disparition graduelle de la volonté, allant jusqu'à miner sourdement son propre phénomène. Toutes les constructions adventices s'écroulent alors : il ne reste plus que la vérité essentielle de notre nature et de notre être.

que le mot recouvre? Nous accorderons volontiers qu'une telle opération pourra paraître étrange au regard d'une psychologie convenue : nous ajouterons pourtant qu'elle n'est pas unique en son genre et qu'en dépit de son apparente singularité, elle est, non une théorie, mais un fait, le fait essentiel et la caractéristique de toute une série de phénomènes. Nous demanderons encore à l'art une analogie explicative. On le sait : les tourments et les convulsions d'un cœur humain qui se désespère sont bien vite transportées, par la magie de l'artiste, dans le domaine de la représentation où ils perdent leur caractère vulgairement émotionnel et leur attribution directe au moi, pour devenir de purs objets de contemplation : aussi ne nous font-ils jamais souffrir réellement, et restent-ils encore un plaisir dans leurs transports les plus douloureux. Par certains côtés, tous les arts ressemblent à ces mélodies qui nous racontent l'histoire secrète des aspirations et des angoisses de la sensibilité en un langage qui les transforme et qui les épure. Cette vaste région impassible, où le sentiment esthétique nous introduit quelquefois, est comparable à celle que la réflexion ouvre devant nous. Car la réflexion, appliquée à nos états successifs, rejette, comme l'art, ce qui est en eux capricieux et matériel, pour conserver les produits impérissables de notre activité pensante. C'est bien la vie personnelle qu'on verrait alors se produire, car, antérieurement à ce redressement des axes dans la pensée, il n'y avait que dispersion, ou continuité machinale ; au contraire, dès qu'il s'est produit, la personnalité affirme sa nature hétérogène et son essence plus élevée par un complet détachement à l'égard de l'activité matérielle. Même quand cette vie réfléchie accompagne les événements les plus médiocres, elle ne renonce pas à sa dignité, car son alliance avec eux n'est pas pour elle un engagement définitif; ils n'ont pas le pouvoir de la faire déchoir des hauteurs qu'elle habite et d'où la réalité est bannie [1]. Reconnaissons-le à la suite de Schopenhauer : cette transposition est, dans la vie

---

1. Schopenhauer, *loc. cit.*

personnelle, le fait décisif : grâce à elle, planc au-dessus des
vulgarités et des misères sans fin de la vie humaine la profonde et sérieuse signification de notre existence, dont elle
ne se sépare jamais.

La transformation que nous venons de signaler, et qui
donne lieu à une suprême expérience, n'est donc pas un
simple changement de point de vue dans la contemplation
des phénomènes intérieurs ; elle signale plutôt l'apparition
de la personnalité de l'homme dans ce qu'elle a de plus
souple et de plus libre. Le caractère fugitif de l'existence
individuelle, ses aspirations toujours vaines et toujours déçues,
l'attachement exaspéré à soi avaient uniquement pour cause
l'absence de la pure connaissance ; car, vouée à elle seule,
renfermée dans le peu qu'elle est, sans aucune notion limi-
tative et restrictive, cette existence devenait en vérité et
en réalité la dupe de toutes les illusions et de toutes les
douleurs qui se dessinaient en elle[1], « même de celles qui
n'existent qu'en possibilité ». Mais elle se transforme fon-
cièrement lorsque, moins bornée au phénomène particulier
de *sa* vie ou de *son* caractère, elle porte ses regards, de cette
subjectivité sans merci, propice à tous les cauchemars et à
toutes les obsessions morbides de la sensibilité, vers la compréhension de l'universel, qui l'en délivre peu à peu. L'individualité bassement égoïste, en proie aux terreurs et aux
angoisses sans cause de l'animalité, se trouve alors efficace-
ment limitée, et allégée du poids qui pèse sur elle. Plus clairement, la disposition intérieure qui soustrait le caractère à la
continuité des mêmes désirs et des mêmes obsessions ne
vient pas directement de notre activité, mais d'un changement produit dans l'intelligence quand elle s'applique à
l'universel, et qu'elle a contracté la forme de l'idéalité. Le
caractère aura beau maintenir la même suite et présenter les
mêmes détails ; il aura beau exécuter, avec la rigueur d'une
loi naturelle, les opérations de la volonté dont il est le phénomène d'ensemble : c'est cet ensemble même, cette indivi-

1. Schopenhauer, tome II.

dualité qui se seront intérieurement transformés[1]. Dès que le
moi exalté et douloureux a été pénétré par la connaissance
universelle et qu'il a puisé dans cette connaissance l'apaise-
ment absolu et la limitation de ses désirs, les motifs obsé-
dants et vertigineux qui faisaient de la vie un rêve ininterrompu ou un cauchemar continuel, ont perdu tout leur
empire, parce que cette espèce d'intelligence qui pouvait
s'en laisser influencer a disparu et a été remplacée par une
connaissance d'une autre nature. Il y a là, selon une expression que Schopenhauer aime à citer et dont le sens a été
familier à tous ceux qui ont voulu dissiper les angoisses de
l'homme naturel, depuis Luther jusqu'à Pascal et Spinoza,
il y a une « métamorphose radicale et transcendantale ». Nous
sommes en présence ici d'une compréhension progressive du
moi, qui produit d'abord le sentiment de l'individualité et
qui, minant ensuite son propre phénomène, provoque la
limitation de l'homme naturel, la sublimation de ses puissances, la renonciation totale et joyeuse à soi[2]. Au terme de
ces métamorphoses, l'animalité a disparu, l'humanité seule est
restée.

Il ne faudrait donc pas croire que cette réduction progressive de la réalité sensible nous ait mis en présence d'un néant
psychologique. Ou plutôt, ce qui nous apparaîtra désormais
comme le néant, c'est non seulement la notion formelle des
personnes que l'analyse a bien su dissoudre, mais le moi
naturel avec ses vertiges et ses douleurs, l'égoïsme, le carac-

---

1. Du même coup, l'esprit s'élève à cette parfaite conscience de la loi
suprême du monde que l'illusion anthropomorphique lui cachait. Il fait
retour à cette profonde sagesse intuitive qu'il méconnaissait. Il s'élève
à l'idée de l'universelle souffrance ; il devient « conscient par pitié »
(Durch Mitleid vorssend), et à force de compréhension. Ce que nous
avons essayé de faire connaître, ce sont ces visions intérieures, ces révélations soudaines qui illuminent peu à peu la vie personnelle ; nous avons
négligé les expressions obscures, les actions visibles, pour nous en tenir
aux intuitions successives par lesquelles elle s'élève de degré en degré à la
suprême sagesse. Les actions importent peu ; elles n'offrent d'intérêt que
comme manifestation d'intuitions et comme signes d'un progrès tout intérieur. (Cf. Lichtemberger, *Richard Wagner*. Paris, F. Alcan).

2. Nous estimons que si une telle vérité n'a pas été admise par la psychologie classique, malgré les autobiographies et les analyses directes, c'est

tère empirique, tant de constructions laborieusement échafaudées, et qui s'écroulent. Et ce qui reste, ce qui est, c'est le remaniement, la reprise en sous-main de toutes nos puissances détournées de leur origine sensible et orientées désormais vers la sérénité imperturbable, l'amour intellectuel de Dieu, et la délivrance. Il faut ne pas avoir lu Spinoza, ni compris Pascal, ni scruté la réalité psychologique qui se cache derrière les théories symboliques de la grâce et de la conversion, pour ignorer cette perpétuelle renaissance de l'homme intérieur, quand le principe universel pénètre sa nature entière et s'y fond comme un attrait tout-puissant. A ce moment qui correspond à la suprème « différence » de la conscience et qui confine à la véritable autonomie, nous verrions se terminer la vie personnelle avec la profonde quiétude, le sentiment d'une existence pleine et calme où s'ali-

qu'elle a trop souvent pris la forme vague d'élévation religieuse ou d'exhortation morale, et qu'elle semblait par suite en opposition avec la réalité des faits étudiés par la science psychologique ou envisagés par la science sociale. Or, cette métamorphose de nos états profonds, ce passage d'un pôle de la vie mentale à l'autre, cette transposition, comme nous aimons à dire, se présente à nous comme un fait et se rattache à une loi indiscutable du développement psychologique. La formation de la personnalité dans Pascal, Luther, Spinoza, chez les solitaires de Port-Royal si bien analysés par Sainte-Beuve, l'atteste amplement. C'est uniquement à la suite de la confusion que nous avons signalée, que cette vérité psychologique de premier ordre a affecté la forme d'un préjugé mystique, — postulat tout à fait conventionnel, ou artifice de la morale religieuse. Nous avons dénoncé cette confusion. Nous avons examiné des cas positifs d'héroïsme, de sagesse, ou plus simplement, de conversion, en vue des phénomènes psychologiques qu'ils recouvrent et dont ils nous donnent une idée singulièrement précise ; nous nous sommes interdit toute déduction morale ou pratique. Dans cet essai purement spéculatif, les applications ne sont d'aucune importance directe : nous nous en détachons absolument, on le croira sans peine. Ce qui importe, c'est, par l'étude des phénomènes les plus variés et les plus caractéristiques, de trouver une expression de la vie mentale. Or la vérité psychologique que de tels faits paraissent manifester c'est : 1° la relation, en nous, de l'existence individuelle à l'existence universelle, de la réalité à l'idéalité ; 2° la transformation qui se produit dans la conscience à la suite de l'apparition et de l'affirmation de l'universel au sein des formes de la représentation intérieure. L'erreur psychologique du moi, de l'individualité, de l'imputation, des catégories pratiques ; — la vérité psychologique du désintéressement, de l'anonymat, pourrait-on dire, se trouvent, par là, simultanément établies ; mais ce à quoi nous tenons par un intérêt immédiat, c'est d'avoir indiqué la courbe de la vie personnelle en dehors de toute préoccupation morale et de tout souci d'application.

mente sa joie, et qui la change heureusement de ces espérances toujours inassouvies et toujours renaissantes qui faisaient d'elle, auparavant, une suite ininterrompue de vertiges et d'illusions. L'apparence s'est dissipée, et avec elle tout ce qui était décevant : la réalité personnelle, faite de recueillement, de joie et de pensée pure, demeure. Le développement de la personne se produit entre ces deux extrémités. Elle résulte des alternatives et des indécisions auxquelles leur mélange donne lieu. Mais, au sein de ces variations dont nous avons rétabli l'histoire, elle suit une courbe qui s'ébauche invariablement dans toutes les consciences et que nous venons d'essayer de dégager. Sans doute, elle ne se fixe pas toujours et n'arrive que bien rarement à son terme. Mais la psychologie n'a pas à se préoccuper de ces obstacles adventices ; elle n'a qu'à signaler les altérations essentielles ou les empêchements intrinsèques qui seraient une limite à la production de la vie personnelle. Il doit lui suffire d'en avoir dégagé le sens et indiqué la direction, s'en remettant à la volonté ou à l'habileté des hommes du soin de réaliser, dans un élan d'intrépidité et de confiance, ce qu'elle a su découvrir par un vigoureux effort d'analyse.

CONCLUSION

I. — L'idée qui a dirigé notre interprétation des faits paraît être que la vie personnelle, confondue avec la force de tension particulière à une conscience individuelle, dépasse à chaque instant le moi considéré comme le signe variable et très inexact de la réalité. Par là, nous étions conduits à poursuivre deux séries de déterminations parallèles. Il importait de montrer, simultanément en quelque sorte, comment se construit cette image formelle qui nous renseigne si mal sur notre nature vraie, et comment se développe la vie personnelle à l'écart de ces jeux de surface et de ces décevantes constructions. Sans doute, nous tenions à retrouver le point où ces deux séries, de provenance si différente, se rejoignent et tendent à coïncider ; mais nous devions auparavant démêler les procédés nécessaires par lesquels, en chacun de nous, une dialectique naturelle, aux prises avec la réalité, s'efforce de l'interpréter, aboutissant invariablement à la représentation du moi, terme et résidu d'inévitables illusions. Mais, du même coup, il importait de suivre ces illusions dans les diverses régions où elles tentaient de se reformer, et d'en décomposer le mécanisme. Ce travail, effectué dans les premiers chapitres, devait nous conduire à opposer nettement aux transformations du moi, donné comme le résultat d'une dialectique intérieure, les productions instantanées, les différentes unités de contraction que la conscience vivante ne cesse de dresser en elle et de nous présenter sous une forme toujours nouvelle. Celle-ci nous est donc apparue, dans les chapitres qui ont suivi, comme une suite de formes_étagées, un système mobile d'éléments concrets et différentiels sur lesquels l'entendement fait planer, avec ses formalités logiques, le fantôme du moi. L'objet de la perception intérieure, aussi vain que l'objet matériel qui se_propose à nos sens, n'est que ce fantôme solidifié. Il devenait singulièrement facile, par suite, de retrouver un sens aux antinomies que l'existence de la personnalité paraît soulever. Ces antinomies n'impliquent pas pour elle une impossibilité d'être; elles traduisent une opposition, qui devait forcément se produire, entre le moi réel et le moi construit, mais qui devait aussi forcément disparaître si l'on réussissait à les dissocier.

II. — Mais ce n'était là qu'une partie de notre tâche. Par un examen attentif des déformations de la personnalité, ainsi que des cas morbides que l'observation positive nous a signalés en elle, nous avons réussi à suivre l'antagonisme entre cette existence fictive constituée après coup, et la puissance de développement ou d'organisation spontanée, qui nous serait d'abord seule donnée. Nous avons été conduits, de la sorte, à trouver dans le champ de la perception intérieure la cause de ces conflits et de ces oppositions; nous n'avons eu qu'à déterminer dans les régions sensorielles et motrices, d'une part, les symboles organiques qui leur prêtaient corps, dans l'entendement lui-même, de l'autre, les constructions' formelles qui leur donnaient de la consistance. Par là, les cas morbides soumis à notre interprétation se sont trouvés réduits aux jeux d'une optique intérieure qui les multiplie à la surface de la conscience, sans les introduire bien profondément dans la réalité de ses états; il nous a paru que s'ils en troublaient la disposition extérieure, ils n'en affectaient pas le fond. Bref, ils ne présentent de valeur qu'au regard d'une perception qui les suscite, et qui s'en donne ensuite le spectacle. En dehors de cette conclusion toute critique, l'examen de ces sortes de conflits nous permettait d'établir un défaut de coïncidence entre la conscience individuelle, donnée avec ses degrés variables de tension ou d'exaltation, et les symboles logiques qui servent à la construire du dehors. Ainsi se révélait peu à peu à nos yeux une opposition beaucoup plus profonde que celle d'où nous étions d'abord partis. Les antinomies ne nous servaient plus à manifester un défaut d'organisation au sein du moi concret ; elles faisaient éclater l'opposition entre ce moi, qui nous est seul donné d'abord, et ses moyens extérieurs de traduction et de réalisation. Par là, elles nous invitaient à le considérer en lui-même, dans le principe de son instabilité, de son devenir, dans ce qui constitue l'éclat et la grâce fugitive des personnes, et c'est cette vive image que nous avons essayé de susciter en la suivant dans ses diverses manifestations. Dans chacune des formes de la conscience, nous avons eu à dégager l'élément différentiel qu'elle recèle, mais qui s'y trouve le plus souvent mêlé aux formalités de l'entendement, quand ce n'est pas aux impuretés d'un symbolisme musculaire qui se propose trop souvent à nous comme moyen d'expression. Sous la diversité de ces interprétations nous avons pu saisir quelques arrangements tout construits, quelques unités de contraction spontanément dressées par la vie consciente. Il ne nous restait qu'à pénétrer plus avant dans ces systèmes fortement organisés, à les envisager comme autant de produits d'une architectonique intérieure, afin d'y retrouver l'ensemble formé par la vie personnelle et d'en dégager le modèle vivant que les formalités de la dialectique sont impuissantes à définir.

III. — Si nous demandions, non plus à l'analyse, dont nous avons exclusivement usé pour établir ces résultats, mais à la synthèse, de nous donner une idée d'ensemble des procédés de la vie personnelle, elle nous suggérerait tout d'abord un rapprochement avec le phénomène du rêve. Comme la vie personnelle, en effet, la pensée rêveuse, reprise par l'instinct calculateur, est soumise à des antinomies dont elle se fût jouée, si on l'avait abandonnée à elle-même. Mais nos facultés raisonneuses et verbales sont intervenues à la déro-

bée pour construire instantanément un songe formel, jouant
vis-à-vis de la pensée du rêve le rôle d'un commentaire qui
serait destiné à la rendre intelligible. Il arrive cependant
qu'en disposant sa logique convenue à la surface du rêve, ce
commentaire le fasse dévier, ou l'arrête brusquement. Et
s'il parvenait à réaliser ses divisions, on aurait, au lieu d'un
songe continu, comme celui qui circule probablement sous
la diversité des songes d'une même nuit, des rêves brisés et
impénétrables, des scènes discontinues et hétérogènes, incapables de se joindre et de se correspondre. Si bien que nous
devrions, dans un second travail aussi artificiel que le premier, rétablir après coup des soudures et construire une
explication que nous tiendrions pour fondée. Or, c'est un
artifice tout semblable que nous avons soupçonné sous nos
diverses manières d'interpréter la vie personnelle et d'en
interrompre indiscrètement le cours. Déjà l'examen des
conditions de l'individualité nous l'a montré : une anomalie
de la personnalité est gratuitement provoquée par l'interprétation convenue que nous voulons à tout prix donner d'une
attitude spontanée de la conscience, car cette interprétation la
réalise sous la forme d'un moi figé et impénétrable, alors qu'elle
s'ébauchait à peine. C'est donc notre explication seule qui
a provoqué cette forme insolite d'existence. Mais l'embarras
qui accompagne son apparition, les conflits qui en résultent,
et qui sont pour la conscience ce qu'étaient pour les prétentions de la raison pure les antinomies de Kant, l'espèce
de désarroi qui s'empare de l'âme obligée tout ensemble à
suivre le courant habituel de ses pensées et à détruire en
sous-main les arrangements provisoires si arbitrairement
surajoutés, tous ces désordres enfin qui se tournent en folie
quand la dépression physique ou le vertige mental s'y joignent, ne se fussent point produits, si notre activité avait
simplement suivi et épuisé sa veine, à la manière d'une
pensée rêveuse qui va tranquillement jusqu'au bout de ses
caprices, sans être contrariée par des interprétations étrangères.
Mais la folie elle-même se résoudrait, croyons-nous, comme
l'on voit se résoudre les incohérences des songes quand on a

pris soin d'écarter les explications adventices qui les avaient rendu nécessaires et sous lesquelles notre activité, impuissante presque à se reconnaître elle-même, était opprimée.

Ce rapprochement, pour inattendu qu'il paraisse, nous permettra de comprendre la disposition des faits dans la vie personnelle, car elle aussi est comparable à la pensée du rêve ; elle aussi se meut d'un mouvement ininterrompu, s'accroît d'enrichissements successifs qui suffiraient, à défaut des révélations de l'expérience, à lui assurer un exercice régulier ; elle aussi enfin condense dans quelques idées, dans quelques états privilégiés tels que le caractère, la liberté, l'énergie morale, les qualités qui s'étaient fait jour en elle et qu'elle introduira ensuite, enrichies encore, dans de nouvelles combinaisons. Mais, comme si ce travail pacifique n'allait pas au gré de nos désirs ou retardait sur notre impatience, nous attendons bien rarement qu'il se soit produit pour lui imposer un sens. Nous multiplions les explications abstraites ; nous arrêtons le sentiment en voie de formation ; nous construisons le caractère ; nous fixons, avant qu'elle soit parvenue à son tournant décisif, l'individualité qui était faite de compréhension, de sympathie, d'intelligence vraie ; nous l'érigeons en « moi ». De ce moi, terme et résidu de toutes ces illusions, nous faisons un véritable atome spirituel, fermé aux influences même intérieures, noué avant sa période de formation, et nous réalisons ainsi ce scandale d'une réalité morale qui n'a pas connu de crise, d'une donnée psychologique intolérante et fermée, d'un état de la conscience qui se croit absolu et qui n'est que stationnaire. Mais, heureusement pour nous, il arrive souvent qu'en dépit des artifices qui le divisent, le vrai centre de notre personnalité tente de se reformer, ailleurs, parmi les images et les idées pures, dans la paix des sentiments très profonds ou dans le recueillement de la pensée méditative. Nous convenons alors que ce que nous prenions pour la vie personnelle n'était qu'une existence dramatisée à plaisir et artificiellement construite, sans rapport assignable avec notre existence véritable.

C'est ce dédoublement que nous avons voulu effectuer, en montrant d'abord la nature des difficultés qui semblaient nous l'interdire. Nous avons ensuite dégagé le type d'activité qui convient à la vie personnelle débarrassée de toutes ces altérations ; nous l'avons obtenue, pour bien dire, à l'état pur. Il nous a été singulièrement facile, par suite, de restituer le mode d'action qui lui convient et de retrouver les conditions exclusivement psychologiques que son accomplissement requiert.

IV. — Mais, puisque nous avons déduit toutes ces conséquences de la propriété de certains états conscients, il nous paraît indispensable de la rappeler en terminant. Quelle est donc cette propriété ? Ou plutôt, quelle est l'explication toute psychologique qui nous en a été insensiblement suggérée par l'observation positive des forces de la personnalité ? Cet examen, en nous dispensant de revenir sur les détails de notre anal se, aura du moins l'avantage de nous en offrir la suite extrêmement simplifiée, tout en nous faisant saisir dans une propriété de la conscience leur principe générateur.

La personnalité serait, non un être, mais une propriété variable de certains de nos états, la marque ou la caractéristique d'un groupe correspondant à des conditions définies. Nous partons naturellement de l'existence de données qui ne sont que des virtualités psychologiques et que, pour fixer les idées, nous rapprocherions soit des *tacta*, soit des *visa* avec lesquels les sens construisent l'apparence objective de l'espace. Nous supposons, de plus, que la spontanéité mentale se joue dans la production variée de ces éléments toujours plus divers et plus riches, donnés comme une immense simultanéité de sentiments : c'est ce que nous avons appelé la fonction du différentiel, estimant, avec MM. Gourd et Tarde, que la réalité consciente se révèle surtout par cette aptitude à la nouveauté. A cet égard, la conscience n'a pas d'objet en dehors de ses produits, absolument comme pour Berkeley, ce que nous appelons l'objet de la vue ne saurait se détacher de l'opération compliquée qui l'élabore et le confectionne : un objet, en tout ceci, n'est qu'un produit arbi-

trairement détaché de la faculté productrice. Nous avons été
conduits par une méthode d'ensemble à retrouver les variations de la conscience, à les suivre jusqu'au bout, à en écrire
l'histoire.

V. — Une fois admise l'existence de ces virtualités psychologiques, de ces *feelings,* dirons-nous avec les Anglais,
il faut aussi admettre la progression régulière et continue
des systèmes qu'elles forment, et qui est d'ailleurs susceptible de se diversifier et de s'enrichir à l'infini, comme aussi
de s'appauvrir et de s'alanguir. Seulement, il nous a été
permis de signaler deux sortes de circulation des mêmes états
internes, deux modes de formation des mêmes unités de contraction. Un groupe d'éléments différentiels peut être introduit dans les formes schématiques de l'entendement et affecter, plastique et souple comme il est, l'aspect d'unité ou
d'identité abstraites qu'elles lui communiquent ; il tend alors
à se rattacher à quelques points de repère, à quelques symboles relativement fixes dans notre organisme, tels que les
dispositions des données musculaires, le réseau moteur et le
choc nerveux, qui concourent à projeter sur lui une personnalité physique. Mais il peut aussi se prêter à une interprétation tout autre. Dans la mesure où interviennent les facultés
d'idéalisation dont nous avons expliqué le jeu, ces états se
ramènent insensiblement, par des épurations successives, à
leur forme la plus spirituelle ; ils atteignent alors à ce degré
supérieur d'intériorité que ces fonctions pouvaient seules leur
conférer. Au lieu de se rattacher simplement à un symbole
matériel, qui serait la force musculaire ou l'énergie motrice,
ils participent à la souplesse infinie de l'idée, et ils s'érigent
en pure action intellectuelle, en pure unité de réflexion. Ils
perdent ainsi toute attache avec la matérialité de leur origine ;
ils secouent cet égoïsme que leur avait communiqué un attachement animal à la vie. Le développement personnel est
donné essentiellement *par ce trajet de l'unité précaire et instable*
de mouvements à l'unité intérieure de réflexion, de l'action
motrice à la pensée pure, du moi qui se fige en s'attachant à des
symboles matériels, au moi qui se recueille et qui médite.

VI. — Il y a donc, à vrai dire, une double direction dans
laquelle nos états intérieurs peuvent indifféremment se lancer
pour y chercher un commencement d'actualisation. Ou bien,
vivant d'une vie précaire, écrasés sous le poids des symboles
matériels, ils tendront à s'insérer dans l'organisme et à revêtir
les précisions grossières de la sensibilité motrice. Ils con-
tracteront alors la rigidité de types physiques, l'immutabilité
particulière à une nature qui ne sait que se répéter fastidieu-
sement et s'imiter elle-même : les formes sociales et verbales,
les facultés mécanisantes seront autant d'auxiliaires dans ce
travail de dégradation qui finit par nous donner la contrefaçon matérielle de la conscience et comme son édition mécanique. Ou encore, doués par une libéralité de la nature de
plus de ressort et d'élasticité, soucieux de se convertir
en des états spirituels qui vaudront par la généralité et la
souplesse de leur forme, ils se conforment à leur essence,
qui est la mobilité même, et, tout en se dégageant des
représentations adventices où ils étaient déjà compris, ils
reconquièrent leur originalité primitive. Mais il y a plus :
dans la mesure où ils se recomposent, comme une nécessité
inhérente à leur nature paraît l'exiger, en une représentation
indécomposable, en une unité architectonique, ils se livrent
d'eux-mêmes à ce traducteur subtil de l'émotion et de la
subjectivité, qui est la pensée ou la faculté de l'idéalisation.
A ce moment, le plus haut et le plus recueilli de la vie consciente, s'opère une transposition curieuse au terme de
laquelle ils obtiennent, en même temps que l'amplitude et
l'universalité de l'idée, cette forme de l'intériorité qui leur
est propre ; c'est bien toujours la vie d'une conscience individuelle, saisie cette fois par l'intime, dans son mouvement
et dans le principe de ses différenciations, qu'il nous est
donné d'y contempler ; mais il s'y ajoute plus de recueillement et de gravité, plus de consistance et plus d'harmonie,
cette profondeur qui vient de la pensée et qui ne se comprend que par elle. Alors se produit l'alibi intellectuel du moi
émotif, sa reprise dans l'universel, et comme sa suprême
contrefaçon. La vie personnelle doit donc être cherchée *dans*

*la transition qui mène un groupe de feelings des symboles
moteurs, où ils se matérialisent, aux états purement idéaux
où ils se spiritualisent.* La personnalité, qualité de certains
états, n'apparaît qu'à un degré supérieur d'épuration et de
spiritualisation ; il faut la chercher dans un de ces systèmes
de feelings que la pensée a, pour ainsi dire, sublimés en leur
appliquant sa traduction de l'émotion et de la subjectivité.
En dehors de ces deux extrêmes, il n'y a que des virtualités psychologiques, en elles-mêmes fuyantes et volatiles, et
qui seront la mobilité même, jusqu'à ce que la transposition
dans la matérialité ou la transposition dans l'idéalité aient
fixé leur impatience ou aidé puissamment à leur essor.
Toutes les péripéties de la vie consciente tiennent à ces sym-
bolismes variés dont nous avons suivi la formation, qui s'appliquent aux mêmes états et parfois se les disputent : ce jeu
de représentations antagonistes suffit à nous faire comprendre
la trame des états personnels.

VII. — C'est en poursuivant les applications les plus
directes de cette conception, que nous avons été amenés à
remanier l'échelle des valeurs psychologiques impliquées
dans la vie personnelle. Recourons, pour résumer nos efforts
d'analyse, à une dernière construction. Le moi affectif, le
moi de la subjectivité pure, serait figuré dans une représentation schématique, par la ligne courbe xy, qui exprime les
degrés variables de tension d'une conscience individuelle.
Les ondulations de cette ligne établissent des points de contact
tantôt avec la droite AB, qui figure le développement superficiel et comme l'apparence objective de la vie personnelle,
tantôt avec la droite A'B' qui, décrite en pointillé, représente
les facultés d'idéalisation par lesquelles s'effectue le passage de
l'émotion à la pensée pure. Sur la ligne rigide le long de
laquelle court le moi naturel, le moi de l'activité motrice, se
disposeraient aux points M, E, S, C, comme en autant de jeux
d'optique solidifiés, ces images dont le système immobile forme
la notion du moi et qui, prenant comme point d'appui le phénomène matériel de l'effort E, rayonnent autour de ce
centre, en deçà et au delà de lui, pour produire indifférem-

ment la substance, la cause, l'identité, l'énergie matérielle et
fermée du moi de l'animalité, bref toute la suite des catégories physico-morales. Ce système fixe d'images grossières
se dispose sur le plan inférieur de la vie personnelle, immobilisée par les schémas représentatifs de l'entendement et par
le mécanisme moteur qui a provoqué et rendu inévitables les
illusions, précédemment analysées, de l'activité dynamique et
de l'effort. Cependant, à l'extrémité opposée de la vie mentale,
le moi émotif ou virtuel poursuivant son cours se hausse parfois

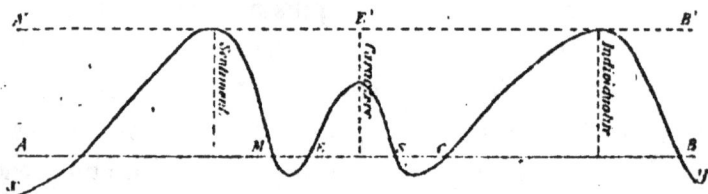

Fig. 3.

jusqu'à l'idéalité et se prête aux transformations que le
principe supérieur de l'intellectualité entend lui faire subir.
C'est le moment de la certitude, de la paix et de la joie, de
la vie réfléchie, bref de la personnalité vraie. Aussi ver-
rions-nous se disposer dans notre construction, en un point E'
qu'on aurait tort de fixer avec une précision trop matérielle,
l'action intellectuelle, condition de la liberté, l'énergie
morale qui se résout en l'affirmation réfléchie d'une idée,
l'unité vivante et agile du moi supérieur, la personnalité, en
un mot, regardée comme la caractéristique mentale des
états qui répondent à ces conditions préalablement réalisées.
Enfin, sur les coupes transversales qui rejoignent la ligne de
la matérialité à celle de l'idéalité, se disposent les formes de
la conscience, le sentiment, le caractère, l'individualité, et
l'on doit comprendre maintenant ce mélange de rigidité
matérielle et de souplesse psychologique, de construction
factice et de réalité libre et vive que l'analyse avait signalé
en elles, et pourquoi ces formes étagées et progressives sont
le lieu d'un travail double et simultané, leur rythme oscillant
déjà entre deux points fixes : la matérialité, où elles contrac-

taient la rigidité de types logiques, la spiritualité, où elles tendaient à s'épanouir en idées et où elles acquéraient la liberté des formes vivantes.

VIII. — Mais que cette construction, très approximative encore, ne nous fasse pas oublier l'essentiel. Si nous avons été conduits à remanier assez profondément l'échelle des valeurs psychologiques, les valeurs morales et sociales auront sans doute à subir un remaniement de même nature. En effet, un examen attentif en fait foi : l'illusion du moi, l'illusion d'un égoïsme fermé et féroce, ayant son origine dans l'effort matériel et sa consécration dans un prestige de l'entendement qui l'investit de la dignité causale tout en lui conférant l'immobilité des substances, cette illusion se survit à elle-même et reparaît, — comme cet amour-propre dont un psychologue avisé a suivi les transformations et dont elle est d'ailleurs très proche parente, — au sein des notions morales de la responsabilité, du mérite personnel et de l'imputation. Bien loin de nous reporter aux facultés d'idéalisation commandées par la personnalité mentale, comme elles le devraient si elles voulaient se conformer à l'essence et aux destinées spirituelles de la nature humaine, ces notions se bornent d'ordinaire à prolonger les illusions de la conscience et à prendre comme point d'appui de leurs constructions le phénomène du moi réduit à la pauvreté de ses principes matériels ou de ses symboles logiques. Mais il faut bien savoir, une fois pour toutes, qu'il n'y a rien de commun entre cette manière d'entendre le droit, d'établir le mérite, d'évaluer la responsabilité, d'exercer la répression, et les conditions véritables de la nature humaine. Tous nos jugements sur nous-mêmes et nos rapports avec nos semblables en sont bientôt profondément viciés. C'est dans ce malentendu qu'il faudrait chercher la cause de l'antagonisme latent entre la société et l'individu, de cette chute de l'homme, arraché à la vie libre de la conscience, dans les engagements et les formalités sociales. Mais il serait juste de dire, à la décharge de l'ordre social quel qu'il soit, que le premier encouragement à cette déchéance est venu de la psychologie elle-même et comme de la nature humaine. L'apti-

tude qu'ont nos représentations les plus spirituelles à se glisser
dans les schémas logiques qui retarderont toujours forcément
sur elles, et à s'amalgamer avec l'impureté des symboles matériels, leur tendance invincible à chercher comme points d'appui
les phénomènes physiques de l'effort ou de la résistance, l'incroyable difficulté qu'elles rencontrent lorsqu'elles veulent se
dégager de ces représentations devenues exclusives ou obstruc-
tionnistes, leur promptitude enfin à oublier les instants de
splendeur pour se convertir en mécanisme, — voilà les engagements, tout psychologiques, on le voit, qui autorisent la
confection d'un type faux de personnalité et qui le fournissent
ainsi confectionné à l'organisation sociale. Un penseur ingénieux et profond a semblé retrouver, à la suite de Rousseau,
le péché originel dans l'intervention utilitaire et restrictive
de la vie sociale qui poursuit son but, sans se soucier de la
destination supérieure des personnes [1]. Nous dirons, contrairement à cette opinion, que la société, dans son entreprise toujours
réitérée d'universelle servitude, n'a pas de meilleur allié que
l'homme lui-même qui en sera l'objet. La chute sociale ne
cause pas la chute et la dégradation psychologique; c'est
celle-ci au contraire qui, se produisant déjà d'elle-même par
le lent passage de la conscience à l'entendement, offre au
mécanisme social, avec les individualités dégradées qu'elle
lui a faites, une excellente base d'opération. Le péché radical
ne doit pas être cherché au dehors, mais au dedans de nous.
Kant a plus raison que Rousseau. La déchéance psychologique appelle la déchéance sociale et la rend inévitable.

IX. — Ces différents courants, qui se partagent la vie de
la conscience ou plutôt qui la traversent en différentes directions et qui viennent parfois confluer en des états importants, en expliquent la richesse et la variété. Ils font mieux;
ils nous permettent de retrouver, au sein de leurs complications, quelques unités distributives et quelques lois extrêmement simples qui deviennent comme le principe explicatif
des phénomènes personnels. On comprendra d'abord sans

---

1. Bergson, *Matière et Mémoire.*

peine que ces phénomènes *puissent se prêter à trois expé-*
riences radicalement différentes qui leur permettent de vivre,
en quelque manière, plusieurs vies. Il nous est le plus souvent donné de les saisir dans la zone tout animale de l'énergie
musculaire et de l'effort, embrigadées dans des cadres fixes
que leur imposent les représentations de l'entendement, d'un
côté; et le réseau moteur, de l'autre. Pour peu que les puissances mécanisantes s'en mêlent et que le vertige causé par
l'attraction d'un type social extérieur renchérisse encore, le
développement régulier de ces phénomènes présente bientôt
l'aspect d'un automatisme mental, d'un système consistant
et bien ordonné formé par des images fixes qui prendraient
pour point d'appui les nécessités matérielles et sociales. Cette
unité factice, œuvre toujours répétée d'un génie machinal,
est à la portée de tous : le moi s'y complaît et s'y réalise avec
son intolérance et son étroitesse; rien dès lors ne doit nous
surprendre dans l'apathie et la servilité où la plupart des
hommes croupissent. Heureusement qu'il y a pour les phénomènes conscients une condition tout autre. A côté des
facultés mécanisantes, l'analyse a découvert, dans la conscience, des facultés d'idéalisation qui arrachent nos états à
leur condition mécanique, qui réduisent la force de vertige
au profit d'un libre épanouissement dans l'idée, d'une transposition dans l'universel. Au lieu d'être un système immobile et fermée de phénomènes naturels, la personnalité,
grâce à cette vigoureuse transposition qui la fait passer à
l'acte de la pensée pure, devient, dans toute la force du
terme, une idée de la nature, un type ayant sa forme finie
et pleine, sa conformité avec soi, l'harmonie de ses parties, la
consistance, et par-dessus tout cette connaissance venue du
dedans et qui lui confère ce que nul phénomène ne possède
au même titre : la faculté de se ramasser dans une vision
interne pour y dégager et y condenser sa propre signification.
A ce moment-là, ce n'est plus la distribution chronologique
des actes, la série des états successifs qui importe ; ce n'est
pas *ce qui est,* mais bien *ce que cela signifie* ; et « ce que cela
signifie » est justement indiqué dans cette unité de réflexion,

à l'aide d'une pensée infatigable qui sait en dégager le sens.

X. — Mais, si cette condition correspond à l'accomplissement moral de la vie personnelle et lui confère la dignité d'une idée platonicienne ou spinoziste, les états personnels peuvent encore se dérouler dans une troisième condition que nous avons appelée leur condition essentielle ou originelle. Leur vie purement affective nous a permis de la comprendre. Reprenant cette fois-ci ces états en eux-mêmes, non plus dans leur attache animale à l'énergie et à l'effort, ni dans le travail de transposition finale qui les a sublimés, mais dans leur déroulement continu et comme dans leur vie libre, nous avons eu par là une notion de cette existence, faite de subjectivité et d'émotion, qui correspond en nous à une spontanéité toujours jaillissante. Certes, ce n'est pas là qu'on doit chercher le moi véritable de la personne, ce moi donné dans la réalité de l'effort et de la souffrance, de l'universel entrevu et affirmé; il n'y a là aucune promesse de cette joie intellectuelle, de cette allégresse qui vient à l'heure des complètes certitudes et qui signale l'apparition du moi de la pensée. Mais on peut y retrouver la matière inépuisable des constructions de l'entendement et des hautes transformations que la réflexion opère; on peut y saisir sur le vif ce pouvoir de synthèse qui se joue dans la production simultanée des différences et qui remplit la conscience de ses variations. C'est dire que ce monde de virtualités psychologiques nous est révélé directement par la vie du sentiment; l'art qui est essentiellement, et peut-être uniquement émotif, nous le rend avec son charme original. — Nous avons ailleurs montré comment tous nos échafaudages intellectuels et sociaux étaient impuissants à résister à la magie de l'art, et comment cette magie opérait en nous par la libération de ces puissances, parfois redoutables, mais toujours comprimées, et par la présentation soudaine des forces secrètes de bonté, de tendresse, d'héroïsme qui sont refoulées au fond de nous-mêmes. Nous atteignons alors non pas, comme on l'a dit, au moi profond, au moi véritable, mais au moi virtuel, à celui qui renferme la matière et l'espoir de la vie morale, et qui étant saisi dans son orientation vers l'avenir, plutôt que dans son activité matérielle, nous offre la séduction de ce qui naît ou le charme mélancolique de ce qui va mourir. Nous sommes ainsi replacés dans la subjectivité pure ; nous saisissons nos facultés à l'état naissant ; nous les voyons évoluer sans rien qui les déforme ; nous les suivons dans la liberté infinie de leur cours ; nous faisons retour à notre condition originelle : la psychologie, en nous permettant d'approfondir nos états, nous rend à l'innocence. — Or, c'est bien ce charme d'innocence et d'ingénuité enfantines que provoquent en nous indifféremment l'extase artistique, le recueillement religieux, la méditation ; nous nous convertissons alors, d'hommes d'action ou de penseurs que nous sommes, en émotifs, en subjectifs, en lyriques ; mais nous ne nous disons pas que nous sommes par là ramenés à la condition originelle, et que notre satisfaction tient à ce que nous cessons brusquement de jouer notre vie pour la sentir. C'est pourtant cette expérience sans mots et sans communication possible qui est la suprême jouissance de la conscience, celle que nous ressentons au cours de la méditation ou du rêve, et qui ferait de notre vie, si elle savait se maintenir à cette pointe subtile, un perpétuel ravissement. Mais cette grande région tranquille est à chaque instant désertée, parce qu'elle nous semble encore du domaine de la possibilité pure, parce qu'elle nous apparaît comme une sorte de non-être psychologique, parce que, enfin, s'il faut s'y retremper et s'y reposer comme dans un fortifiant sommeil, il importe aussi d'en sortir pour vouloir et penser.

XI. — Quoi qu'il en soit, le système de nos états personnels se comprend désormais sans peine : le même groupe pris dans cette condition subjective ou émotive, qui est son état naissant, peut se prêter tantôt à une élaboration externe qui le rattache à un système d'explications symboliques et convenues, tantôt à une élaboration lente, autrement profonde, par laquelle il se dispose en unité de réflexion. Il se matérialise et se contracte d'un côté, et il s'idéalise ou s'épanouit librement de l'autre. La possibilité psychologique qui

est en lui tend donc à s'actualiser bien différemment, selon
qu'elle demande à l'action du corps une consistance et une
rigidité toute physiques, ou selon qu'elle aspire vers les centres
supérieurs de la pensée pour s'y convertir en idée. Dans les
deux cas, elle perd son instabilité et son inconsistance primitives, mais elle n'acquiert la caractéristique personnelle que
dans le dernier. Quelle que soit d'ailleurs l'expérience où elle
se trouve engagée, elle conserve toujours, heureusement pour
nous, une secrète disposition à revenir à l'état naissant, et c'est
par là que l'art, le lyrisme et le rêve peuvent s'insinuer dans
le cours de nos états pour en précipiter la transformation. Si
ce retour à la condition primitive de la conscience ne se produit plus, nous sommes en présence d'individualités fermées
qui n'admettent que des idées toute faites et qui les impose-
ront orgueilleusement aux autres. Dans le cas contraire, la
fonction du différentiel étant abandonnée à elle-même et
s'exerçant sans interruption, nous aurons, comme chez de
purs artistes, une existence intérieure extrêmement mobile et
intéressante, mais qui laisse trop souvent échapper sa signification. Seuls, s'érigent en personnalité véritable ceux qui
accordent cette production incessante de nouveautés, dont
la conscience est le lieu, avec les facultés méditatives, parce
qu'ils ajoutent aux détails ondoyants et pittoresques de la vie
personnelle ce qu'elle comporte d'un et de continûment
réfléchi. Ils savent allier la vie du sentiment à la vie de la
pensée, demandant à cette dernière d'en extraire le sens et
d'en éterniser les moments. — Disons, pour nous résumer,
que la suite indéfinie et flottante des virtualités psychologiques qui forment le noyau de la personne, l'ensemble de ces
thèmes de la sensibilité qui constituent notre moi concret, peuvent se disposer sur deux registres bien différents, selon qu'ils
se matérialisent en mouvements ou qu'ils s'épanouissent en
idées. Si leur traduction s'effectue dans le premier sens, nous
avons une vie personnelle qui se simplifie à l'excès et se déforme
le plus souvent dans les cadres impersonnels où elle se projette.
Si elle s'effectue dans le second sens, nous avons un moi qui
se dédouble, en quelque manière, pour se recueillir et pour

méditer. Si elle n'a point lieu, le sentiment refoulé sur lui-même fait retour à sa condition originelle ; nous avons alors la vie plus ou moins intense du rêve et de l'émotion. A cette succession d'attitudes correspondent la variété en apparence infinie de l'expérience personnelle et les divers aspects du moi. Les originalités du sentiment, les formes du caractère et de l'individualité, les hardiesses de la liberté intérieure, les obstacles mêmes qui la suspendent ou qui l'interrompent, s'expliquent par les combinaisons de ces courants de la conscience. Ainsi se comprennent, uniquement par eux, toutes les péripéties de notre existence individuelle. Ils se composent et se compliquent : elle se constitue. Ils se transforment : elle traverse une série d'inévitables modifications. Ils disparaissent : elle s'altère et meurt. Telle est la loi de la personne.

Vu et lu
en Sorbonne, le 4 mai 1903,
par le Doyen de la Faculté des Lettres de l'Université de Paris,

A. CROISET

Vu et permis d'imprimer :
Le vice-recteur de l'Académie de Paris,

L. LIARD.

TABLE DES MATIÈRES

CHARTRES. — IMPRIMERIE DURAND, RUE FULBERT.

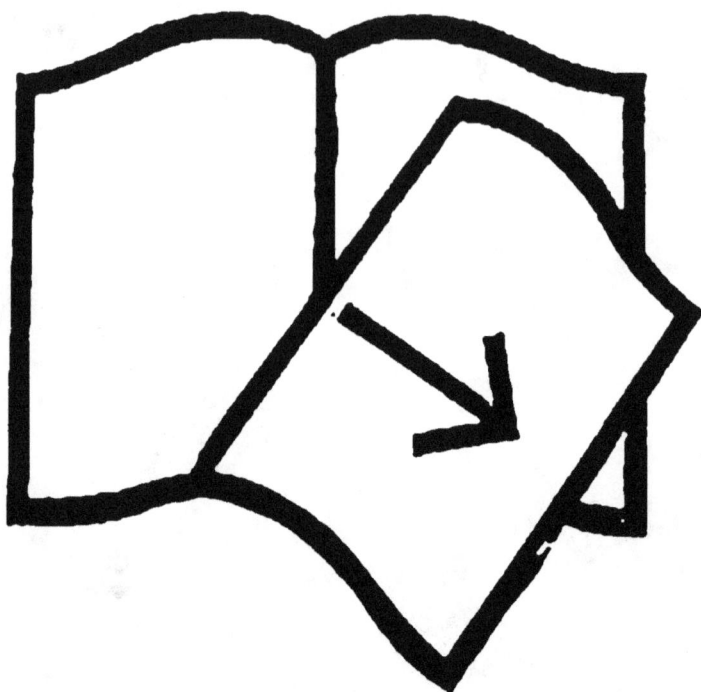

Documents manquants (pages, cahiers...)
NF Z 43-120-13

www.ingramcontent.com/pod-product-compliance
Lightning Source LLC
Chambersburg PA
CBHW050500270326
41927CB00009B/1836